OEUVRES
COMPLÈTES
DE BERQUIN.
7

PARIS, IMPRIMERIE DE E. POCHARD,
RUE DU POT-DE-FER, N. 14.

SANDFORD ET MERTON. *Page 69.*

Si je n'ai pas cru devoir vous le dire tout-à-l'heure, je ne vous le dirai pas davantage quand vous m'assommeriez.

OEUVRES
COMPLÈTES
DE BERQUIN

NOUVELLE ÉDITION
REVUE ET CORRIGÉE
PAR M. F. RAYMOND
AVEC UNE NOTICE SUR BERQUIN
PAR
M. BOUILLY
Auteur des *Conseils à ma Fille*, etc.

Ornée de quarante jolies Gravures.

SANDFORT ET MERTON.

PARIS
MASSON ET YONET, LIBRAIRES,
RUE HAUTEFEUILLE, N° 14.

1829

SANDFORD

ET

MERTON.

Dans la partie occidentale de l'Angleterre vivait un gentilhomme d'une fortune immense. Son nom était Merton. Il avait passé plus de la moitié de sa vie à la Jamaïque, où il possédait une habitation considérable, avec un nombre infini d'esclaves noirs, pour cultiver à son profit les cannes de sucres et d'autres plantations précieuses.

Les soins qu'il se proposait de donner à l'éducation d'un fils unique, l'objet de sa plus vive tendresse, l'avaient déterminé à venir s'établir pour quelques années en Angleterre.

Tommy Merton, à peine âgé de six ans lorsque son père arriva en Europe, était né avec des dispositions très-heureuses, que l'on parvint bientôt à corrompre par un excès aveugle de complaisance. On l'avait entouré, dès le berceau, d'une foule d'esclaves auxquels il avait été défendu de le contrarier dans aucune de ses fantaisies. Dès qu'il faisait un pas hors de la maison, il était suivi de deux nègres, dont l'un portait un large parasol pour le garantir du soleil, et l'autre était toujours prêt à le prendre dans ses bras au moindre signe de fatigue. Il avait aussi une espèce de litière dorée que ses deux nègres chargeaient sur leurs épaules lorsqu'il allait rendre visite aux enfans des habitations voisines. Sa mère avait conçu pour lui une tendresse si excessive, qu'elle ne lui refusait rien de tout ce qu'il paraissait désirer. Les larmes de son fils lui causaient des évanouissemens, et jamais elle ne voulut consentir qu'on lui montrât à lire, parce qu'il s'était plaint d'un violent mal de tête au premier essai de son alphabet.

Les suites naturelles de cette faiblesse furent que, malgré tous les soins qu'on prenait de lui plaire, le petit Merton devint très-malheureux. Tantôt il mangeait des friandises jusqu'à s'en rendre malade; et alors il souffrait de vives douleurs, parce qu'il refusait de prendre des médecines amères qu'il lui étaient nécessaires pour guérir. Tantôt il pleurait pour des choses qu'il était impossible de lui procurer; et, comme il était accoutumé à voir flatter tous ses caprices, il se passait des heures entières, avant qu'on pût parvenir à lui faire entendre raison.

Lorsque son père donnait à dîner à ses amis, il fallait le servir le premier, et lui donner les morceaux les plus délicats; autrement il faisait un bruit à étourdir toute la compagnie. Si sa mère prenait le thé avec d'autres femmes, au lieu d'attendre que son tour vînt d'être servi, il grimpait sur une chaise, s'élançait sur la table, s'emparait des rôties au beurre, et du gâteau, et renversait les tasses à droite et à gauche en se relevant. Par des manières aussi sauvages, non-seulement il se rendait importun à tout le monde, mais encore il s'exposait tous les jours à des accidens fâcheux. Ses mains étaient continuellement ensanglantées des blessures qu'il se faisait avec les couteaux. En voulant examiner tout ce qu'il voyait hors de sa portée, il lui tombait quelquefois de lourds paquets sur la tête; et il faillit un jour s'échauder tout le corps en maniant sans précaution une théière d'eau bouillante.

Élevé dans l'inaction et la mollesse, il éprouvait des langueurs continuelles. C'était assez de quelques gouttes de pluie ou d'un souffle de vent pour l'enrhumer, et le moindre rayon de soleil lui donnait la fièvre. Au lieu de courir et de sauter en plein air comme les autres enfans, on l'avait instruit à rester assis de peur de gâter ses habits de soie brodés, et à garder la chambre de peur de hâler son teint : en sorte que, lorsque Tommy Merton débarqua sur les côtes d'Angleterre, il ne savait ni lire ni écrire, et ne pouvait faire aucun usage de ses membres pour se servir lui-même; mais en revanche il ne le cédait à personne pour les impatiences, les caprices et l'orgueil.

Non loin de l'endroit que M. Merton avait choisi pour sa résidence vivait un honnête fermier qui s'appelait Sandford. Il avait comme M. Merton, un fils unique âgé d'environ six ans, nommé Henri.

Henri, accoutumé de bonne heure à courir dans les champs, à suivre les laboureurs lorsqu'ils conduisaient la charrue, et les bergers lorsqu'ils menaient les troupeaux au pâturage, s'était rendu robuste, actif et courageux. Son teint était animé des couleurs les plus vermeilles. Il n'avait pas, à la vérité, les traits aussi délicats ni la taille aussi élégante que Tommy; mais il avait une physionomie de candeur et de bonté, et un maintien plein de grâces naturelles, qui le faisait aimer au premier regard. Jamais il ne paraissait de mauvaise humeur; et il prenait le plus grand plaisir à obliger tout le monde. S'il rencontrait un pauvre malheureux qui manquât de pain, il lui donnait avec joie la moitié de son déjeûner. On ne le voyait point, comme les petits garçons du village, grimper sur les arbres pour enlever les nids des pauvres oiseaux. Il était loin de se faire un amusement cruel d'arracher les ailes des mouches et des papillons, ou de jeter des pierres aux chiens. Au contraire, il se plaisait à carresser les chevaux, à faire manger les brebis dans sa main, et à nourrir les oiseaux du voisinage lorsque la terre était couverte de neige et de frimas.

Ces sentimens de bienveillance et d'humanité le faisaient chérir de tout le monde, et lui valurent les marques les plus tendres d'amitié de la part de M. Barlow, curé de la paroisse, qui lui apprit à lire et à écrire, et qui le menait toujours avec lui dans ses promenades.

Il ne faut pas s'étonner si M. Barlow avait pris

pour cet enfant une affection si particulière. Outre que Henri apprenait ses leçons avec la plus grande facilité, il ne lui échappait aucun murmure sur les devoirs qu'on lui donnait à remplir. On pouvait le croire avec confiance sur tout ce qu'il assurait. Il aurait eu un gâteau à gagner pour dire un mensonge, qu'il n'aurait pas voulu en manger à ce prix. La crainte des reproches et même des châtimens ne lui faisait point chercher à déguiser la vérité. Il ne banlançait jamais à la déclarer dans toute sa franchise. Du reste il était d'une sobriété à toute épreuve. Avec un morceau de pain pour son dîner, il n'aurait pas jeté un œil d'envie sur des fruits ou des pâtisseries placées à sa portée, quand il n'y aurait eu personne pour l'épier.

On est sans doute impatient d'apprendre comment Tommy parvint à faire connaissance avec cet aimable petit garçon ; je vais vous le raconter.

Tommy se promenait un jour avec sa bonne pendant une belle matinée d'été. Il s'amusait à cueillir des fleurs des champs et à courir après des papillons, lorsqu'un serpent qu'il avait effarouché s'élança tout-à-coup de dessous l'herbe, et vint s'entortiller autour de sa jambe. Je vous laisse à penser quelles furent sa frayeur et celle de sa bonne. Celle-ci se mit à courir en criant au secours, tandis que le jeune Merton, saisi d'effroi, n'osait bouger de sa place, et n'avait pas même la force de faire entendre ses plaintes. Par bonheur Henri Sandford se promenait dans le champ voisin. Il accourut aux cris qu'il entendait pour s'informer de l'accident. Il n'eut besoin que d'un seul coup d'œil pour s'en instruire; et, saisissant aussitôt le cou du serpent avec autant d'adresse que de courage, il le déroula de la jambe de Tommy au moment où il allait la déchirer, et le jeta à une grande distance. Un moment après madame Merton et toutes ses femmes, attirées par les lamentations de la gouvernante, arrivèrent hors d'haleine à l'endroit où Tommy reprenait ses esprits et remerciait son libérateur. Le premier mouvement de madame Merton fut de prendre son fils dans ses bras; et, après lui avoir donné mille baisers, elle lui demanda s'il n'avait point été blessé.

TOMMY.

Non, maman, je ne le suis pas, Dieu merci; mais je crois que le maudit serpent allait me déchirer, si ce brave petit garçon ne fût venu à mon secours et ne l'eût arraché de ma jambe.

Mme MERTON.

Et qui es-tu, mon cher ami, toi à qui nous avons de si grandes obligations?

HENRI.

Henri Sandford, madame.

Mme MERTON.

Tu es un petit homme bien courageux, et tu viendras dîner avec nous.

HENRI.

Oh! madame, je vous remercie. Mon père a besoin de moi.

Mme MERTON.

Et qui est ton père, je te prie?

HENRI.

Le fermier Sandford, madame. Il demeure au pied de cette colline là-bas.

Mme MERTON.

O mon cher ami, tu m'as sauvé mon enfant. Je veux que tu sois mon second fils.

HENRI.

De tout mon cœur, madame; mais pourvu que j'ai aussi toujours mon père et ma mère.

Madame Merton dépêcha aussitôt un domestique au fermier pour le prévenir sur l'invitation qu'elle faisait à son fils. Elle prit ensuite Henri par la main, et le conduisit au château, où elle fit à M. Merton le récit du danger qu'avait couru Tommy, et du courage qu'avait fait éclater le petit Sandford.

Henri se trouvait alors en des lieux bien nouveaux à ses regards. On lui fit traverser de vastes appartemens où l'on avait rassemblé avec profusion tout ce qui pouvait flatter la vue et servir à la commodité. Il vit de grands miroirs à bordures dorées, des tables et des consoles surchargées d'ornemens, et tous les autres meubles de la richesse la plus fastueuse.

On le fit placer à dîner auprès de la maîtresse de la maison, qui ne manqua pas de lui faire observer l'élégance et la somptuosité de sa table; mais, à sa grande surprise, il ne parut enchanté ni même étonné de tout ce qu'il voyait. Madame Merton ne s'attendait pas à cette indifférence. Accoutumée à mettre un grand prix à l'étalage de son luxe, elle ne pouvait concevoir comment il faisait si peu d'impression sur un enfant de village. A la fin, s'apercevant qu'il regardait avec une espèce de curiosité un petit gobelet d'argent dont il s'était servi, elle lui demanda s'il ne serait pas bien aise d'avoir un si beau gobelet pour y boire tous les jours. C'est celui de mon fils, ajouta-t-elle; mais je suis sûre qu'il te le donnera avec grand plaisir.

Je le veux bien, dit Tommy. Vous savez, maman, que j'en ai un plus beau, qui est d'or, et encore deux autres d'argent.

HENRI.

Non, non, je vous remercie; gardez-le pour vous. Il ne me servirait à rien; car j'en ai un bien meilleur chez mon père.

Mme MERTON.

Comment? Est-ce que ton père a de la vaisselle d'argent.

HENRI.

Je ne sais pas, madame, ce que vous appelez de la vaisselle; mais je suis accoutumé à boire dans de longues choses faites de cornes, justement comme celles que les vaches portent sur leurs têtes.

Voilà un enfant assez niais, dit en elle-même madame Merton. Puis elle ajouta tout haut :

Et pourquoi donc des gobelets de cette espèce seraient-ils meilleurs que des gobelets d'argent?

HENRI.

Parce qu'ils ne nous mettent jamais en colère.

Mme MERTON.

Que veux-tu dire par là?

HENRI.

Oh! madame, quand cet homme a laissé tomber une grande chose qui est faite comme celle-ci (*montrant du doigt une cuvette*), j'ai bien vu que vous étiez fâché, et que vous aviez un air comme si vous alliez vous trouver mal, au lieu que les nôtres peuvent sans risque nous échapper des mains, et personne n'y fait attention.

Je vous avoue, dit tout bas madame Merton à son mari, que je ne sais plus que dire à ce petit garçon. Il fait des observations si étranges!

Le fait est que, pendant le dîner, un domestique avait laissé tomber une cuvette d'argent d'un travail très-précieux; que madame Merton avait paru fort sensible à cet accident, n'avait pu s'empêcher de faire au domestique une réprimande assez violente sur sa maladresse.

Après le dessert, madame Merton versa de la liqueur dans un petit verre, et invita Henri à la boire; mais il la remercia en lui disant qu'il n'avait plus soif.

Mme MERTON.

N'importe, mon ami; c'est une boisson très-agréable; et comme tu es un bon enfant, je serais fâchée que tu n'en eusses pas goûté.

HENRI.

Je vous demande pardon, madame, mais M. Barlow m'a appris qu'il ne faut manger que lorsqu'on a faim, et ne boire que lorsqu'on a soif, et encore que nous ne devons boire et manger que de ces choses qu'on trouve aisément; autrement nous aurions du chagrin quand nous ne pourrions plus en trouver; qu'il faut justement faire comme les oiseaux, qui ne boivent que de l'eau pure, et qui malgré cela vont toujours chantant.

Sur ma parole, dit M. Merton, ce petit homme est un grand philosophe. Nous serions bien obligés à M. Barlow s'il voulait donner ses soins à Tommy; car le voilà qui devient grand garçon, et il serait temps qu'il apprît quelque chose.

Qu'en dis-tu, Tommy? aimerais-tu à être un philosophe?

TOMMY.

Je ne sais pas trop, mon papa, ce que c'est que d'être un philosophe. Mais je sais bien que j'aimerais à être un roi, parce qu'il est plus riche et mieux habillé que les autres, qu'il n'a rien à faire, et que chacun lui obéit et a peur de lui.

Mme MERTON *se levant, et courant à Tommy pour l'embrasser.*

A merveille, mon fils. Tu mériterais bien un royaume avec une si grande élévation d'esprit. Tiens, voici un verre de liqueur pour avoir fait une si noble réponse. (*Pendant que Tommy boit.*) Et toi, Henri, n'aimerais-tu pas aussi à être roi?

HENRI.

En vérité, madame, je crois que je ne m'en soucierais guère, j'espère que je serai bientôt assez grand pour labourer et gagner ma vie. Alors je n'aurai besoin de personne qui s'embarrasse autour de moi.

Mme MERTON *bas à son mari, en jettant un regard de dédain sur Henri.*

Voyez quelle différence entre les enfans de fermiers et les enfans de nobles.

M. MERTON.

Encore plus bas, ma femme, je vous prie; car je ne suis pas bien sûr que l'avantage soit du côté de notre fils. (*A Henri.*) Mais ne serais-tu pas fort aise d'être riche, mon petit ami?

HENRI.

Non, en vérité, monsieur.

Mme MERTON.

Et pourquoi donc, s'il te plaît?

HENRI.

C'est que le seul homme riche que j'ai connu avant vous est le chevalier Tayaut, qui court à travers les blés des gens, renverse leurs haies, tire sur leurs poules, tue leurs chiens, estropie leur bétail; et l'on dit qu'il fait tout cela parce qu'il est riche. Mais chacun le hait, quoiqu'on n'ose pas le lui dire en face; et je ne voudrais pas être haï pour rien au monde.

Mme MERTON.

Est-ce que tu serais fâché d'avoir un bel habit pour te parer, un carrosse pour te porter à l'aise, et des domestiques pour t'obéir?

HENRI.

Tenez, madame, un habit est aussi bon qu'un autre s'il est propre et s'il me tient chaud. Je n'ai pas besoin d'un carrosse tant que je puis aller à pied partout où il me plaît. Pour ce qui est des domestiques, je vois, malgré le nombre que vous en avez, qu'il vous manque toujours quelque chose; et moi je ne saurais à quoi les employer si j'en avais deux seulement à mes ordres.

Madame Merton continua de le regarder avec une surprise dédaigneuse, mais elle ne lui fit plus de question.

Le soir Henri fut renvoyé chez son père, qui lui demanda ce qu'il avait vu au château, et comment il y avait passé la journée.

HENRI.

Oh! ils ont eu bien des bontés pour moi, et je leur en suis fort obligé; mais j'aurais mieux aimé dîner ici, car je ne me suis jamais vu si embarrassé pour mettre un morceau à ma bouche. Il y avait un homme pour lever les assiettes, un autre pour verser à boire, et un autre encore pour être derrière ma chaise, comme si j'eusse été aveugle ou manchot, et que je n'eusse pas eu la force de me servir. Il y avait tant de façons pour emporter une chose et en mettre une autre à sa place, que je n'aurais jamais cru qu'on pût en venir à bout. Après le dîner j'ai été obligé de rester assis pendant deux heures, tandis que madame Merton me parlait, non de bonne amitié, comme M. Barlow, mais en haussant les épaules de ce que je n'aimais pas les beaux habits, et que je ne voulais pas être riche pour être haï comme le chevalier Tayaut.

Pendant qu'ils discouraient ainsi dans la ferme, on s'occupait au château à examiner le mérite du petit Henri. Madame Merton reconnaissait sa bravoure et sa franchise : elle convenait aussi de la bonté de son cœur et de sa bienveillance naturelle ; mais elle observait qu'il y avait dans ses idées une roideur et un défaut de délicatesse qui mettent toujours les enfans de la basse et de la moyenne classe du peuple au-dessous des enfans des gens comme il faut. M. Merton, au contraire, soutenait qu'il n'avait jamais vu un enfant dont les sentimens et les qualités dussent faire autant d'honneur, même aux conditions les plus relevées. Je ne puis, dit-il, m'empêcher d'assurer très-sérieusement que ce petit paysan porte dans son âme le caractère de la véritable noblesse. Quoique je désire avec ardeur que mon fils possède les qualités qui doivent honorer sa naissance, je serais fier de penser qu'à aucun égard il ne descendra jamais au-dessous du fils du fermier Sandford.

Si madame Merton accéda pleinement aux observations de son mari, c'est ce que je ne puis décider ; mais, sans attendre son suffrage, il continua ainsi : Si je vous parais aujourd'hui plus animé qu'à l'ordinaire sur ce point, vous devez me le pardonner, ma chère amie, et n'attribuer cette chaleur qu'à l'intérêt que je prends au bonheur de notre cher Tommy. Je sens que, par une tendresse mal éclairée, nous l'avons traité jusqu'à ce jour avec trop d'indulgence. Le soin que nous avons pris d'écarter de lui toute impression pénible n'a servi qu'à le rendre faible et pusillanime. En cherchant à prévenir tous ses désirs, nous avons rempli son imagination de fantaisies et de caprices ; et, pour lui épargner quelques contrariétés légères, nous l'avons empêché d'acquérir les connaissances de son âge, et de se mettre sur la voie de celles qui conviendront un jour à sa situation. Il y a déjà long-temps que j'ai fait ces remarques en silence; mais la crainte de vous causer de la peine m'a retenu. Cependant la considération de ses vrais intérêts doit à la fin prévaloir sur tout autre motif. Elle m'a fait embrasser en ce moment une résolution qui, je l'espère, ne vous sera pas désagréable. C'est de le confier aux soins de M. Barlow, s'il veut bien se charger de son éducation. Je pense que la liaison accidentelle qui vient de se former entre ces deux enfans peut devenir pour le nôtre l'événement le plus heureux de sa vie. Je veux proposer au fermier de me charger pour quelques années de tous les frais de l'entretien de son fils, afin qu'il puisse être élevé auprès de Tommy, et lui fournir un sujet d'émulation continuelle.

Comme M. Merton tint ce discours avec un certain degré de fermeté, et que la proposition en elle-même n'avait rien que de raisonnable, madame Merton n'y fit point d'objection, et consentit, quoique avec peine, à se séparer de son fils.

M. Barlow ayant été invité à dîner au château le dimanche suivant, M. Merton le prit en particulier après le repas, et lui fit part avec franchise des vues qu'il avait formées sur lui pour l'éducation de Tommy.

M. Barlow, après l'avoir remercié d'une marque si flatteuse d'estime et de confiance, voulut s'excuser sur les difficultés de cette entreprise; mais le discours dans lequel il les exposa fut si plein d'éloquence et de raison, que M. Merton n'en devint que plus ardent à le solliciter de consacrer au bonheur de son fils le fruit de ses réflexions et de ses lumières. Il lui protesta que cet objet était à ses yeux d'une si grande importance, que le sacrifice d'une partie de ses richesses ne lui coûterait rien pour le remplir.

M. Barlow l'arrêta à ces mots, et lui dit : Pardonnez, monsieur, si je prends la liberté de vous interrompre pour vous déclarer mes principes sur le sujet où vous allez vous engager.

Je veux bien, pendant quelques mois, essayer tous les moyens qui seront en mon pouvoir pour tâcher de répondre à vos vues paternelles; mais j'y mets une condition indispensable, c'est que vous me permettiez de vous servir avec tout le désintéressement dont je fais profession. Si le plan que je me propose de suivre s'accorde avec vos idées, je continuerai mes soins à votre fils aussi long-temps que vous le désirerez. En attendant, comme je crois avoir aperçu dans son caractère plusieurs défauts enfantés par une indulgence trop aveugle, il me semble que je serais plus libre d'exercer l'autorité qui m'est nécessaire pour les réformer, si je puis prendre à ses yeux et à ceux de votre famille le titre d'un ami plutôt que celui d'un gouverneur.

Quelque résistance que la générosité naturelle de M. Merton lui fît employer pour combattre une proposition si désintéressée, il fut enfin obligé d'y souscrire : et, deux jours après, Tommy fut conduit à la maison de M. Barlow, qui n'était éloignée que d'environ deux milles du château.

Le lendemain de son arrivée, M. Barlow, après avoir déjeûné avec Henri Sandford et lui, les fit entrer tous les deux dans son jardin. Il prit en main une bêche; et, en ayant donné une plus légère à Henri, ils commencèrent à travailler l'un et l'autre avec une extrême activité. Tous ceux qui mangent, dit-il à Tommy, doivent concourir à faire naître les fruits qui les nourrissent. C'est pourquoi Henri et moi nous nous faisons un devoir de cultiver la terre. Voici le carreau qui m'est échu en partage : cet autre est le sien; chaque jour nous y donnerons une heure ou deux de travail. Si vous voulez vous joindre à nous, je vais vous assigner un petit coin de terre que vous cultiverez, et tout ce qu'il produira sera pour vous.

Non, en vérité, répondit Tommy d'un air dédaigneux. Je suis gentilhomme, et je ne me sens pas fait pour travailler ainsi qu'un paysan. Tout comme il vous plaira, monsieur le gentilhomme, répliqua M. Barlow; mais Henri et moi, qui ne rougissons pas de nous rendre utiles, nous allons nous occuper de notre ouvrage.

Au bout de deux heures M. Barlow dit qu'il était temps de se reposer, et, prenant Henri par la main, il le conduisit dans un très-joli pavillon, où il le fit asseoir. Ensuite il alla cueillir des cerises qu'ils partagèrent ensemble. Tommy était accouru dans l'espérance d'être en tiers avec eux. Mais lorsqu'il les vit manger tout seuls, sans faire aucune attention à lui, il ne put retenir son dépit, et se mit à pleurer. Qu'avez-vous donc? lui dit froidement M. Barlow. Tommy le regarda d'un air fier et ne lui fit point de réponse. Oh! monsieur, reprit M. Barlow, si vous ne voulez pas me répondre, vous êtes libre de garder le silence : personne ici n'est obligé de parler. Tommy demeura encore plus déconcerté à ces paroles; et, ne pouvant cacher sa colère, il sortit du pavillon, également surpris et confus de se trouver dans un endroit où personne ne se mettait en peine de son humeur.

Lorsque toutes les cerises furent mangées, M. Barlow proposa à Henri d'aller se promener dans la forêt voisine. Henri, comme on peut le croire, se rendit sans peine à une invitation aussi agréable. Le temps était charmant ce jour-là. Ils eurent une joie infinie à jouir de la fraîcheur de l'air et des parfums que répandait de tous côtés le chèvrefeuille sauvage. M. Barlow savait toujours allier l'instruction au plaisir. Il fit remarquer à Henri un grand nombre de jolies plantes qu'il ne connaissait pas, et dont il lui apprit la nature et les propriétés.

Pendant ce temps, Tommy errait tristement dans le jardin sans trouver personne avec qui il pût s'amuser. Il attendait, dans un ennui profond, que M. Barlow et Henri fussent de retour de leur promenade. Ils arrivèrent enfin, et se rendirent dans la salle à manger. Tommy, qui avait un grand appétit, allait tout bonnement prendre sa place à table. M. Barlow l'arrêta, et lui dit: Non, monsieur, s'il vous plaît;

comme vous êtes trop gentilhomme pour travailler pour vous, nous, qui ne le sommes pas, nous ne nous soucions point du tout de travailler pour les paresseux. Tommy se retira dans un coin, et poussa des sanglots comme si son cœur eût été prêt à se fendre. Mais Henri, qui ne pouvait supporter de voir son ami si malheureux, tourna tendrement vers M. Barlow ses yeux humides de larmes, et lui demanda s'il pouvait faire ce qu'il lui plairait de la portion de son dîner. Certainement, mon ami, lui dit M. Barlow; vous l'avez assez gagnée. Eh bien! reprit-il avec vivacité, je vais la donner au pauvre Tommy, qui en a plus besoin que moi. En disant ces mots, il courut lui porter son assiette dans le coin où il était assis. Tommy la prit et le remercia, sans oser lever ses yeux, qu'il tenait fixés vers la terre. Je vois, dit M. Barlow, que si les gentilshommes trouvent au-dessus de leur dignité de travailler pour eux-mêmes, ils ne croient point s'avilir de prendre le pain pour lequel les autres ont tant travaillé. A ce reproche piquant, Tommy versa plus de larmes amères qu'il n'en eût encore répandues.

Le lendemain M. Barlow et Henri étaient allés de bonne heure dans le jardin reprendre leur défrichement de la veille. A peine avaient-ils commencé que Tommy courut auprès d'eux, et voulut avoir aussi une petite bêche, que M. Barlow lui donna. Comme c'était la première fois qu'il s'avisait d'en faire usage, il la maniait avec assez de gaucherie; et peu s'en fallut qu'il ne s'en donnât plusieurs fois de rudes coups dans les jambes. M. Barlow eut la complaisance de suspendre son travail pour lui montrer comment il devait se servir de cet instrument. Il s'y prit alors un peu mieux, puis un peu mieux encore. Enfin il fit si bien qu'au bout d'une heure il aurait pu lui-même donner des leçons à un apprenti jardinier.

Leur ouvrage de la matinée étant achevé, ils se rendirent tous les trois dans le pavillon. On servit des cerises; et Tommy ressentit une vive allégresse de se voir invité cordialement à en prendre sa part. Il les trouva les plus délicieuses qu'il eût mangées de sa vie, parce que l'exercice qu'il avait fait en plein air lui avait donné de l'appétit. Après ce repas joyeux, M. Barlow tira un livre de sa poche, et pria Tommy de vouloir bien leur faire la lecture d'une historiette. Tommy rougit, en avouant d'un air confus qu'on ne lui avait jamais appris à lire. J'en suis bien fâché pour vous, dit M. Barlow; car vous y perdrez un grand plaisir. En ce cas, je vais céder cet honneur au brave Henri. Alors Henri prit le livre et lut ce qui suit :

LE VANNIER.

Dans un pays fort éloigné de celui-ci il y avait un homme riche qui employait la plus grande partie de son temps à manger, à dormir ou à boire, et le reste à rechercher de frivoles plaisirs. Entouré continuellement de domestiques empressés à exécuter aveuglément tous ses ordres et à le servir avec des marques trompeuses de respect, il devint orgueilleux, insolent et capricieux. On l'avait si peu accoutumé dès l'enfance à entendre la vérité, qu'il s'imaginait avoir le droit de commander à tout le monde ; et il s'était persuadé que les pauvres n'avaient d'autre destination que de servir de jouet à ses fantaisies.

Presque sous les murs du château de cet homme opulent habitait un homme pauvre, mais honnête et industrieux, qui se faisait chérir et respecter de tous ses voisins. Il gagnait péniblement sa vie à faire des corbeilles avec des joncs qui croissaient dans une terre marécageuse à côté de sa chaumière. Mais, quoiqu'il fût obligé de travailler depuis le matin jusqu'au soir pour gagner son entretien ; quoiqu'il ne prît pour toute nourriture que du riz, des pois ou d'autres légumes, et qu'il n'eût d'autre lit que les faisceaux de joncs dont il se servait pour faire ses corbeilles, il ne laissait pas d'être toujours satisfait et joyeux. Son travail lui donnait assez d'appétit pour lui faire trouver délicieux les mets les plus grossiers ; et il s'endormait tous les soirs d'un si bon sommeil, que le lit le plus dur ne l'empêchait pas d'en goûter les douceurs.

L'homme riche, au contraire, étendu mollement la nuit sur un fin duvet, ne pouvait dormir, parce qu'il avait passé toute la journée assoupi dans sa mollesse. Il goûtait sans plaisir les mets friands dont sa table était chargée, parce qu'il ne faisait pas assez d'exercice pour se procurer de l'appétit; et il se trouvait souvent indisposé, parce que son estomac, affaibli par sa gloutonnerie, refusait de digérer ses alimens. Comme il ne faisait de bien à personne, il n'avait point d'amis. En revanche, il était détesté par tous ses vasseaux, qu'il tenait dans l'oppression; et jusqu'à ses domestiques, il n'y avait personne qui ne pût prononcer son nom sans le mépriser ou le maudire.

Incapable de trouver en lui-même rien qui pût dissiper sa noire mélancolie, il prenait de l'humeur contre tous ceux qu'il croyait plus joyeux que lui. Dans les promenades qu'il faisait en palanquin, porté servilement sur les épaules de ses domestiques, il passait tous les jours devant la chaumière du pauvre vannier qui, paisiblement assis sur le seuil de sa porte, chantait à plein gosier en faisant ses corbeilles. L'homme riche ne put le voir long-temps sans envie. Quoi! se disait-il, un vil artisan, qui travaille toute la journée pour gagner une misérable subsistance, je le vois toujours satisfait; et moi qui possède de grandes richesses, moi qui suis d'une plus grande importance qu'un million de créatures comme lui, je ne me trouve jamais heureux! Cette réflexion s'éleva si souvent dans son esprit, qu'il sentit bientôt contre cet homme les mouvemens de la haine la plus violente. Peu accoutumé à vaincre ses passions, quelque injustes qu'elles pussent être, il résolut de punir son pauvre voisin de l'audace qu'il avait d'être plus heureux que lui-même. Après avoir cherché tous les moyens d'assouvir sa barbare vengeance, il ordonna à un de ses indignes valets d'aller mettre le feu aux joncs qui environnaient la chaumière du vannier. C'était pendant l'été. La chaleur excessive qui règne dans cette contrée avait desséché les plantes. En un moment la flamme s'étendit sur tout le marais, et non-seulement consuma les joncs, mais alla même embraser la triste chaumière, en sorte que le malheureux vannier, réveillé en sursaut par les charbons enflammés qui tombaient sur lui, fut obligé de s'échapper presque sans vêtemens pour sauver sa vie.

Je vous laisse à penser quelle fut sa douleur lorsqu'il se vit ainsi privé de tout moyen de subsistance par la méchanceté d'un homme qu'il n'avait jamais offensé. Hors d'état de le punir de son injustice, il se mit en marche dès le lendemain, et courut se jeter aux pieds du grand juge de ce pays, auquel il raconta la violence qu'on avait exercée à son égard. Le magistrat, qui était un homme juste et compatissant, ordonna tout de suite que le malfaiteur fût amené devant son tribunal. Après l'avoir fait convenir du crime dont il était accusé, et lui avoir adressé les reproches les plus sévères, il se tourna vers le pauvre vannier, et lui dit : « Puisque cet homme vain et méchant s'est laissé entraîner à un attentat aussi cruel par une fausse idée de son importance, il est nécessaire de lui apprendre de combien peu de valeur il est pour le reste du monde, et à quel degré vous l'emportez sur lui pour la véritable utilité. Cet exemple doit être éclatant pour servir de leçon à la nation entière. Je ne veux vous contraindre par aucune violence à servir le projet que j'ai formé. Je ne vous cache pas même que vous aurez quelque risque à courir dans son exécution : mais, s'il réussit, comme je l'espère, je vous promets au bout de quelques mois une aisance assurée pour le reste de votre vie ; et vous aurez l'honneur d'avoir contribué à établir une grande vérité pour l'instruction de vos concitoyens. »

Le pauvre homme répondit :

« Je n'ai jamais possédé que bien peu de chose au monde : mais ce peu que j'avais suffisait à ma subsistance, et je l'ai perdu par la méchanceté de cet homme orgueilleux. Je suis entièrement ruiné. Il ne me reste aucun espoir de me procurer un morceau de pain au premier moment où la faim se fera sentir. C'est pourquoi je suis prêt à faire tout ce que vous ordonnerez de mon sort. Je m'en rapporte à votre sagesse. Quoique je sois bien loin de vouloir traiter cet homme comme il m'a traité, je ne serai pas fâché de servir à lui faire apprendre la justice, et d'empêcher les riches, par son exemple, d'opprimer à l'avenir ceux qui sont pauvres comme moi. »

Alors le magistrat ordonna qu'on les fît monter tous deux sur un vaisseau, et qu'on les transportât sur les côtes d'une île habitée par des sauvages, à qui toutes les distinctions de la richesse étaient inconnues, et qui ne vivaient uniquement que de leur pêche.

Aussitôt qu'ils furent débarqués sur le rivage, les matelots remirent à la voile, et les habitans du pays se rassemblèrent en grand nombre autour des deux étrangers. L'homme riche, se voyant exposé sans défense au milieu d'un peuple barbare dont il n'entendait pas le langage, se prosterna le visage contre terre en tendant les mains de la manière la plus suppliante, pour demander qu'on lui fît grâce de la vie. Mais le vannier, accoutumé dès l'enfance à ne pas s'effrayer de la mort, garda tout son courage, et fit signe aux insulaires qu'il voulait être leur ami, et travailler pour leur service. Ceux-ci comprirent à merveilles ses démonstrations, et lui en firent d'autres pour lui exprimer qu'ils acceptaient ce traité. En conséquence, on le conduisit dans la forêt prochaine avec monseigneur qui se tenait caché derrière lui, et qui dans cette circonstance ne rougissait point de lui céder les honneurs du pas. Le chef des sauvages leur montra de grosses souches d'arbres qu'il fallait déraciner et transporter dans sa cabane. Ils se mirent aussitôt en besogne. Le vannier, qui était robuste et actif, eut bientôt rempli sa tâche. Monseigneur, au contraire, dont les bras énervés n'avaient jamais été accoutumés au travail, ne savait guère comment s'y prendre, et succombait déjà de fatigue sans avoir de beaucoup avancé son ouvrage. Les sauvages, témoins de leurs opérations, voyant qu'ils pouvaient tirer un grand avantage des services du premier, s'empressèrent de lui présenter un grand morceau de poisson avec quelques unes de leurs racines choisies, tandis qu'ils jetèrent avec mépris à l'autre des morceaux de rebut, le jugeant incapable de leur être de la moindre utilité. Quoi qu'il en soit, comme celui-ci était depuis quelques heures à jeun, et qu'il n'avait jamais fait tant d'exercice, il dévora cette nourriture grossière de meilleur appétit qu'il n'aurait mangé à sa table les ragoûts les plus friands.

Le lendemain on les mit encore à l'ouvrage. Le vannier, montrant toujours la même supériorité sur son compagnon, reçut des insulaires autant de nouveaux témoignages de bienveillance que l'autre en reçut de marques de dédain. En dépit de toute sa fierté, l'homme riche commença dès ce moment à s'apercevoir avec combien peu de raison il avait prit une si haute idée de lui-même et méprisé ses semblables. Un événement qui arriva bientôt après acheva de mettre le comble à son humiliation.

Dans les intervalles de son travail, le vannier, ennemi mortel de l'indolence, trouvait assez de loisir pour s'occuper d'un métier qu'il chérissait encore, parce qu'il lui avait dû long-temps les moyens de soutenir ses jours. Jaloux aussi de témoigner sa reconnaissance aux sauvages pour les bons traitemens qu'il recevait de leur humanité, il résolut d'employer en leur faveur son ancienne industrie. Les joncs croissaient en abondance autour de sa nouvelle demeure. Il cueillit les plus fins, et s'en servit en cachette pour tresser une espèce de couronne de la forme la plus élégante qu'il put lui donner. Un jour que les sauvages étaient assemblés autour de lui, il courut chercher la couronne, qu'il plaça sur la tête de leur chef. Le bon sauvage fut si enchanté de sa nouvelle parure, qu'il se mit à chanter et à sauter de joie au milieu de ses compatriotes, et ceux-ci ne pouvaient se lasser d'admirer en silence un chef-d'œuvre si parfait.

Le vannier, s'étant ainsi fait connaître par un ouvrage frivole, montra bientôt qu'il savait employer son talent à des objets d'une plus grande utilité. Il s'occupa le lendemain à former des paniers et des corbeilles, dont il apprit l'usage aux femmes sauvages pour y déposer leurs racines et leur poisson. Vous jugez bien qu'on ne tarda guère à le retirer de ses emplois serviles pour des travaux plus doux. Tout le monde voulut apprendre de lui à tresser le roseau, le jonc et l'osier. En récompense de ses leçons, les sauvages reconnaissans lui apportaient de toutes les espèces de fruits que produisait la contrée. Chaque jour il était accablé de leurs présens. Enfin on lui construisit une hutte commode, comme au bienfaiteur du pays; et, après le chef, il n'était pesonne qui reçût des hommages aussi distingués.

Pendant ce temps l'homme riche, qui n'avait ni forces pour travailler ni talens pour plaire, menait la vie la plus déplorable au milieu des insultes et des affronts. On allait même délibérer si on ne le laisserait pas mourir de faim comme une créature inutile; mais le vannier, attendri sur son sort, et voulant ne se venger qu'avec noblesse des injures qu'il avait reçues de lui, trouva le moyen de lui faire accorder sa grâce. Il fit comprendre aux sauvages l'intérêt qu'il prenait à la destinée du compagnon de sa fortune; mais tout ce qu'il put obtenir en sa faveur, ce fut d'être condamné à lui servir de domestique, et à lui aller couper les joncs dont il avait besoin pour les demandes continuelles qu'on lui faisait de ses corbeilles et de ses paniers.

Le magistrat n'avait pas oublié l'objet d'instruction qu'il voulait retirer de sa sentence. Au bout de trois mois il envoya chercher dans l'île sauvage les deux exilés; et, les ayant fait amener devant lui, il regarda d'un œil sévère l'homme riche, et lui dit : « Maintenant que vous avez dû apprendre par l'expérience combien vous êtes inutile sur la terre, et combien votre incapacité vous met au-dessous de l'homme que vous avez insulté, je dois procéder à la réparation qui lui est due pour l'oppression dont vous vous êtes rendu coupable à son égard. Si je vous traitais ainsi que vous le méritez, je vous dépouillerais des richesses que vous possédez, comme vous avez méchamment privé cet homme de tous les moyens qu'il avait de pourvoir à sa subsistance. Mais, comme j'espère que l'épreuve du malheur vous rendra plus humain à l'avenir, je vous rends la moitié de votre fortune sous la condition de donner l'autre moitié à ce pauvre homme dont vous avez causé la ruine. »

Le vannier remercia le magistrat de la justice qu'il lui faisait rendre; mais il ajouta : « J'ai été élevé dans la misère, et toute ma vie s'est passée dans le travail. Je n'ambitionne point des richesses dont je ne saurais faire usage. Tout ce que je désiré de cet homme, c'est qu'il me mette dans la même situation où j'étais auparavant, et qu'il apprenne à être désormais plus humain envers les malheureux. »

L'homme riche ne put s'empêcher de témoigner son admiration pour une si grande générosité. Comme il avait acquis de la sagesse par ses infortunes, non-seulement il traita le vannier comme son bienfaiteur et son ami durant le reste de sa vie, mais encore il employa ses trésors à faire du bien à tous ses semblables.

L'histoire étant achevée, Tommy s'écria qu'elle était fort jolie ; mais que, s'il avait été à la place du bon vannier, il aurait pris la moitié de la fortune du méchant homme, que le magistrat lui avait adjugée, et qu'il l'aurait retenue pour lui. Je m'en serais bien gardé, dit Henri, de peur de devenir peut-être aussi vain, aussi méchant et aussi paresseux.

Depuis ce jour, M. Barlow et ses deux élèves prirent l'habitude d'employer une partie de la matinée à travailler dans le jardin. Lorsqu'ils étaient fatigués, ils se retiraient dans le pavillon, où le petit Henri, qui, par son application constante, faisait de rapides progrès dans ses études, les amusait par la lecture de quelque histoire agréable. Tommy prenait de jour en jour un nouveau plaisir à l'écouter. Mais, Henri étant allé passer une semaine chez ses parens, Tommy fut obligé de rester seul avec M. Barlow. Le lendemain, lorsqu'après leur travail ordinaire ils furent allés se reposer dans le pavillon, Tommy s'attendait que M. Barlow, lui ferait la lecture de quelque jolie historiette;

mais il arriva que ce jour-là précisément il survint à M. Barlow plusieurs affaires de la dernière importance qui ne lui permettaient pas de procurer ce plaisir à son petit ami. Il en fut de même le lendemain, et encore le jour d'après, Jamais M. Barlow n'avait eu malheureusement tant d'occupations. Tommy perdit alors patience, et se dit à lui-même : Ah! si je savais lire comme Henri, je n'aurais pas besoin de prier les autres de lire pour moi, et je saurais m'amuser tout seul. Et pourquoi ne pourrais-je pas faire ce qu'un autre a fait? Henri a de l'esprit, sans doute; mais il n'aurait jamais su lire s'il n'avait appris de quelqu'un; et, si quelqu'un veut me l'apprendre, j'ose croire que je saurai bientôt lire aussi bien que lui. Bon! lorsqu'il sera de retour je veux lui demander comment il a fait, afin de m'y prendre de la même manière.

Henri revint quelques jours après; et aussitôt que Tommy se trouva seul avec lui : Henri, lui dit-il, comment as-tu fait pour apprendre à lire?

HENRI.

C'est M. Barlow qui a eu la bonté de m'enseigner à connaître les lettres, puis à les épeler, puis à assembler les syllabes, ensuite à lire des mots entiers. Voilà tout mon secret.

TOMMY.

Et voudrais-tu me l'apprendre ?

HENRI.

Je ne demande pas mieux, mon ami. Henri prit alors un alphabet; et Tommy fut si attentif à ses instructions que, dès la première leçon, il fut en état de distinguer toutes les lettres. Il se trouva très-satisfait de cet heureux effort de son esprit ; et il eut toutes les peines du monde à s'empêcher de courir auprès de M. Barlow pour lui étaler ses connaissances. Mais il fit réflexion qu'il l'étonnerait bien davantage s'il ne lui disait rien de ses études jusqu'à ce qu'il fût capable de lire une histoire d'un bout à l'autre. Il s'appliqua donc avec tant de diligence, et Henri, qui ne ménageait pas ses peines pour son ami, se montra un si bon maître, qu'au bout de trois mois il se crut assez fort pour surprendre M. Barlow par l'exercice de ses talens. Un jour qu'ils étaient tous les trois dans le pavillon, Henri avait déjà pris le livre; Tommy se leva, et dit gravement que, si M. Barlow voulait le permettre, il essaierait de lire à la place de son ami. Très-volontiers, répondit M. Barlow; mais je crois que vous seriez en état de voler dans les airs autant que de lire dans ce livre. Tommy dans la confiance de ses forces, ne répliqua que par un sourire; et prenant le livre des mains de Henri, il lut tout couramment l'histoire suivante.

LES DEUX CHIENS.

Dans une province de France, un jeune berger avait élevé deux jeunes chiens de l'espèce la plus estimée pour la grandeur, la force et le courage.

Lorsqu'il les vit assez grands pour n'avoir plus besoin du lait de leur mère, il crut faire un présent agréable à son seigneur, qui était un riche habitant d'une grande ville, en lui donnant le plus beau de ses deux élèves. Son cadeau fut reçu avec autant de plaisir qu'il en avait à le faire, et il n'y eut de triste, dans cette circonstance, que les jeunes doguins qui, étant accoutumés à jouer ensemble, eurent beaucoup de peine à se séparer.

Dès ce moment, la manière de vivre des deux frères se trouva bien différente. Le nouvel habitant de la ville, qu'on s'empressa de nommer *la Faveur*, fut admis dans une excellente cuisine, où il gagna bientôt les bonnes grâces de tous les domestiques, qui se divertissaient de ses cabrioles, et le récompensaient de tant de gentillesse par une grande abondance de viandes et de potages. Employant, comme il le faisait, sa journée à manger depuis le matin jusqu'au soir, il prit en peu de temps une grosseur monstrueuse, et son poil devint gras et luisant. Il était, à la vérité, paresseux à l'extrême, et si poltron, qu'il s'enfuyait devant un chien qui n'était pas la moitié si gros que lui. Il était aussi fort adonné à la gloutonnerie, et il fut souvent battu pour les vols qu'il commettait dans l'office. Mais, comme il avait appris à jouer familièrement avec les domestiques, qu'il savait fort bien se tenir sur ses pates de derrière, aller querir et rapporter au commandement, il était caressé par tous les gens de la maison, et sa faveur s'étendait même assez loin dans le voisinage.

L'autre chien, qu'on avait appelé *la Garde*, élevé durement à la campagne, était bien loin d'avoir le poil si brillant et le ventre si arrondi. Il ignorait tous les jolis tours de souplesse qui composaient le mérite de son frère. Son maître n'était pas assez riche pour lui donner au-delà de ce qui était absolument nécessaire à sa subsistance. Obligé de vivre continuellement en plein air, de souffrir toutes les intempéries des saisons, et de travailler sans relâche pour gagner sa nourriture, il se rendit robuste, actif et diligent. Les combats qu'il avait à soutenir contre les loups lui avaient donné une si grande intrépidité, qu'aucun de ses ennemis ne pouvait se flatter de lui avoir fait tourner le derrière. Il en avait quelquefois reçu de cruelles morsures; mais il s'honorait de ces nobles cicatrices; et il pouvait dire, à sa gloire, qu'il ne manquait pas une seule brebis au troupeau depuis qu'il avait été mis sous sa protection. Son honnêteté, d'ailleurs, était si éprouvée, qu'aucune tentation n'était capable de le séduire. Il se serait vu tout seul en face du morceau de lard le plus appétissant, qu'il ne lui serait pas même venu dans la pensée qu'il y aurait du plaisir à s'en régaler. Il se contentait de manger ce qu'il plaisait à son maître de lui servir; et il ne le recevait qu'avec une tendre reconnaissance. La pluie, la neige, le tonnerre, la grêle, ne lui auraient pas fait chercher un abri, lorsque son devoir le retenait auprès du troupeau; et, au moindre signe du berger, il plongeait, tête baissée, dans les rivières les plus rapides, au milieu des glaçons.

Il arriva dans ce temps que le seigneur du pauvre berger vint à la campagne pour examiner l'état de ses terres. Il avait amené *la Faveur* avec lui. Au premier coup d'œil qu'il jeta sur *la Garde*, il ne put se défendre d'un sentiment de dédain, que lui inspirait son extérieur rude et grossier : aucune de ces manières brillantes, rien de cet embonpoint fleuri qui prévenait pour *la Faveur*. Quoi qu'il en soit, monseigneur ne tarda guère à revenir de l'opinion qu'il s'était formée du caractère des deux frères. Comme il se promenait un jour au fond d'un bois épais, accompagné de son favori, un loup affamé, dont les yeux étincelaient de rage, sortit d'un bois voisin en poussant des hurlemens affreux, et vint droit à lui pour le dévorer. Monseigneur se crut perdu, surtout lorsqu'il vit son bien-aimé *la Faveur*, au lieu de voler à son secours, s'abonner lâchement à des cris d'effroi, et s'enfuir bientôt de toute sa vitesse, la queue basse entre les jambes; mais, en ce moment de désespoir, l'intrépide *la Garde*, qui l'avait humblement suivi à une certaine distance sans qu'il daignât le remarquer, accourut avec la rapidité d'un éclair, et se jeta sur le loup avec une telle impétuosité, qu'il l'obligea d'exercer toute sa force en sa propre défense. Le combat fut long et opiniâtre. Enfin, *la Garde* étendit le loup mort à ses pieds. Ce ne fut pas, il est vrai, sans avoir les oreilles un peu déchirées; mais il semblait qu'il oubliait ses maux pour ne sentir que les caresses dont il fut accablé. Monseigneur apprit ainsi, par sa propre expérience, qu'il ne faut pas toujours s'en fier à la mine des gens, et que les grandes vertus peuvent se signaler dans les pauvres, tandis qu'elles se trouvent en défaut chez les riches.

Tommy s'arrêta en cet endroit pour reprendre haleine. Fort bien, en vérité, mon ami, dit M. Barlow. Je vois que, lorsque les jeunes gentilshommes veulent prendre la peine de s'appliquer, ils peuvent réussir aussi bien que ceux qu'ils appellent les gens du peuple. Mais que pensez-vous, Tommy, de l'histoire que vous venez de lire? Lequel aimez-vous mieux de ce brillant *la Faveur*, qui laisse son maître en danger d'être dévoré, ou de ce modeste *la Garde*, qui expose sa propre vie pour le défendre? Je crois, répondit Tommy, que j'aurais mieux aimé *la Garde*. Oui, en effet, il aurait eu la préférence; mais je l'aurais lavé, j'aurais fait tondre son poil, et j'aurais pris soin de le bien faire nourrir, jusqu'à ce qu'il fût devenu aussi brillant que *la Faveur*. Peut-être alors, répliqua M. Barlow, serait-il devenu paresseux et poltron comme lui. Mais il reste encore quelque chose à lire; voyons la fin de l'histoire. Tommy continua ainsi:

Monseigneur fut si charmé de la bravoure de *la Garde*, qu'il ne voulut plus s'en séparer. Ce ne fut qu'avec un extrême regret que le berger consentit à lui en faire présent. *la Garde*, dès le lendemain, fut emmené à la ville pour y prendre le poste de *la Faveur*; et celui-ci fut remis au berger, avec l'ordre exprès de le faire mourir comme un indigne et lâche mâtin.

Le berger, aussitôt après le départ de son maître,

allait exécuter la sentence qu'il avait prononcée; mais, en considérant la haute taille et l'air prévenant de *la Faveur,* ému surtout d'un sentiment de pitié pour le pauvre animal, qui remuait la queue et lui léchait les mains, au moment même où il lui attachait une corde au cou pour le jeter à la rivière, il résolut de lui sauver la vie, et d'essayer si un nouveau genre de vie ne produirait pas en lui d'autres sentimens. Dès ce moment, *la Faveur* fut traité exactement de la même manière que *la Garde* l'avait été. Une vie frugale et laborieuse le rendit bientôt plus sobre et plus vigilant. A la première pluie qu'il essuya, il s'enfuit, il est vrai, selon sa coutume, et courut se réfugier au coin du feu; mais la femme du berger le mit à la porte, et le força de supporter la rigueur de la saison. Cette épreuve coûta un peu à sa mollesse; mais, au bout de quelques jours, il ne fit pas plus d'attention au froid et à la pluie que s'il avait été continuellement élevé au milieu des champs.

Malgré les nouvelles qualités qu'il avait acquises, il ne laissait pas de conserver une frayeur mortelle des bêtes sauvages. Un jour qu'il errait seul dans une forêt, il fut attaqué par un loup énorme, qui, s'élançant d'un buisson, ouvrit sa large gueule pour le déchirer. *La Faveur* aurait bien voulu s'enfuir; mais son ennemi était trop agile pour lui laisser le temps de s'échapper. La nécessité donne quelquefois du courage aux plus lâches. *La Faveur,* ne voyant point de jour à la retraite, se tourna contre son ennemi; et, le saisissant heureusement par le cou, il l'étrangla dans un instant. Le berger accourait pour le secourir; il n'arriva que pour être témoin de sa victoire, et il le caressa avec une tendresse qu'il n'avait pas encore ressentie. Animé par ce succès et par l'approbation de son maître, *la Faveur*, depuis cette aventure, se montra dans toutes les occasions, aussi brave qu'il avait été poltron jusqu'à ce jour; et bientôt il n'y eut pas, à dix lieues à la ronde, un chien dont la renommée inspirât aux loups une aussi grande frayeur.

Dans cet intervalle, au lieu de chasser les bêtes sauvages, ou de veiller sur les troupeaux, *la Garde* ne faisait plus que manger et dormir; ce qu'on lui permettait de faire à son aise, en mémoire de ses services passés. Comme toutes les qualités, soit de l'esprit, soit du corps, se perdent insensiblement si l'on néglige l'occasion de les exercer, il cessa bientôt de posséder ce courage, cette hardiesse et cette vigilance qui l'avaient tant distingué, pour prendre à leur place tous les vices attachés à la paresse et à la gloutonnerie.

L'année suivante monseigneur ayant appris que des loups ravageaient ses terres, il résolut d'aller à leur poursuite, et de mener avec lui *la Garde*, pour lui faire encore exercer sa prouesse contre ses anciens ennemis. Il y en avait un que les gens de la campagne venaient de rencontrer dans une forêt voisine. Monseigneur y courut avec *la Garde*, dans l'espérance de le voir triompher avec autant de gloire que l'année d'auparavant. Mais quel fut sa surprise, lorsqu'à la première rencontre il vit son héros s'enfuir avec toutes les marques d'une lâche frayeur! Dans le même instant arriva un autre chien, qui, défiant le loup de l'air le plus intrépide, lui livra un combat sanglant, et au bout de quelques minutes le jeta sans vie sur le champ de bataille. Monseigneur ne put s'empêcher de déplorer la poltronnerie de son favori, et d'admirer la valeur du champion étranger. Il ne tarda guère à le reconnaître pour ce même *la Faveur* qu'il avait condamné l'année précédente à une mort honteuse. Je vois bien, dit-il au berger, que c'est en vain qu'on attendrait du courage de ceux qui passent leur vie dans une indolente mollesse, et qu'un exercice habituel, une vie sobre et active, peuvent porter les caractères les plus faibles à des prodiges de force et de valeur.

En vérité, dit M. Barlow lorsque la lecture fut achevée, je suis charmé de voir que Tommy ait fait l'acquisition de ce talent; il ne dépendra maintenant de personne pour ses plus grands plaisirs, et il sera en état de s'amuser au moment où il lui plaira. Tout ce que l'on a écrit dans notre langue est aujourd'hui à sa disposition, soit qu'il veuille lire de petites aventures agréables comme celles que nous venons d'entendre, soit qu'il veuille s'instruire, dans l'histoire, des actions des grands hommes et des vertus des gens de bien, soit qu'il veuille connaître la nature de toutes les espèces d'animaux et de plantes qui se trouvent sur la terre. En un mot, je ne connais rien qui ne puisse être l'objet de ses connaissances; et je ne désespère pas de le voir devenir un homme très-sensé, capable de contribuer un jour à l'instruction de ses semblables.

Oui, c'en est fait, répondit Tommy un peu exalté par cet éloge, me voilà résolu à me rendre aussi habile qu'un autre; et, quoique je sois encore tout petit, je ne doute pas que je ne sois déjà plus instruit que beaucoup de personnes plus grandes que moi. Je suis sûr, par exemple, que de tous les nègres que nous avons laissés à la Jamaïque, sur notre habitation, il n'en est pas un seul qui sache lire aussi couramment une histoire. M. Barlow prit une contenance un peu grave à cet éclat soudain de vanité, et lui demanda froidement si l'on avait pris soin de leur apprendre quelque chose. Non, monsieur, je ne le crois pas, répondit Tommy. Où est donc la grande merveille s'ils sont ignorans? répliqua M. Barlow. Vous n'auriez probablement rien appris encore si votre ami n'avait eu la complaisance de vous instruire, et ce que vous savez même à présent est bien peu de chose, n'en doutez pas.

C'est de cette manière que M. Barlow commença l'éducation de Tommy Merton, naturellement doué des dispositions les plus heureuses, quoiqu'on lui eût laissé contracter de mauvaises habitudes qui les empêchaient quelquefois de se montrer. Il était d'une humeur un peu colère, et il s'imaginait qu'il avait le droit de commander à tous ceux qu'il ne voyait pas aussi bien vêtus que lui. Cette folle idée le fit tomber en plusieurs fautes, et fut pour lui la source de mille cruelles mortifications.

Un jour qu'il poussait une balle avec sa raquette, elle passa sur une haie, et alla tomber dans un champ voisin. Ayant aperçu un petit garçon tout déguenillé qui se promenait dans le champ, il lui cria, d'un ton de maître, de lui renvoyer sa balle. Le petit garçon, sans se mettre en peine d'un tel commandement, continua sa promenade, et laissa la balle se reposer. Tommy l'apostropha d'une voix encore plus impérieuse, et lui demanda s'il n'avait pas entendu ce qu'on lui avait ordonné.

LE PETIT GARÇON.

Oh! je l'ai bien entendu. Je ne suis pas sourd, Dieu merci.

TOMMY.

Eh bien! si tu n'es pas sourd, renvoie-moi ma balle tout de suite.

LE PETIT GARÇON.

Voilà précisément ce que je ne ferai pas.

TOMMY.

Si je vais à toi, coquin, je te le ferai bien faire.

LE PETIT GARÇON.

Peut-être que non, mon petit monsieur.

TOMMY.

Voyez-moi cet insolent! Tiens, je t'en avertis, ne me donne pas la peine de passer de ton côté, ou je te battrai si fort qu'il ne te restera qu'un souffle de vie.

Le petit garçon ne répondit à cette bravade que par un grand éclat de rire. Ce qui provoqua tellement Tommy, qu'il s'avança précipitamment vers la haie pour la franchir. Mais par malheur le pied lui glissa, et il tomba en roulant dans un fossé profond, tout plein d'une eau bourbeuse. Il y barbotta quelque temps pour tâcher d'en sortir. Ce fut en vain. Son pied s'enfonçait de plus en plus dans la fange à mesure qu'il voulait gagner le bord. Tout son bel habit fut couvert de vase, et une eau verdâtre dégouttait le long de sa culotte. Le riche galon à point d'Espagne qui bordait son chapeau avait disparu sous une croûte épaisse de limon ; et, pour comble de détresse, il perdit l'un après l'autre ses deux souliers. Il ne serait sorti de long-temps de l'embarras où il se trouvait, si le petit garçon n'eût pris pitié de lui, et ne fût venu le retirer de sa fatale baignoire. Tommy, tout bouffi de honte et de colère, n'eut pas la force de proférer une seule parole. Il se mit à marcher lentement vers la maison dans un équipage si déplorable, que M. Barlow, qui le rencontra, craignit qu'il ne se fût blessé. Mais, lorsqu'il eut entendu le récit de son aventure, il ne put s'empêcher de rire ; et il conseilla à Tommy de prendre un peu mieux ses mesures à l'avenir dans les querelles qu'il aurait avec les petits garçons déguenillés.

Le lendemain, lorsqu'ils furent dans le pavillon, M. Barlow, s'adressant à Henri, le pria de lire l'histoire suivante.

ANDROCLÈS.

Il y avait un pauvre esclave, nommé Androclès, qui était si maltraité par son maître, que la vie lui devint insupportable. Ne trouvant point de remède à ses maux, il se dit à lui-même : Il vaut mieux mourir que de vivre dans les souffrances continuelles que je suis obligé d'endurer. Je n'ai d'autre parti que de me sauver de chez mon maître. S'il me reprend, je sais qu'il me punira d'un supplice affreux; mais ces tourmens finiront ma misère. Si je parviens à m'échapper, il me faudra vivre dans un désert qui n'est habité que par des bêtes féroces; mais elles ne pourront me traiter plus cruellement que je n'ai été traité par les hommes. Oui, je m'abandonnerai à leur merci plutôt que de traîner encore mes jours dans un misérable esclavage.

Il prit une occasion favorable pour se dérober de la maison de son maître, et courut se cacher dans une épaisse forêt à quelque distance de la ville. Il ne tarda pas long-temps à sentir qu'il n'était sorti d'un genre de misère que pour tomber dans un autre. Après avoir erré la moitié du jour sur un sable brûlant, à travers les ronces et les épines, il fut saisi de la faim; et ne put trouver de quoi la satisfaire dans cette horrible solitude. Enfin, prêt à mourir de fatigue et d'épuisement, il alla se coucher dans une sombre caverne qui s'offrit à ses regards.

Le pauvre homme ! dit Henri, dont le cœur sensible ne put contenir ses mouvemens à ce récit déplorable : je lui aurais donné mon dîner, je lui aurais cédé mon lit. Mais, M. Barlow, dites-moi, je vous prie, comment a-t-on la méchanceté d'en agir d'une façon si cruelle envers un de ses semblables ? Et comment un homme peut-il être l'esclave d'un autre homme, et en souffrir de mauvais traitemens ?

Oh ! pour cela, répondit Tommy, c'est qu'il y a des gens qui sont nés gentilshommes et faits pour commander ; d'autres qui sont nés esclaves et faits pour obéir. Je me souviens qu'avant que de venir dans cette maison, j'avais autour de moi un nombre d'hommes et de femmes noirs, que maman me disait être nés uniquement pour faire ce qui me plairait. J'avais contume de les égratigner, de les battre, et de leur jeter des assiettes à la tête. Pour eux, ils n'osaient me frapper, parce qu'ils étaient esclaves.

M. BARLOW.

Dites-moi, je vous prie, mon cher ami, comment ces gens étaient-ils devenus esclaves ?

TOMMY.

C'est que mon père les avait achetés de son argent.

M. BARLOW.

En sorte que les gens que l'on achète de son argent sont esclaves, n'est-ce pas ?

TOMMY.

Oui, sans doute.

M. BARLOW.

Et ceux qui les achètent ont le droit de les égratigner, de les battre, et de leur faire tout ce qu'ils veulent ?

TOMMY.

Certainement.

M. BARLOW.

Ainsi donc, si je vous prenais, et que j'allasse vous vendre au fermier Sandford, il aurait le droit de vous faire tout ce qu'il voudrait?

TOMMY.

Non, monsieur; vous n'avez pas le droit de me vendre, et il n'a pas le droit de m'acheter.

M. BARLOW.

Et ceux qui ont vendu les nègres à votre père, quel droit avaient-ils de les vendre? Quel droit votre père avait-il de les acheter?

TOMMY.

Je ne le sais pas. Tout ce que je sais, c'est qu'ils sont amenés sur des vaisseau d'un pays qui est bien loin d'ici; et par là ils sont vendus comme esclaves.

M. BARLOW.

Mais, si je vous emmenais sur un vaisseau dans un pays qui serait bien loin d'ici, je pourrais donc vous vendre comme esclave, par la même raison?

TOMMY.

Non, monsieur, vous ne le pourriez pas, parce que je suis né gentilhomme.

M. BARLOW.

Et qu'entendez-vous par là, s'il vous plaît?

TOMMY, *un peu embarrassé.*

C'est d'avoir une belle maison, de beaux habits, un carrosse, et beaucoup d'argent comme en a mon papa.

M. BARLOW.

Mais votre père peut perdre tous ses biens. On

voit tous les jours les personnes les plus riches tomber dans la pauvreté. Alors est-ce qu'il serait permis de vous faire esclave et de vous maltraiter ?

TOMMY.

Non, sans doute ; ce n'est pas le droit que personne au monde me maltraite.

M. BARLOW.

Et pourquoi donc vous arrogez-vous ce droit envers vos nègres ? Ne vous souvenez-vous pas du précepte qui doit régler la conduite de tous les hommes entre eux : « Ne faites pas à un autre ce que vous « ne voudriez pas que l'on vous fît. »

TOMMY.

Oui, monsieur, je me le rappelle, et vous me faites sentir que j'ai eu bien des torts. Je vous promets de ne plus maltraiter à l'avenir notre nègre Congo, comme j'avais coutume de le faire.

M. BARLOW.

Vous serez alors un très-bon enfant. Mais continuons notre histoire.

A peine ce malheureux commençait-il à goûter les douceurs du repos, qu'il fut réveillé par le bruit horrible des rugissemens d'une bête féroce. Saisi de frayeur, il se leva précipitamment pour se sauver. Il était déjà parvenu à l'entrée de la caverne, lorsqu'il vit venir à lui un lion d'une grandeur prodigieuse, qui lui ôta l'espérance de toute retraite. Dès ce moment, sa perte lui parut inévitable ; mais, à sa grande surprise, le lion s'avança vers lui sans aucun signe de rage, poussant au contraire des cris plaintifs, comme pour implorer du secours. Androclès, naturellement intrépide, reprit assez de courage pour examiner cet animal monstrueux, qui lui laissait tout le loisir nécessaire pour ses observations. Sa démarche était lente; il ne pouvait s'appuyer que sur trois jambes; et la quatrième, qu'il relevait sous lui, paraissait extrêmement enflée. Rassuré de plus en plus par le maintien paisible de l'animal, Androclès osa marcher à sa rencontre et lui prendre la pate comme un chirurgien prend le bras de son malade. Il vit alors qu'une épine d'une grosseur extraordinaire avait pénétré la plante du pied, et y causait l'enflure qu'il avait remarquée. Au lieu de s'offenser de cette familiarité, le lion la recevait avec la plus grande douceur, et semblait même l'inviter, d'un regard caressant, à le soulager. Androclès aussitôt enleva l'épine; et, pressant mollement la plaie, il en fit sortir une grande abondance de sang corrompu. Dès que l'animal se sentit soulagé par cette opération, il se mit à témoigner sa reconnaissance pour son bienfaiteur par toutes les démonstrations qu'il put imaginer. Il sautait autour de lui comme un épagneul folâtre, secouait de joie son épaisse crinière, et lui léchait les pieds et les mains. Il ne s'en tint pas à ces expressions d'amitié. Depuis ce jour il ne regarda plus Androclès que comme un hôte chéri; et il n'allait plus à la chasse sans rapporter sa proie tout entière dans la caverne pour la partager avec son ami.

Androclès, pendant quelque temps, ne s'éloigna guère de la caverne, vivant tranquille dans cet état d'hospitalité sauvage. Mais un jour qu'il errait inconsidérément dans le désert, il trouva une troupe de soldats envoyés à sa poursuite. Il fut pris et traîné vers son maître. Les lois de ce pays étaient fort sévères contre les esclaves fugitifs. On le jugea coupable d'avoir osé s'échapper de sa chaîne; et, en punition de ce crime prétendu, il fut condamné à être mis en pièces par un lion furieux qu'on venait de prendre, et qu'on devait garder plusieurs jours sans nourriture, pour accroître sa rage par le tourment de la faim.

Lorsque le jour marqué pour son supplice fut arrivé, on le conduisit tout nu dans une arène spacieuse, fermée de tous côtés par des barrières. Une foule immense de peuple accourut de tous côtés pour assouvir ses regards de cet horrible spectacle. Déjà l'on entendait d'affreux rugissemens. Une porte s'ouvrit; et l'on vit s'élancer un lion monstrueux, qui courut en avant, la crinière hérissée, les yeux enflammés, et la gueule béante comme un sépulcre ouvert. L'air fut soudain rempli de mille cris perçans, auxquels succéda un silence profond. Tous les yeux étaient tournés sur la victime, dont on déplorait la destinée. Mais la pitié de la multitude fut bientôt changée en surprise, lorsqu'on vit l'animal féroce, au lieu de s'acharner sur sa proie, s'étendre d'un air soumis à ses pieds, jouer avec elle comme un chien fidèle avec son maître, ou plutôt la caresser comme une mère qui, après de vaines recherches, retrouve son fils qu'elle a perdu. Le gouverneur de la ville, qui était présent, fit appeler à haute voix Androclès, et lui ordonna d'expliquer comment une bête sauvage, de la nature la plus féroce, avait en un moment oublié sa rage pour se changer en un animal doux et carressant. Androclès raconta à l'assemblée jusqu'aux moindres détails de son aventure. Il n'y eut personne qui ne fût étonné de ce récit, et enchanté de voir que les animaux les plus furieux sont capables d'être adoucis par le sentiment de la reconnaissance. Toutes les voix se réunirent pour implorer du gouverneur le pardon du malheureux esclave. Sa grâce lui fut sur-le-champ accordée, et on lui fit présent du lion qui avait deux fois épargné sa vie.

Oh! s'écria Tommy, voilà une bien belle histoire! Mais je n'aurais jamais cru que les lions pussent devenir si traitables. Je croyais qu'ils étaient comme les loups et les tigres, qui mettent en pièces tout ce qu'ils rencontrent.

Lorsqu'ils sont affamés, dit M. Barlow, ils tuent tous les animaux qu'ils peuvent atteindre; mais c'est pour s'en nourrir, car ils sont destinés à vivre de chair, ainsi que les chiens et les chats, et plusieurs autres espèces d'animaux. Mais, dès que leur faim est assouvie, rarement font-ils une boucherie inutile. C'est en cela qu'ils sont moins cruels que bien des hommes, et même que certains enfans, qui tourmentent les animaux sans aucun sujet.

HENRI.

Je pense tout-à-fait comme vous, monsieur, et je me souviens que, me promenant, il y a quelques jours sur le grand chemin, je vis un petit garçon qui traitait son âne avec bien de la cruauté. Le pauvre animal était si boiteux, qu'il se traînait à peine; et son conducteur le frappait de toutes ses forces avec un grand bâton, pour le faire aller plus vite qu'il ne pouvait.

M. BARLOW.

Est-ce que vous ne lui en dites rien?

HENRI.

Pardonnez-moi, monsieur. Je lui représentai combien c'était méchant. Je lui demandai s'il aimerait à être traité de cette manière par quelqu'un qui serait plus fort que lui?

M. BARLOW.

Et quelle réponse vous fit-il, Henri?

HENRI.

Il me répondit que c'était l'âne de son père, qu'ainsi il avait droit de le battre sans que personne y trouvât à redire, et que, s'il m'échappait un mot il me batterait aussi.

M. BARLOW.

Ah! ah! cela me paraît violent.

HENRI.

Je lui répliquai que, quoique ce fut l'âne de son père, ce n'en était pas moins une grande méchanceté de le traiter si durement; que, pour ce qui était de me battre, s'il s'avisait de m'attaquer, je saurais bien me défendre; et que je ne le craignais pas, quoiqu'il fut beaucoup plus grand que moi.

M. BARLOW.

Est-ce qu'il eut l'audace de vous frapper?

HENRI.

Vraiment oui, monsieur : il vint avec son grand

bâton pour m'en donner sur la tête; mais j'esquivai si bien que je le parai de mon épaule. Il voulut y revenir. Je ne lui en donnai pas le temps. Je m'élançai sur lui, et le renversai par terre. Alors il se mit à pleurer, et me supplia de ne pas lui faire de mal.

M. BARLOW.

Il est assez ordinaire de voir les plus méchans montrer le plus de poltronnerie. Et que fîtes-vous ensuite?

HENRI.

Je lui dis que ce n'était pas mon dessein de le gourmer; mais que, puisqu'il m'avait attaqué sans raison, je ne lui permettrais pas de se relever qu'il ne m'eût promis de ne plus battre la pauvre bête, qui reprenait haleine pendant notre combat. Il m'en donna sa parole; et je le laissai aller à ses affaires.

M. BARLOW.

J'approuve extrêmement votre conduite. Je suppose que le petit coquin, en se relevant, avait l'air tout aussi confus que Tommy devait l'avoir l'autre jour, lorsque le petit garçon qu'il voulait battre l'aida à sortir du fossé.

TOMMY.

Mais, monsieur, je ne lui cherchais pas querelle. Je ne l'aurais seulement pas menacé, s'il n'eût refusé de me renvoyer ma balle.

M. BARLOW.

Et quel droit aviez-vous de l'y contraindre?

TOMMY.

C'est qu'il était tout en guenilles, et que moi j'étais bien habillé.

3

M. BARLOW.

Voilà ce qui s'appelle d'excellentes raisons. Ainsi donc, si vos habits venaient à tomber en guenilles, tout homme bien habillé aurait le droit de vous donner ses ordres !

Tommy sentit à merveille qu'il venait de lui échapper une sottise, et il tâcha de la réparer en disant :

Mais il ne lui en coûtait rien de le faire, puisqu'il était du même côté que la balle.

M. BARLOW.

Et c'est aussi ce qu'il aurait fait, selon toutes les apparences, si vous l'en aviez prié civilement. Mais les gens qui parlent toujours d'un air impérieux trouvent peu de personnes disposées à les servir. Au reste, comme le petit garçon était dans une parure si délabrée, je suppose que vous lui offrîtes de l'argent pour l'engager à vous rendre service ?

TOMMY.

Non vraiment, monsieur.

M. BARLOW.

Ah ! j'entends. C'est que vous n'aviez pas d'argent dans votre bourse.

TOMMY.

Je vous demande pardon. J'avais tout celui que j'ai encore. (*Montrant quelques pièces d'argent.*)

M. BARLOW.

C'est donc que vous pensiez qu'il était en fonds aussi bien que vous-même ?

TOMMY.

Comment aurais-je pu le penser ? Il n'avait point

d'habit sur son corps, ni de bas à ses jambes. Sa veste et sa culotte étaient tout en lambeaux, et ses souliers rapetassés.

M. BARLOW.

Je vois clairement ce que c'est qu'un vrai gentilhomme. C'est celui qui, pourvu abondamment de toutes choses, les garde pour lui seul, menace les pauvres gens de les battre s'il ne le servent pour rien; et, lorsqu'il se trouve réduit, malgré sa fierté, à leur devoir des services essentiels, n'en ressent point de reconnaissance, et ne leur fait aucun bien en retour. Je parierais que le lion d'Androclès n'était pas gentilhomme.

Tommy fut si vivement affecté de ce reproche, qu'il eut peine à retenir ses larmes. Comme il était d'un carractère naturellement généreux, il résolut dans son cœur de faire quelques présens au petit garçon la première fois qu'il aurait le plaisir de le rencontrer. En se promenant, l'après-midi du même jour, il le vit, à quelque distance, qui cueillait des mûres sauvages sur les buissons. Il court à lui; et, le regardant avec bonté, il lui dit :

Je voudrais bien savoir, mon petit ami, pourquoi tu es si mal vêtu. Est-ce que tu n'aurais pas pas d'autres habits ?

LE PETIT GARÇON.

Non, en vérité, monsieur. J'ai sept frères et sœurs, et ils ne sont pas mieux habillés que moi; mais ce serait la moindre de nos peines, si nous avions toujours de quoi manger.

TOMMY.

Et pourquoi en manquez-vous?

LE PETIT GARÇON.

C'est que mon père est malade de la fièvre, et qu'il ne pourra travailler de toute la moisson. Ma mère dit que nous ne pouvons pas manquer de mourir de faim, si le bon Dieu ne vient à notre secours.

Tommy ne prit pas le temps de lui répondre, et courut de toutes ses forces vers la maison, d'où il repartit aussitôt, chargé d'un gros morceau de pain et d'un paquet de ses propres habits. Tiens, dit-il, mon petit ami, tu m'as rendu service, voilà du pain. Je te donne aussi ces habits, parce que je suis gentilhomme, et que j'en ai beaucoup d'autres encore.

Rien ne peut égaler la joie qui éclata dans les yeux du petit garçon en recevant ce cadeau, si ce n'est le plaisir que Tommy ressentit en goûtant, pour la première fois, la douceur de satisfaire les mouvemens de la reconnaissance et de la générosité. Sans attendre la fin des remercîmens qu'on lui prodiguait, il s'en retourna tout joyeux; et, ayant rencontré M. Barlow, il lui raconta d'un air transporté ce qu'il venait de faire. M. Barlow lui répondit froidement : Avant de donner vos habits au petit garçon, il me semble que vous auriez dû savoir si vos parens voudraient vous le permettre. Quant à mon pain, quel droit aviez-vous de le donner sans mon consentement?

TOMMY.

C'est que le petit garçon m'a dit qu'il avait faim, et que ses frères et sœurs n'avaient pas plus à manger que lui. Vous saurez que leur père est malade, absolument hors d'état de travailler.

M.-BARLOW.

C'était une raison assez touchante pour vous engager à donner ce qui vous appartient, mais non ce qui appartient à un autre. Que diriez-vous si Henri, pour faire une bonne œuvre, s'avisait de disposer de vos effets sans votre permission ?

TOMMY.

Je n'aimerais point cela du tout; je comprends que j'ai fait encore une sottise.

M. BARLOW.

Je suis charmé de voir que vous le sentez. Voici une petite histoire que vous ne ferez pas mal de lire à ce sujet :

CYRUS.

Cyrus était fils d'un roi puissant. Il avait plusieurs maîtres, que Cambyse, son père, avait chargés de lui apprendre surtout à distinguer le bien du mal, et à pratiquer la justice. Un soir Cambyse lui demanda ce qui lui était arrivé dans la journée. J'ai été puni, lui répondit Cyrus, pour une sentence injuste que j'ai prononcée. En me promenant avec mon gouverneur, nous avons rencontré deux jeunes garçons dont l'un était grand et l'autre petit : celui-ci avait une robe trop longue pour sa taille; celui-là, au contraire, en avait une qui lui descendait à peine jusqu'aux genoux, et dont les manches semblaient le serrer. Le grand garçon avait d'abord proposé au petit de changer de vêtemens, parce qu'alors chacun d'eux en aurait un qui lui conviendrait mieux que celui qu'il portait. Mais le petit garçon n'a pas voulu accéder à cet arrangement; sur quoi le premier lui a pris sa robe de force et lui a donné la sienne. Ils en étaient à se disputer, lorsque nous sommes arrivés. Ils sont convenus de me prendre pour juge de leur querelle. J'ai décidé que le petit garçon se contenterait de la petite robe, et que le grand garderait la plus longue. Voilà le jugement pour lequel mon gouverneur m'a puni. Comment, lui dit Cambyse, est-ce que la robe courte ne convenait pas mieux au petit garçon et la plus longue au plus grand? Oui, mon père, répondit Cyrus : mais mon gouverneur m'a fait sentir que je n'avais pas été nommé pour décider laquelle des deux robes allait le mieux à la taille de chacun des jeunes garçons, mais s'il était juste que l'un osât s'emparer de la robe de l'autre sans son consentement. C'est pourquoi je reconnais que ma sentence était d'une grande injustice, et que j'ai bien mérité d'être repris.

Au moment où cette histoire venait de finir, ils furent surpris de voir un petit garçon déguenillé s'avancer vers eux avec un paquet de hardes sous le bras. Ses yeux étaient meurtris, son nez enflé; et sa chemise, teinte de sang, tenait à peine sur son corps, tant elle était déchirée. Il vint droit à

Tommy, et jeta le paquet à ses pieds en lui disant :
Tenez, mon petit monsieur, reprenez vos habits.
Je souhaiterais qu'ils fussent au fond du fossé d'où
je vous ai retiré plutôt que d'avoir été sur mon dos.
Je vous promets bien de ne me couvrir de ma vie
de ces malheureux vêtemens, quand je devrais rester nu. Que veut dire cela? lui demanda M. Barlow,
qui comprit aussitôt qu'il lui était arrivé quelque
mésaventure au sujet du présent de Tommy. Monsieur, reprit le petit garçon, ce petit monsieur s'était mis en tête de me battre parce que je ne voulais point lui envoyer sa balle. Ce n'est pas que je
ne l'eusse renvoyée de tout mon cœur s'il m'en eût
prié poliment; mais, quoique je sois pauvre, je
n'entends pas qu'il me parle en maître, et qu'il
s'avise de me traiter comme on dit qu'il traite son
nègre Congo. Une haie nous séparait : il a voulu
l'enjamber pour arriver jusqu'à moi. Mais, au lieu
de sauter par-dessus, il a roulé dans un fossé où
il serait encore si je ne lui avais donné la main pour
en sortir. C'est pour cela qu'il m'a donné ses habits
sans que je lui eusse rien demandé pour ma peine.
Sot que je suis de les avoir mis sur mon corps! Je
devais bien sentir que des habits de soie n'étaient
pas faits pour un paysan. Tous les petits garçons du
village se sont mis à me suivre avec des huées, en
m'appelant *faraud*. Le fils du tondeur m'a jeté une
poignée de boue qui m'a éclaboussé de la tête aux
pieds. J'ai voulu le punir. Il se sont tous mis après
moi, et m'ont accommodé de la manière que vous
voyez. Ceci n'est rien, mais je ne voudrais pas

être une seconde fois appelé *faraud* pour les plus beaux habits du monde. C'est pourquoi je suis venu chercher ce petit monsieur pour lui rendre ses hardes. Les voilà : qu'il les reprenne. Je craindrais d'y toucher du bout de l'ongle.

M. Barlow questionna le petit garçon sur la maladie et la pauvreté de son père, et lui demanda où il habitait. Il dit ensuite à Henri qu'il enverrait des vivres à ce pauvre homme, s'il voulait se charger de les lui porter. Je ne demande pas mieux, répondit Henri, quand ce serait dix fois plus loin encore. M. Barlow rentra dans la maison pour donner des ordres à ce sujet.

Dans cet intervalle, Tommy, qui avait regardé quelque temps en silence le petit garçon, lui dit : Ainsi donc, mon pauvre enfant, tu as été battu parce que je t'ai donné mes habits? J'en suis bien fâché, je t'assure. — Je vous remercie, mon cher monsieur, mais il n'y a plus de remède. Je sens bien que vous ne vouliez pas me faire de la peine; et je ne suis pas une poule si mouillée que je me lamente pour quelques coups de poing. Ainsi je vous souhaite le bonsoir. Adieu. C'est sans rancune.

Tommy, après l'avoir suivi quelque temps des yeux, dit à Henri : Je voudrais bien avoir des habits que le petit garçon pût porter sans se faire encore des affaires. Il a tout l'air d'un bon enfant; et j'aurais, je crois, du plaisir à l'obliger. Tu peux le faire aisément, lui répondit Henri. Il y a ici, tout près, dans le village voisin, une boutique où l'on vend des habits tout faits pour les pauvres. Tu as de l'argent; tu peux en acheter.

Tommy voulait y courir dans l'instant même; mais, comme la nuit s'approchait, Henri le fit consentir, malgré son impatience, à remettre ses projets de bienfaisance au lendemain.

Le soleil venait à peine de paraître sur l'horizon, que nos deux amis se levèrent pour aller aussitôt faire les emplettes qu'ils avaient projetées le jour précédent. Ils se mirent en effet en marche avant le déjeûner; et ils avaient déjà fait la moitié du chemin, lorsqu'ils entendirent les aboiemens d'une meute qui semblait courir à quelque distance. Tommy, un peu étonné, demanda à Henri s'il savait d'où provenait ce bruit. Je m'en doute, répondit Henri. C'est le chevalier Tayaut et ses chiens, qui poursuivent un malheureux lièvre. Il faut être bien lâche d'attaquer un pauvre animal qui n'a pas la force de se défendre! S'ils ont la fureur de chasser, que ne vont-ils dans les pays où il se trouve des lions, des tigres, et d'autres bêtes féroces?

TOMMY.

Est-ce que tu sais comment se fait la chasse aux animaux; celle du lion, par exemple?

HENRI.

Oui, je l'ai vu dans un livre de M. Barlow.

TOMMY.

Oh! conte-moi un peu cela, je t'en prie.

3.

HENRI.

Je le veux bien, mon ami : je me le rappelle à merveille.

Tu sauras d'abord qu'il y a loin d'ici des pays très-chauds, où les hommes sont dans l'usage d'aller presque nus. Ils sont si exercés à la course dès leur plus tendre enfance, qu'ils vont presque aussi vite que des cerfs. Lorsqu'un lion vient dans le voisinage pour leur enlever quelque pièce de leur bétail, ils se mettent cinq ou six à sa poursuite, armés de plusieurs javelots. Ils parcourent la forêt jusqu'à ce qu'ils aient découvert sa retraite. Alors ils font du bruit, et poussent des cris affreux pour l'exciter à les attaquer. Le lion commence à écumer, à rugir, et à se battre les flancs de sa queue; puis tout-à-coup il s'élance sur l'homme qui est le plus près de lui.

TOMMY.

Hélas! je tremble de tout mon corps. En voilà déjà un mis en pièces.

HENRI.

Oh! je ne crains pas. Cet homme, qui s'y attend, se détourne adroitement de son chemin, tandis qu'un de ses camarades lance un javelot au lion. Le lion devient plus furieux, et se retourne contre l'ennemi qui vient de le blesser, mais celui-ci fait comme le premier, et le lion reçoit du troisième un second javelot dans le flanc. Il en est de même des autres, jusqu'à ce que le pauvre animal tombe épuisé des blessures qu'il a reçues.

Que cela doit être beau à voir! s'écria Tommy.

Je voudrais bien assister à l'un de ces combats, du haut d'une fenêtre où je serais en sûreté. Oh! pour moi, non, répondit Henri, j'aurais trop de peine de voir déchirer un si noble animal. Mais on est obligé de le faire pour sa défense : au lieu qu'un pauvre lièvre ne fait que manger un peu de grain aux fermiers, et ne leur cause sûrement pas en cela tant de dommage que les chasseurs qui le poursuivent, en passant à cheval sur leurs terres.

Pendant qu'ils s'entretenaient ainsi, Henri, tournant d'un autre côté ses regards, s'écria tout-à-coup : Tiens, tiens, Tommy, vois donc. Voici le lièvre qui vient à nous. Oh! il est déjà bien loin. J'espère que ses ennemis ne sauront pas le chemin qu'il a pris; et, s'ils viennent me le demander, je me garderai bien de leur donner de ses nouvelles. Aussitôt ils virent arriver les chiens, qui avaient perdu les traces de leur proie. Un homme qui les suivait, monté sur un beau cheval, demanda à Henri s'il avait vu le lièvre passer. Henri ne lui fit pas de réponse. Le chasseur ayant réitéré sa question d'un ton de voix plus haut, Henri répondit qu'il l'avait vu. — Et de quel côté s'en va-t-il? — C'est ce que je ne veux pas vous dire. Tu ne le veux pas? dit le chasseur en sautant à bas de son cheval, je vais bien te le faire vouloir; et, s'avançant vers Henri, qui n'avait pas bougé de la place où il était, il se mit à le frapper avec son fouet de la manière la plus brutale, en répétant à chaque coup : Eh bien! petit drôle, me le diras-tu maintenant? Mais Henri se contenta de lui répondre : Si je n'ai pas cru devoir vous le dire tout à l'heure, je ne vous le dirai pas davantage, quand vous m'assommeriez. Ni la généreuse fermeté de cet enfant, ni les larmes de l'autre, qui pleurait amèrement de voir les souffrances de son ami, ne firent aucune impression sur le barbare. Il aurait poussé plus loin sa brutalité, si un chasseur, qui courait à toute bride, ne fût survenu, et ne lui eût dit : Que faites-vous donc, chevalier? vous allez tuer ce petit garçon. Il le mérite bien, répondit le méchant. Il vient de voir passer le lièvre, et il ne veut pas me dire de quel côté il s'en va. Prenez garde, lui répliqua l'autre à voix basse, de ne pas vous engager dans une affaire désagréable. Je reconnais l'autre enfant pour le fils d'un gentilhomme d'une immense fortune, qui demeure dans le voisinage. Se tournant alors vers Henri, et lui adressant la parole : Eh bien! mon petit ami, pourquoi ne veux-tu pas dire à monsieur quel chemin a pris le lièvre, puisque tu l'as vu passer? Pourquoi? lui répondit Henri, lorsqu'il eut repris assez de voix pour parler, c'est que je ne veux pas trahir ce pauvre animal. Cet enfant, s'écria de nouveau le chasseur, est un prodige. Il est heureux pour vous, chevalier, que ses forces ne répondent pas encore à son courage. Mais rien ne peut vaincre votre emportement. En ce moment les chiens reprirent la voie et firent entendre leurs cris. Le chevalier remonta brusquement à cheval, et se mit au galop, accompagné de toute sa suite.

Aussitôt qu'ils furent partis, Tommy, qui s'était tenu un peu à l'écart, courut prendre la main de

Henri de la manière la plus affectueuse, et lui demanda comment il se trouvait. Un peu moulu, répondit Henri ; mais cela n'est plus rien. Oh ! répondit Tommy, j'aurais bien voulu avoir un pistolet ou une épée.

HENRI.

Bon ! et qu'en aurais-tu fait ?

TOMMY.

J'aurais tué ce méchant homme, qui t'a battu si cruellement.

HENRI.

Cela aurait été fort mal, Tommy ; car je suis sûr qu'il ne voulait pas me tuer. Il est vrai que, si j'avais été de sa taille, il ne m'aurait pas traité de cette manière. Mais le mal est passé maintenant ; et nous devons pardonner à nos ennemis. Ils peuvent en venir à nous aimer, et à se repentir de leur faute.

TOMMY.

Mais comment as-tu fait pour recevoir tous ces coups sans pleurer ?

HENRI.

C'est que cela ne m'aurait servi de rien. Et puis, s'il faut te le dire, pendant qu'on me battait je songeais à l'histoire d'un peuple de petits-garçons qu'on avait exercés à ne pousser jamais une plainte ni même un murmure. Et vraiment ils avaient encore bien plus à endurer que moi.

TOMMY.

Il me semble pourtant qu'on ne peut guère être traité plus cruellement que tu ne l'as été.

HENRI.

Bon! ce ne sont que des douceurs, en comparaison de ce que les jeunes Spartiates savaient souffrir.

TOMMY.

Et qui étaient ces gens-là?

HENRI. —

M. Barlow m'a fait lire des morceaux de leur histoire. Je vais t'en raconter quelque chose. Il faut que tu saches qu'il y avait une brave nation qui vivait il y a long-temps. Comme elle n'était pas fort nombreuse, et qu'elle se voyait au contraire environnée d'un grand nombre d'ennemis, elle prenait soin de rendre tous ses enfans hardis et courageux. Ces enfans étaient accoutumés à coucher sur la dure, à courir presque nus en plein air, et à faire plusieurs exercices qui leur donnaient de la force et de l'adresse. On les nourrissait tous absolument de la même façon; et leur nourriture était fort grossière. Ils mangeaient dans de grandes salles, où on leur apprenait l'ordre et la sobriété. Lorsque leurs repas étaient finis, ils allaient jouer tous ensemble; et, s'ils commettaient quelque faute, ils étaient châtiés sévèrement; mais il ne leur échappait jamais le moindre signe de faiblesse. On ne leur permettait aucune fantaisie, et leurs petites injustices étaient punies comme des crimes. Aussi cette éducation les rendit si forts, si braves et si vertueux, qu'on n'a jamais vu de peuple aussi redoutable.

La suite de cette conversation les conduisit au milieu du village, où Tommy devait faire ses emplettes.

Il dépensa tout ce qu'il avait dans sa bourse (c'était un peu plus de quinze francs) à faire provision d'habits pour le petit garçon deguenillé et pour ses frères. On en fit un paquet qu'on lui remit. Il pria Henri de s'en charger. Je le veux bien, dit-il; mais pourquoi ne veux-tu pas le porter toi-même ! Il n'est pas bien lourd.

TOMMY.

C'est qu'il ne sied pas à un gentilhomme de porter un paquet.

HENRI.

Et pourquoi donc, s'il est assez fort?

TOMMY.

Je ne sais, mais c'est pour n'avoir pas l'air d'un enfant du peuple.

HENRI.

Il ne devrait donc avoir ni pieds, ni mains, ni bouche, ni oreilles, parce que les gens du peuple en ont aussi.

TOMMY.

Ils ont de tout cela, parce que c'est utile.

HENRY.

Et n'est-il pas utile de pouvoir se servir soi-même.

TOMMY.

Oh! les gentilshommes ont des gens à leurs gages pour les servir.

HENRI.

Mais je ne suis pas à tes gages, moi, pour te porter ton paquet.

TOMMY.

Je le sais bien, ce n'est que par amitié.

HENRI.

A la bonne heure. Tiens, avec tout cela, je pense que c'est une triste chose que d'être gentilhomme.

TOMMY.

Et en quoi donc!

HENRY.

C'est que, si tout le monde l'était, personne ne voudrait rien faire, et alors tous les gentilshommes de la terre seraient réduits à mourir de faim.

TOMMY.

De faim?

HENRI.

Oui, sans doute. Ne faut-il pas du pain pour vivre?

TOMMY.

Je le sais bien.

HENRI.

Et sais-tu bien que le pain est fait du grain d'une plante qui croît dans la terre, et qu'on appelle blé?

TOMMY.

Eh bien! alors ce blé je le ferais cueillir.

HENRI.

Et par qui? Si tout le monde était gentilhomme, tu n'aurais personne à tes gages.

TOMMY.

En ce cas-là, je le cueillerais moi-même.

HENRI.

Tu commencerais donc à te servir! Mais tu vas

bien vite en besogne. Tu cueilles le blé avant de l'avoir semé, avant d'avoir labouré la terre, avant d'avoir fait les instrumens du labourage. Passons encore sur tout cela. Je te donne la moisson toute prête tu n'en serais guère plus avancé.

TOMMY.

Comment donc?

HENRI.

Le blé est un petit grain dur à peu près comme l'avoine que je donne quelquefois au cheval de M. Barlow. Voudrais-tu le manger dans cet état?

TOMMY.

Non, certes. Mais comment donc le pain ce fait-il?

HENRI.

Il faut d'abord faire moudre le grain en farine; et pour cela il faut envoyer le blé au moulin.

TOMMY.

Et qu'est-ce qu'un moulin?

HENRI.

Est-ce que tu n'en as jamais vu?

TOMMY.

Non, jamais. Je voudrais bien en voir un, pour savoir comment le pain peut se faire.

HENRI.

Il y en a quelques-uns dans les environs. Si tu en parles à M. Barlow, il se fera un plaisir de t'y mener.

TOMMY.

Oh! j'en meurs d'envie. J'aimerais beaucoup à savoir l'histoire du pain.

Pendant qu'ils s'entrenaient ainsi en sortant du village, ils entendirent tout-à-coup des cris plaintifs. Ils tournèrent aussitôt la tête. Ils aperçurent un cheval traînant après lui son cavalier, qui venait de perdre sa selle, et dont le pied se trouvait engagé dans l'étrier. Par bonheur c'était sur un terrain humide et fraîchement labouré; ce qui empêchait le cheval d'aller bien vite, et qui en même temps préserva le cavalier d'être mis en pièces. Henri, doué d'un courage et d'une agilité extraordinaires, et toujours prêt à faire un acte d'humanité, même au péril de sa vie, courut vers un fossé profond, dont il vit le cheval approcher; et justement, comme il pliait sur ses jarrets pour le franchir, il le saisit et l'arrêta tout court. Au même instant survint un autre chasseur avec deux domestiques, qui dégagèrent le malheureux cavalier, et le mirent sur ses jambes. Celui-ci regarda quelque temps autour de lui d'un air égaré : mais, comme il n'était pas blessé dangereusement, il reprit bientôt ses esprits; et le premier usage qu'il en fit, fut de pester contre son cheval, et de demander qui avait arrêté cette maudite bête. Voyez, lui dit son ami, c'est le même petit garçon que vous avez traité si cruellement tout à l'heure. Sans lui, c'en était fait de votre vie. Le chevalier jeta sur Henri un regard où la honte et l'humiliation semblaient combattre encore avec son insolence naturelle. Enfin il mit la main dans sa bourse, et en tira une pièce d'or qu'il offrit à son bienfaiteur, en lui disant qu'il était bien honteux de la manière dont il en avait usé envers lui dans la matinée. Mais Henri, avec un air dédaigneux, tel qu'on ne lui en avait jamais vu prendre, rejeta le présent sans répondre; et courant ramasser son paquet, qu'il avait laissé tomber pour courir plus lestement après le cheval, il s'en alla suivi de son compagnon.

Il ne fallait pas se détourner beaucoup de leur route pour gagner la chaumière du pauvre malheureux, auquel ils apportaient des habits pour ses enfans. Ils le trouvèrent beaucoup mieux, parce que M. Barlow, qui était allé le voir la veille, lui avait donné des remèdes propres à calmer ses maux. Tommy fit appeler le petit garçon; et dès qu'il le vit approcher il courut à sa rencontre, et lui dit qu'il lui apportait des habits dont il pourrait se vêtir sans crainte d'être appelé *faraud*, et qu'il y en avait aussi d'autres pour ses petits frères. Le plaisir avec lequel les enfans reçurent ces dons fut si vif, les remercîmens de leur mère et les bénédictions du malade furent si touchans, que Tommy ne put s'empêcher de verser des larmes d'attendrissement, en quoi il fut secondé par Henri. Après avoir joui pendant quelques minutes de la joie de ses bonnes gens, ils les quittèrent fort joyeux eux-mêmes. Tommy convint qu'il n'avait jamais dépensé son argent avec autant de plaisir qu'il en avait éprouvé à secourir cette honnête famille, et il se promit bien de réserver tout ce qu'on lui donnerait à l'avenir, pour le consacrer à ce digne usage, au lieu de l'employer à des friandises et à des joujoux.

Quelques jours après M. Barlow et ses deux

élèves, se promenant ensemble dans la campagne, vinrent à passer devant un moulin à vent. Tommy demanda ce que c'était que ce petit château, et ce que signifiaient ces grandes ailes qui tournaient avec tant de force. Henri lui répondit que c'était un de ces moulins dont il lui avait parlé dernièrement. Tommy témoigna le plus grand désir d'en voir l'intérieur. M. Barlow connaissait le meunier, qui les fit entrer et leur en montra toutes les parties dans le plus grand détail. Tommy vit avec surprise que les ailes qu'il avait vues au dehors servaient, par le moyen de plusieurs rouages, à peu près comme ceux d'un tourne-broche, à faire mouvoir en dedans une grande pierre plate qui, en tournant sur une autre pierre, écrasait tout le grain qui se trouvait entre elles et le réduisait en poudre. Quoi, s'écria-t-il, c'est la manière dont on fait le pain? Non, pas tout-à-fait, lui répondit M. Barlow; ce n'est que la première préparation que l'on fait subir au blé : il y en a bien d'autres encore avant qu'il devienne du pain. Vous voyez que ce qui sort de dessous la meule n'est qu'une poudre menue, au lieu que le pain est une substance ferme et assez solide. Nous en apprendrons davantage un autre jour.

En s'en retournant à la maison, Henri dit à Tommy : Tu vois maintenant que, si personne ne voulait rien faire, nous n'aurions pas de pain à manger. Tu ne sais pas combien il en coûte de travaux seulement pour faire venir le blé.

TOMMY.

Est-ce qu'il ne vient pas sur la terre?

HENRI.

Oui bien, lorsqu'on l'y a semé; mais avant tout, il faut rudement labourer son champ.

TOMMY.

Et qu'est-ce donc que labourer?

HENRI.

N'as-tu jamais vu dans la campagne des chevaux tirer une grande machine, tandis qu'un homme placé par-derrière la conduit en s'y appuyant?

TOMMY.

Oui, je l'ai vu; mais sans y faire beaucoup d'attention.

HENRI.

Tu sauras que sous cette machine, qu'on appelle charrue, il y a un fer tranchant qui s'enfonce dans la terre, l'entr'ouvre et la retourne, ce qui fait un sillon.

TOMMY.

Fort bien. Et alors qu'en arrive-t-il?

HENRI.

Lorsque la terre est ainsi préparée, on y sème le grain : ensuite on y fait passer un autre instrument armé de pointes qu'on appelle la herse, et qui recouvre la semence. Bientôt le grain, après avoir jeté des racines, commence à pousser une tige. Peu à peu elle s'élève et devient plus haute que nous. Enfin l'épi se forme, le blé mûrit; on le moissonne, on le lie en gerbes, et on l'emporte dans la grange pour le battre et l'envoyer au moulin.

TOMMY.

J'imagine que tout cela doit être fort curieux. Je

voudrais bien semer du blé moi-même et le voir croître. Penses-tu que je le pourrais?

HENRI.

Oui certainement; et si tu veux demain prendre la peine de bêcher un petit coin de terre en façon de labourage, moi j'irai chez mon père pour lui demander pour toi du grain à semer.

Le lendemain, dès la pointe du jour, Tommy se leva pour aller travailler dans un coin du jardin. Il fit jouer sa bêche avec une grande persévérance jusqu'à l'heure du déjeûner. Son premier soin, en rentrant, fut de dire à M. Barlow ce qu'il venait de faire, et de lui demander s'il n'était pas un bon enfant de travailler avec tant de courage pour faire venir du grain. Cela dépend, dit M. Barlow, de l'usage que vous voulez en faire lorsqu'il sera venu. Voyons, qu'en ferez-vous?

TOMMY.

Ce que j'en ferai, monsieur? Je prétends l'envoyer au moulin que nous vîmes hier, et le faire moudre en farine. Alors je vous prierai de me montrer comment on en fait du pain. Ensuite je le mangerai, pour pouvoir dire à mon papa que j'ai mangé du pain fait avec du blé que j'ai cultivé moi-même.

M. BARLOW.

Voilà qui est à merveille; car les gentilshommes sont obligés de manger comme les autres; et il n'est pas moins interressant pour eux, que pour ceux qu'ils appellent gens du peuple, de savoir se procurer de la nourriture.

TOMMY.

Oh! non, pas tant, monsieur, s'il vous plaît. Ils peuvent avoir d'autres personnes qui leur fassent venir du blé, sans avoir besoin de travailler eux-mêmes.

M. BARLOW.

Et comment donc, je vous prie?

TOMMY.

Ils n'ont qu'à payer des travailleurs, ou bien acheter du pain tout fait autant qu'ils en ont besoin.

M. BARLOW.

Mais dans l'un et l'autre cas il faut de l'argent.

TOMMY.

Sans doute, monsieur.

M. BARLOW.

Et tous les gentilshommes en ont-ils?

Tommy hésita quelques momens pour répondre à cet question. Enfin il dit:

Je ne crois pas qu'ils en aient tous, monsieur, car on m'en a fait voir qui étaient absolument ruinés.

M. BARLOW.

Mais ceux qui n'ont pas d'argent, comment pourraient-ils se procurer du blé, à moins qu'ils ne le fassent venir eux-mêmes.

TOMMY.

Je ne vois pas qu'ils aient d'autre parti à prendre; autrement ils seraient obligés d'aller mendier, ce qui est fort vilain; et encore ne seraient-ils pas sûrs de trouver toujours d'assez braves gens pour les secourir.

M. BARLOW.

Puisque nous en sommes sur cette matière, je pourrais vous lire une histoire que j'ai lue il y a quelque temps. Il est question de plusieurs gentilshommes qui, même avec de l'or, ne trouvaient pas de pain à se procurer.

Tommy témoigna un si grand désir d'apprendre cette histoire, que M. Barlow la lui raconta de la manière suivante.

LES DEUX FRÈRES.

Dans le temps où les Epagnols s'embarquaient en foule pour le Pérou, à dessein d'exploiter les mines d'or et d'argent qu'on venait d'y découvrir, un jeune gentilhomme nommé Pizarre s'empressa comme les autres de chercher la fortune par cette voie. Il avait un frère aîné pour lequel il avait toujours eu une extrême affection. Il fut le trouver, lui communiqua son projet, et le conjura instamment de le suivre, en lui promettant la moitié des richesses qu'ils parviendraient à se procurer. Alonzo, son frère, était un homme sage et modéré dans ses désirs : cette entreprise lui parut une folie ; et il n'épargna rien pour en dissuader son frère, en lui peignant les dangers auxquels il s'exposait et l'incertitude de ses succès. Enfin, voyant que toutes les représentations étaient inutiles, il lui promit de l'accompagner, mais en protestant qu'il ne prétendait aucune portion dans les trésors qu'on pourrait acquérir. Il ne demanda d'autre faveur que d'avoir une place dans le vaisseau pour son bagage et pour ses domestiques. Pizarre alors vendit tout ce qu'il possédait en Espagne, fit construire un navire, et s'y embarqua avec d'autres aventuriers animés par l'espérance d'une rapide fortune. Alonzo n'avait pris avec lui que des charrues, des herses et d'autres instrumens de labourage, avec des pommes de terre, du blé, et quelques semences de divers légumes. Pizarre trouva que c'étaient d'étranges préparatifs pour une pareille expédition; mais, comme il ne voulait pas avoir de différend avec son frère, il se garda bien de lui en rien dire. Après avoir navigué quelques jours avec un vent favorable, ils relâchèrent dans un port où l'on s'arrête ordinairement pour renouveler ses provisions. Pizarre y acheta une grande quantité de pioches et de pelles pour creuser la terre, avec d'autres ustensiles propres à fondre et à raffiner l'or qu'il s'attendait à trouver. Il fit aussi une nouvelle recrue d'ouvriers pour le seconder dans son travail. Alonzo, au contraire, se contenta d'acheter quelques moutons, deux paires de bœufs, et assez de fourrage pour les nourrir jusqu'à ce qu'ils fussent arrivés au terme de leur voyage. Leur navigation fut très-heureuse, ils débarquèrent tous en parfaite santé sur les côtes de l'Amérique. Alonzo dit alors à son frère que, n'ayant d'autre dessein que de lui tenir compagnie dans la traversée, il voulait rester sur le bord de la mer

4

avec ses domestiques et son troupeau, tandis que lui et ses compagnons iraient à la recherche de l'or. Il ajouta que, lorsqu'ils en auraient amassé autant qu'ils le désireraient, ils le trouveraient toujours disposé à s'en retourner avec eux dans leur patrie. Pizarre se mit en marche le lendemain. La résolution de son frère lui inspirait un si grand mépris, qu'il ne put s'empêcher de l'exprimer à ses compagnons. « J'avais toujours pensé, leur dit-il, que mon frère était un homme de sens. Il jouissait même de cette réputation en Espagne. Je vois maintenant qu'on s'était étrangement trompé sur son compte. Il vient ici s'occuper de ses moutons et de ses bœufs, comme s'il vivait tranquillement sur sa ferme, et qu'il n'eût rien à faire qu'à tracer des sillons. Pour nous, j'espère que nous saurons mieux employer notre temps. Venez, venez mes amis, nous serons bientôt riches pour le reste de notre vie. » Tous les aventuriers applaudirent à son discours. Il n'y eut qu'un vieux Espagnol qui branla la tête, en lui disant que son frère n'était peut-être pas si fou qu'il se l'était imaginé.

Ils s'avancèrent par des marches forcées dans le pays, obligés quelquefois de traverser des rivières à la nage, de gravir des montagnes et de s'enfoncer dans des forêts qui n'avaient point de routes frayées, tantôt dévorés par l'ardeur brûlante du soleil, et tantôt mouillés jusqu'aux os par des pluies orageuses. Quoiqu'il en soit, ces difficultés ne les empêchèrent pas de fouiller en plusieurs endroits. Leurs recherches furent long-temps inutiles. Ils eurent enfin bonheur de trouver une mine d'or abondante. Ce succès ranima leur courage; et ils continuèrent de travailler jusqu'à ce que leurs vivres fussent consommés. Ils ramassaient chaque jour une grande quantité d'or; mais ils n'avaient que bien peu de chose pour appaiser leur faim; ils étaient réduits à se nourrir de racines et de fruits sauvages. Cette triste ressource vint même bientôt à leur manquer. La plupart moururent, épuisés de fatigues et de besoins; les autres eurent à peine la force de se traîner jusqu'à l'endroit où ils avaient laissé Alonzo, portant avec eux cet or qui leur avait fait souffrir tant de misère.

Dans cet intervalle, Alonzo, qui avait prévu les suites naturelles de leur entreprise, s'était occupé sans relâche d'un travail bien plus heureux. Il avait découvert une plaine dont le sol était extrêmement fertile, et qu'il avait labourée avec ses bœufs, aidé du secours de ses domestiques. Toutes ses semences avaient prospéré au-delà de son espoir, et il venait de recueillir une riche moisson. Il avait conduit son troupeau dans une belle prairie sur le bord de la mer. Chacune de ses brebis lui avait donné deux agneaux. Dans ses momens de loisir il avait employé ses domessiques à pêcher du poisson, qu'ils avaient ensuite préparé avec du sel recueilli sur le rivage : en sorte qu'au retour de Pizarre ils se trouvaient abondamment fournis de toutes sortes de provisions.

Alonzo reçut son frère avec la joie la plus vive, et lui demanda quel était le succès de ses travaux.

Pizarre lui répondit qu'il avait amassé une quantité d'or immense; mais qu'il avait perdu la plus grande partie de ses compagnons, et que le reste était près de mourir de faim, et que lui-même, depuis deux jours, n'avait pris d'autre nourriture que des racines et de l'écorce d'arbre : il finit en le priant de leur faire servir tout de suite à manger. Alonzo répliqua froidement qu'il avait expressément déclaré ne vouloir aucune part dans les trésors que Pizarre pourrait acquérir, et qu'il était fort étonné que Pizarre prétendit avoir la sienne dans les fruits qu'il avait eu tant de peine à tirer du sein de la terre : « Mais, ajouta-t-il, si vous voulez échanger de votre or contre mes provisions, nous pourrons nous arranger ensemble. » Pizarre trouva cette condition bien dure dans la bouche de son frère. Cependant, comme ses compagnons et lui mouraient de faim, il fut obligé d'y souscrire. Le prix qu'exigeait Alonzo pour la moindre fourniture était si exhorbitant, que Pizarre eût bientôt dépensé tout l'or qu'il avait recueilli, à se procurer seulement les choses les plus nécessaires à sa subsistance. Son frère alors lui proposa de se rembarquer pour l'Espagne dans le vaisseau qui les avait amenés, d'autant mieux que les vents et la saison se trouvaient extrêmement favorables. Mais Pizarre, en lui lançant un regard furieux, lui dit que, puisqu'il avait eu la barbarie de dépouiller un frère du fruit de ses travaux, il pouvait s'en retourner tout seul ; que, pour lui, il aimait mieux périr sur ce rivage désert que de s'embarquer avec un homme si dénaturé.

Au lieu de s'offenser de ces reproches, Alonzo jeta tendrement les bras autour du cou de son frère, et lui tint le discours suivant : « Avez-vous pu croire, mon cher Pizarre, que je voulusse réellement vous priver de ce qui vous a coûté tant de peine et de périls? Périsse tout l'or de l'univers avant que je sois capable d'une telle conduite envers mon frère! Je n'ai voulu que vous guérir de votre ardeur aveugle pour les richesses. Vous méprisiez ma prévoyance et mon industrie. Vous vous imaginiez follement que rien ne pouvait manquer à celui qui avait de l'or. Vous avez vu cependant que tout celui que vous avez amassé ne pouvait vous empêcher de périr de besoin. J'espère que vous êtes devenu plus sage. Reprenez donc ces trésors, dont vous avez appris à connaître aujourd'hui la méprisable valeur. »

La sagesse d'Alonzo porta la lumière dans l'esprit de Pizarre, et une générosité si peu attendue pénétra son cœur de la plus vive reconnaissance. Il reconnut par l'épreuve qu'il venait de faire, combien l'industrie l'emporte réellement sur une vaine richesse. Ce fut inutilement qu'il sollicita son frère d'accepter la moitié de ses trésors : Alonzo les refusa toujours, en disant que celui qui savait forcer la terre à lui donner tous les fruits dont il avait besoin pour se nourrir, n'avait rien de plus à désirer.

En vérité, dit Tommy, lorsque l'histoire fut achevée, il me semble que cet Alonzo était un homme bien sensé. Sans lui son frère et tous ses compagnons allaient mourir de faim. Mais ils ne se sont vus réduits à cette extrémité que parce qu'ils étaient dans un pays désert. Un tel malheur ne leur serait jamais arrivé en Angleterre. Ici, pour la moindre partie de leur or, ils auraient pu se procurer autant de pain qu'il leur en aurait fallu pour vivre.

M. BARLOW.

Est-ce qu'on est sûr d'être toujours en Angleterre, ou dans tel autre pays où l'on puisse acheter du pain?

TOMMY.

Je le crois, monsieur.

M. BARLOW.

Comment! est-ce qu'il n'y a pas de pays dans le monde où il n'y ait pas d'habitans et où il ne vienne pas de blé?

TOMMY.

Vous avez raison; quand il n'y aurait que celui où nous avons vu tout à l'heure ces deux frères dans votre histoire.

M. BARLOW.

Et il y en a beaucoup d'autres comme celui-là, je vous assure.

TOMMY.

Oui, mais on n'a pas besoin d'y aller; on n'a qu'à rester chez soi.

M. BARLOW.

Il ne faut donc jamais mettre le pied dans un vaisseau. Or, qui peut répondre de n'y être pas obligé une fois en sa vie? Vous êtes bien jeune encore, et cependant vous avez fait un grand voyage sur mer. Il pouvait vous arriver un malheur tout comme à un autre, quelque gentilhomme que vous puissiez être.

TOMMY.

Et quel malheur, monsieur, je vous prie?

M. BARLOW.

Celui de briser votre vaisseau sur une côte inhabitée. Et alors, quand vous seriez échappé au naufrage, comment auriez-vous fait pour vous nourrir?

TOMMY.

Quoi! j'ai couru ce danger? Est-ce que de pareils accidens arrivent quelquefois?

M. BARLOW.

Il y en a des exemples sans nombre. Je ne vous citerai que celui d'un nommé Selkirk, dont on nous a raconté les aventures sous le nom de Robinson. Il ne tient qu'à vous de les lire. Vous y verrez comment il fut obligé de vivre plusieurs années dans une île déserte.

TOMMY.

Voilà qui est extraordinaire! Et comment fit-il pour soutenir sa vie?

M. BARLOW.

Il fut d'abord réduit à se nourrir de racines et de fruits sauvages; puis, avec quelques grains de blé qu'il trouva dans les débris du vaisseau, il se procura au bout de quelques mois de belles moissons. Enfin, il se fit un troupeau de chèvres sauvages qu'il était venu à bout de prendre, et dont il apprivoisa les petits.

TOMMY.

Est-ce qu'une manière de vivre si triste ne le fit pas bientôt mourir?

M. BARLOW.

Au contraire, il ne se porta jamais si bien de sa vie : vous le verrez un jour en lisant ses aventures. Mais une histoire encore plus extraordinaire, c'est celle de quatre matelots russes qui se virent abandonnés sur la côte du Spitzberg, où ils furent obligés de vivre plusieurs années.

TOMMY.

Qu'est-ce que le Spitzberg, monsieur, je vous prie?

M. BARLOW.

C'est un pays bien reculé dans le nord, qui est toujours couvert de neige et de glaces, tant le froid y est rigoureux. Il ne croît que de la mousse sur ce sol aride, et à peine la terre y nourrit-elle quelques animaux. Outre cela, il y règne une obscurité continuelle durant une partie de l'année, et l'abord en est presque interdit aux vaisseaux. Il est impossible de concevoir un séjour plus affreux, et où il soit plus difficile de supporter les misères de la vie. Cependant quatre hommes ont lutté victorieusement pendant plusieurs années contre toutes ces horreurs, et trois d'entre eux sont retournés sains et saufs dans leur pays.

TOMMY.

Cela doit composer une histoire bien étrange. Je donnerais tout au monde pour la savoir.

M. BARLOW.

Il ne vous en coûtera pas tout-à-fait si cher. La première fois que je la lus elle me fit tant d'impression, que j'en recueillis les particularités les plus intéressantes. Je me fais un plaisir de vous les communiquer; les voici : mais il faut d'abord vous apprendre que le froid est si âpre sous ces climats, que la mer y est couverte de glaces énormes, qui menacent quelquefois les vaisseaux de les écraser dans leur choc, ou de les envelopper si étroitement de toutes parts qu'ils ne soient plus capables de s'en retirer. Vous pouvez maintenant vous former une idée de la situation désastreuse où se trouva un vaisseau russe qui naviguait sur ces mers, et qui se vit tout-à-coup emprisonné entre des montagnes de glaces qui s'élevaient plus haut que ses mats. C'est ici que commence mon extrait, et vous pouvez le lire.

Extrait du récit des aventures de quatre matelots russes, abandonnés sur la côte déserte du Spitzberg oriental.

Dans cet état alarmant, c'est-à-dire lorsque le vaisseau fut entouré de glaces, on tint un conseil général. Le contre-maître Himkoff déclara qu'il se souvenait d'avoir ouï dire que quelques particuliers

4.

de Metzen ayant formé, il y a quelques années, le projet de passer l'hiver sur cette île, y avaient apporté les matériaux nécessaires pour construire une hutte, et qu'ils y en avaient en effet élevé une à quelque distance du rivage. Cette information leur fit prendre d'une voix unanime la résolution de passer l'hiver dans le même endroit, si la hutte, comme ils l'espéraient, subsistait encore. Ils voyaient clairement de quel danger ils étaient menacés, et que leur perte était inévitable s'ils restaient plus long-temps dans le vaisseau. En conséquence, ils convinrent d'envoyer aussitôt quatre hommes choisis de l'équipage pour aller à la découverte de la hutte, et reconnaître exactement les lieux. Ces quatre personnes furent le contre-maître Alexis Himkoff, Iwan Himkoff, son filleul, Stephem Scharassoff, et Féodor Weregin. Comme la contrée sur laquelle il fallait descendre était inhabitée, ils étaient obligés de se munir de quelques provisions pour leur entreprise. D'un autre côté cependant ils avaient presque deux milles de chemin à faire sur des bancs de glacés qui, étant élevés et baissés tour-à-tour par les vagues, et poussés l'un contre l'autre par le vent, rendaient ce trajet également difficile et dangereux. La prudence leur défendait de se charger de fardeaux trop lourds, de peur qu'étant accablés sous leur poids il ne leur fût impossible de franchir les intervalles qui séparaient les glaçons. Après avoir mûrement considéré tous ces obstacles, ils trouvèrent à propos de n'emporter que ce qui leur serait absolument nécessaire pour passer une nuit à terre s'ils y étaient obligés. Ils prirent donc seulement un mousquet, un cornet à poudre, contenant douze charges avec autant de balles, une hache, un petit chaudron, un sac d'environ vingt livres de farine, un couteau, un boîte d'amadou, une vessie pleine de tabac, et chaque homme sa pipe de bois. C'est dans cet équipage que les quatre matelots, après bien des périls, descendirent enfin dans l'île, soupçonnant peu les malheurs qu'ils devaient y éprouver. Ils commencèrent par visiter à grands pas le pays, et ils découvrirent bientôt la hutte qu'ils cherchaient, à un mille et demi du rivage. Elle avait trente-six pieds de longueur, dix-huit de largeur, et autant à peu près de hauteur. Elle était précédée d'une petite antichambre d'environ douze pieds en carré, avec deux portes, l'une qui s'ouvrait sur le dehors, et l'autre qui formait une communication avec l'intérieur de la hutte. Dans celle-ci était un poêle de terre, construit à la manière russe. C'était une espèce de four sans cheminée qui servait à la fois à échauffer la chambre et à cuire les alimens. Les paysans russes, dans les grands froids, ont aussi coutume de se coucher dessus pour y jouir de la chaleur.

La hutte avait beaucoup souffert depuis le temps qu'elle avait été abandonnée. Cependant nos aventuriers se trouvèrent trop heureux de pouvoir y passer la nuit. Le lendemain matin de bonne heure ils s'empressèrent de retourner au rivage dans l'impatience d'instruire leurs compagnons de leur découverte, et tirer du vaisseau toutes les provisions nécessaires pour hiverner dans l'île. Je vous laisse à penser quels furent et leur surprise et leur désespoir lorsqu'en arrivant à l'endroit du débarquement ils ne virent plus le vaisseau, et que la mer, dans toute son immense étendue, s'offrit à leurs yeux dégagée des glaçons dont elle était hérisée la veille. Une tempête qui s'était élevée durant la nuit avait causé cet événement désastreux. Soit que des glaces énormes eussent été poussées par les vagues contre les flancs du vaisseau et l'eussent mis en pièces, soit qu'il eût été emporté dans la haute mer par la violence des courans, c'est vainement qu'ils le cherchèrent au loin d'un œil avide : il ne devait plus se montrer à leurs regards. Comme on n'a jamais pu en avoir de nouvelles, il est probable qu'il fut englouti, et que tous ceux qui le montaient y trouvèrent une fin déplorable.

Une si cruelle disgrâce ne laissant plus à nos malheureux aucune espérance de quitter jamais cet horrible séjour, ils s'en retournèrent vers la hutte, saisis de toutes les convulsions du trouble et du désespoir.

Oh! monsieur, s'écria Tommy en s'interrompant à ce passage, dans quelle affreuse situation ces pauvres gens vont se trouver? Jetés sur un pays tout couvert de neige et de glaces, sans avoir personne pour leur donner du secours et leur fournir de la nourriture, il me semble qu'à chaque instant je vais les voir mourir. Vous serez mieux instruit, lui répondit M. Barlow, quand vous aurez lu le reste de l'histoire. Dites-moi cependant une chose avant d'aller plus avant. Ces quatre hommes étaient de pauvres matelots, accoutumés à braver les périls, à mener une vie agitée, et à travailler sans relâche pour gagner leur subsistance. Pensez-vous qu'il eût mieux valu pour eux en ce moment d'avoir été élevés en gentilshommes, c'est-à-dire à ne rien faire, et à payer des gens pour les servir? Oh! vraiment non, répliqua Tommy; ils sont bien plus heureux à présent d'avoir été de bonne heure exercés au travail. J'espère que cet habitude va les mettre en état d'imaginer et d'entreprendre quelque chose pour se tirer d'embarras. S'ils cessent un moment de travailler, ils vont nécessairement périr. Mais voyons la suite.

Leurs premières reflexions, comme on peut aisément l'imaginer, furent employées à chercher les moyens de se procurer les nécessités les plus pressantes de la vie. Les douze charges de poudre, avec les balles dont ils s'étaient munis, leur servirent à tuer le même nombre de rennes, espèce d'animaux très-abondante dans l'île. Ils songèrent ensuite à réparer les dommages que la hutte avait eu à souffrir. Un des rares avantages de ces climats glacés, c'est que le bois s'y conserve plusieurs années sans être rongé par les vers. Ainsi les planches dont la hutte était formée se trouvaient en très-bon état. Elles n'avaient fait que se relâcher dans leurs jointures, ce qui formait des fentes assez larges pour donner un libre passage au souffle perçant de l'aquillon. Il ne fut pas difficile, au moyen de la hache, de remédier à ces inconvéniens; et la mousse dont les rochers de l'île sont couverts servit à boucher les moindres ouvertures. Ces réparations coûtèrent d'autant moins de peines à nos solitaires, que les paysans russes sont très-excellens charpentiers et bâtissent eux-mêmes leurs maisons.

Le froid excessif, qui rend l'air de ces contrées si peu favorable à la population des animaux, en rend aussi le sol absolument contraire à la production des plantes. On ne trouve aucune espèce d'arbres ni de buisson dans certaines parties du Spitzberg. Cette rigueur de la nature jetait les plus vives alarmes dans l'esprit des matelots. Sans un bon feu pour se réchauffer, il leur était impossible de résister à l'âpreté du climat; et comment entretenir du feu, si le bois leur manquait? Par bonheur, en se promenant le long du rivage, ils trouvèrent quelques débris de vaisseaux, et ensuite des arbres entiers, productions d'un sol plus heureux, que les débordemens de quelques rivières lointaines avaient entraînés dans la mer, et qu'elle repoussait sur ses bords. Mais rien ne leur fut d'un service plus essentiel, durant la première année de leur infortune, que des planches qu'ils trouvèrent entre les rochers du rivage, avec un croc de fer, des clous de cinq à six pouces de long, et d'autres pièces de ferrure, qui tenaient à ces débris. Ils reçurent ce secours imprévu au moment où, près de consommer les derniers restes de tous les rennes qu'ils avaient tués, le défaut de poudre ne leur laissait envisager d'autre sort que de devenir la proie de la faim. Cette heureuse rencontre fut suivie d'une autre également fortunée

Ils trouvèrent sur le sable de la mer la racine d'un sapin. Comme la nécessité fut toujours la mère de l'invention, ils imaginèrent de profiter de la courbure naturelle de cette racine pour en faire un arc; mais comme il leur manquait pour le présent une corde et des flèches, et qu'ils ne savaient comment s'en procurer, ils résolurent, en attendant, de se fabriquer deux lances pour se défendre contre les ours blans, les plus féroces de leur espèce, dont ils avaient continuellement à redouter les attaques. Voyant bien qu'ils ne pourraient faire l'armure de leurs lances ni de leurs flèches sans le secours d'un marteau, ils ne songèrent plus qu'à se forger un instrument si nécessaire. Ils mirent rougir au feu ce long croc de fer dont nous avons parlé; puis, en y enfonçant au milieu le plus gros de leurs clous, ils y pratiquèrent un trou assez large pour recevoir un manche; et, d'un bouton arrondi qui terminait l'un de ces bouts, ils firent tant bien que mal la tête d'un marteau. Un large caillou leur avait tenu lieu d'enclume: deux morceaux de cornes de rennes leur firent à merveille l'office de tenailles. Avec ces outils grossiers ils eurent bientôt façonné quelques clous en pointes de lances qu'ils éguisèrent sur des pierres, et qu'ils lièrent ensuite avec des lanières de peau de rennes à des morceaux de branches d'arbres que la mer avait jétés sur la plage. La conconfiance que leur inspiraient ces nouvelles armes leur fit aussitôt prendre la résolution d'aller eux-mêmes à leur tour attaquer les ours blancs. Après un combat dangereux, ils tuèrent un de ces terribles animaux, dont la chair leur fournit des provisions toutes fraîches. Ils la trouvèrent excellente, ayant à peu près l'odeur et le goût de la chair de bœuf. Ils virent, non sans un extrême plaisir, qu'avec le tranchant de leur couteau ils pouvaient diviser les nerfs et les tendons en filamens de la grosseur qu'ils voudraient leur donner. Ce fut peut-être la plus heureuse découverte qu'ils pussent faire dans leur situation; car outre les avantages dont nous allons bientôt parler, ils se virent pourvus tout-à-coup d'une bonne corde pour leur arc. Les pointes de leurs flèches leur coûtèrent encore moins à façonner que l'armure de leurs lances. Ils les attachèrent avec des fils tirés des tendons de l'ours à des branches de sapin, qu'ils garnirent à l'autre bout de plumes d'oiseaux de mer; et dès ce moment ils se virent en possession d'un bon arc avec ses flèches.

On sentira aisément combien ils durent s'applaudir du succès de leur industrie, en apprenant que, durant leur séjour dans l'île, ils ne tuèrent pas moins de deux cent cinquante rennes avec leurs flèches, outre un grand nombre de renards bleus et blancs. La chair de ces animaux leur servit de nourriture, et leurs peaux de fourrures pour se couvrir, de lits pour se coucher, ou de tapisseries pour rendre plus close leur habitation. Ils ne tuèrent en tout que dix ours blancs; et ce ne fut pas sans un extrême danger; car ces animaux, pourvus d'une force prodigieuse, se débattaient avec une furie incroyable contre leurs armes. Ils avaient attaqué à dessein le premier; ils tuèrent les neuf autres en se défendant de leurs attaques. Il y eut quelques-uns de ces animaux qui se hasardèrent à pénétrer jusqu'à l'entrée de la hutte. Il est vrai qu'ils ne montraient pas tous la même intrépidité, soit qu'ils fussent moins pressé par la faim, soit qu'ils fussent de leur nature moins voraces que les autres. La plupart de ceux qui entrèrent dans la hutte prirent la fuite au premier effort des matelots pour les repousser. Cependant des assauts si répétés ne laissaient pas que de leur donner de l'inquiétude, par la vigilance continuelle dont ils avaient besoin pour se garantit d'être dévorés.

De l'inquiétude, monsieur, s'écria Tommy en s'interrompant. Dites plutôt des frayeurs horribles. Oh! que ces pauvres gens doivent avoir été malheureux !

M. BARLOW.

Vous voyez cependant qu'il ne leur est pas arrivé de malheur.

TOMMY.

Il est vrai, parce qu'ils forgèrent des armes pour se défendre.

M. BARLOW.

Peut-être donc n'est-on pas malheureux uniquement pour être exposé au danger, car on peut en échapper; mais parce qu'on ne sait comment s'en garantir.

TOMMY.

Je ne comprends pas bien votre pensée, monsieur.

M. BARLOW.

Je vais vous donner un exemple qui vous l'éclaircira. Lorsque le serpent s'entortilla autour de votre jambe, n'étiez-vous pas malheureux, parce que vous craigniez qu'il ne vous mordît?

TOMMY.

Oui, monsieur.

M. BARLOW.

Mais Henri n'était pas malheureux, lui?

TOMMY.

Cela est encore vrai.

M. BARLOW.

Cependant il était plus en danger d'être mordu que vous, puisqu'il saisit le serpent avec sa main.

TOMMY.

Ah! sans doute.

M. BARLOW.

Mais il comprit qu'en le prenant hardiment par le cou, et le jetant au loin, il pouvait se délivrer du péril. Si vous aviez fait la même réflexion, probablement vous n'auriez pas eu tant de crainte, et vous n'auriez pas été aussi malheureux que vous l'étiez.

TOMMY.

Oui, monsieur, vous me le faites bien sentir : et, si le même accident m'arrivait encore, je crois que j'aurais assez de présence d'esprit pour en faire autant que Henri.

M. BARLOW.

Et seriez-vous alors aussi malheureux que vous l'avez été la première fois?

TOMMY.

Non certainement, parce que j'aurais plus de courage.

M. BARLOW.

Ainsi donc les personnes qui ont du courage ne sont pas aussi malheureuses dans le danger que celles qui n'en ont point ?

TOMMY.

Certainement non, monsieur.

M. BARLOW.

Et cela est-il vrai de toute espèce de danger ?

TOMMY.

Cela doit être. J'ai vu quelquefois maman toute tremblante lorsqu'elle avait à traverser dans sa voiture un petit ruisseau, tandis que mon papa n'y trouvait pas le moindre péril

M. BARLOW.

Ainsi, avec du courage, elle n'y aurait pas trouvé plus de péril que votre papa ?

TOMMY.

Je le crois comme vous, car je la voyais se moquer elle-même de sa poltronnerie lorsque le ruisseau était traversé.

M. BARLOW.

Il est donc possible que nos matelots, se trouvant si bien en état de se défendre contre les ours, n'en eussent plus de frayeur, et par conséquent ne fussent pas aussi malheureux que vous l'aviez d'abord imaginé.

TOMMY.

En vérité, je le crois à présent.

M. BARLOW.

Continuons donc, s'il vous plaît.

La chair des trois espèces d'animaux dont nous avons parlé, savoir : les ours blancs, les rennes, les renards blancs et bleus, fut le seul aliment dont nos malheureux solitaires eurent à se nourrir pendant le cours de six années. Nous ne voyons pas à la fois toutes nos ressources. La nécessité peut seule aiguiser l'invention. C'est elle qui, fécondant par degrés notre esprit, lui fait concevoir des expédiens dont il n'aurait jamais eu l'idée. La vérité de cette observation fut éprouvée par nos matelots en plus d'une circonstance: C'était peu de manger leur viande sans pain ni sel, dont ils étaient absolument dépourvus; ils étaient réduits à la manger demi-crue, parce que leur four n'était pas propre à la faire rôtir, et que le bois était trop précieux par sa rareté pour allumer du feu hors de la hutte. Pour remédier à cet inconvénient, ils imaginèrent d'exposer à l'air pendant l'été une partie de leurs provisions, et de les suspendre ensuite dans la partie supérieure de la hutte, où la fumée, qui s'y élevait sans cesse, achevait de les dessécher. Cette viande, ainsi préparée, avait le double avantage de se conserver long-temps, et de leur tenir lieu de pain, pour manger avec la viande fraîche, qu'ils n'en trouvaient que meilleur. Le succès de cette expérience ayant rempli parfaitemet leurs vues, ils continuèrent de la pratiquer pendant tout le temps de leur séjour dans l'île, et par ce moyen ils conservèrent toujours un fonds suffisant de provisions. Pendant l'été l'eau ne manquait point, grâce à quelques petits ruisseaux qui coulaient des rochers; et pendant l'hiver ils s'en procuraient aisément en faisant fondre de la neige ou de la glace dans leur petit chaudron.

Je vous ai fait observer plus haut qu'ils avaient apporté avec eux un petit sac de farine. Ils en avaient consommé environ la moitié pour leur nourriture; ils employèrent le reste d'une manière bien différente, mais qui leur fut également utile. Ils n'avaient pas tardé long-temps à sentir la nécessité d'entretenir sous un climat si froid un feu continuel, en réfléchissant que, s'il venait malheureusement à s'éteindre, ils n'auraient plus de moyens de le rallumer. Ce n'est pas qu'ils n'eussent un briquet et des pierres à fusil, mais ils manquaient de mêches et d'allumettes. Ils avaient trouvé dans leurs promenades une terre argileuse : ils s'en servirent pour fabriquer une espèce de lampe, où ils se proposèrent d'entretenir constamment de la lumière en y brûlant la graisse des animaux qu'ils pourraient tuer. Ce fut certainement une idée dont ils eurent bien à s'applaudir; car la privation de la lumière, dans un pays où la nuit dure plusieurs mois de suite pendant l'hiver, aurait mis le comble à toutes les misères dont ils étaient accablés.

Tommy ne put s'empêcher d'interrompre ici M. Barlow. Excusez-moi, monsieur, lui dit-il, mais est-ce qu'il y a des pays dans le monde où il règne une nuit continuelle pendant plusieurs mois de suite.

M. BARLOW.

Oui, vraiment, il y en a.

TOMMY.

Et comment cela se peut-il faire?

M. BARLOW.

Comment se peut-il qu'il fasse nuit ici pendant quelques heures à la fin de chaque journée?

TOMMY.

Comment, monsieur? c'est que sans doute cela doit naturellement arriver.

M. BARLOW.

C'est ne dire aucune chose, sinon que vous n'en savez pas la raison. Mais n'observez-vous pas ici de différence entre la nuit et le jour?

TOMMY.

Il y en a une bien grande. Le jour il fait clair, et la nuit il fait obscur.

M. BARLOW.

Et pourquoi fait-il obscur dans la nuit?

TOMMY.

Voilà ce que je ne sais pas.

M. BARLOW.

Est-ce que le soleil brille pendant toutes les nuits?

TOMMY.

Non certainement, monsieur.

M. BARLOW.

Il brille donc seulement pendant quelques-unes, et non pendant les autres?

TOMMY.

Il ne brille jamais la nuit.

M. BARLOW.

Et brille-t-il dans le jour?

TOMMY.

Oui, monsieur.

M. BARLOW.

Quoi! chaque jour?

TOMMY.

Oui, chaque jour, excepté seulement que les nuages nous le dérobent quelquefois.

M. BARLOW.

Et que devient-il dans la nuit?

TOMMY.

Il va se coucher, en sorte que nous ne pouvons pas le voir.

M. BARLOW.

Ainsi donc, tant que vous pouvez voir le soleil il n'est jamais nuit?

TOMMY.

Non, monsieur.

M. BARLOW.

Et tant qu'il demeure couché, jamais il n'est jour?

TOMMY.

C'est la vérité.

M. BARLOW.

Et quand il reparaît?

TOMMY.

Le jour aussitôt recommence. J'ai vu quelquefois le jour naître et le soleil se lever tout de suite après.

M. BARLOW.

Mais si le soleil ne se levait pas durant plusieurs mois de suite, qu'arriverait-il?

TOMMY.

Qu'il ferait nuit pendant tout ce temps.

M. BARLOW.

Voilà précisément le cas où se trouvent les pays dont nous parlions tout à l'heure.

TOMMY.

Voudriez-vous bien, monsieur, je vous prie, m'en faire connaître la raison?

M. BARLOW.

Je vous l'expliquerai dans un autre moment. Revenons à nos pauvres matelots.

Ayant donc fabriqué leur lampe, ils la remplirent de graisse de renne, et y allumèrent du linge effilé dont ils avaient réuni les brins en forme de mèche. Mais ils eurent le chagrin de voir que la graisse fut à peine fondue, que non-seulement elle pénétra l'argile, mais elle filtra même de tous les côtés. Cet inconvénient ne provenait d'aucune fêlure, mais de ce que la terre était trop poreuse. Instruits par cette épreuve, ils fabriquèrent une nouvelle lampe qu'ils laissèrent d'abord sécher entièrement à l'air, puis ils la firent rougir au feu, et en cet état la plongèrent dans leur chaudron, où ils avaient fait bouillir de la farine détrempée, jusqu'à la consistance d'une colle légère. cette lampe ayant été soumise à l'essai, ils virent avec une joie inexprimable qu'elle ne laissait point échapper la graisse fondue. Par surcroît de précaution, ils trempèrent dans leur colle des morceaux de linge, et les appliquèrent aux parois extérieures de la lampe. Ils en fabriquèrent ensuite une seconde pour suppléer à la première en cas d'accident, afin que, dans aucun malheur, la lumière ne vînt à leur manquer. Ils crurent devoir aussi réserver pour cet usage le peu qu'il leur restait de farine.

Comme ils avaient soin de ramasser tout ce que les vagues poussaient sur la côte, ils avaient trouvé parmi les débris quelques bouts de cordage, et une petite quantité d'étoupe, espèce de filasse dont on se sert pour calfater les vaisseaux. Ils eurent ainsi une bonne provision de mèches; et, lorsqu'elle vint à leur manquer, ils y suppléèrent avec leurs chemises et leurs grandes culottes de toile, dont se servent presque tous les paysans de la Russie. Ils entretinrent par ce moyen leur lampe toujours allumée depuis le jour qu'ils l'eurent fabriquée; ce qui arriva peu de temps après leur arrivée dans l'île, jusqu'au moment où ils s'embarquèrent pour leur pays.

Cependant l'hiver approchait, et leurs souliers, leurs bottes, ainsi que toutes les autres parties de leur habillement, prêts à tomber en lambeaux, allaient les exposer presque nus à la rigueur du climat. Ils furent donc obligés d'avoir de nouveau recours à cet esprit d'invention, que la nécessité réveille toujours dans les extrémités de la détresse. Ils avaient une quantité de peaux de rennes et de renards, qui ne leur avaient jusqu'alors servi que pour leurs lits. Ils pensèrent à en tirer un service plus essentiel. La difficulté principale était de savoir comment les tanner. Après avoir délibéré sur ce point, ils imaginèrent la méthode suivante : Ils mirent tremper durant quelques jours leurs peaux dans de l'eau fraîche, pour que le poil pût s'en détacher plus facilement. Ils frottèrent ensuite le cuir humide entre leurs mains, jusqu'à ce qu'il fût presque sec, et alors ils versèrent dessus un peu de graisse de renne fondue, et recommencèrent à le frotter. Au moyen de ce procédé, le cuir devint doux, maniable, onctueux, et propre enfin à tout ce qu'ils en voulaient faire. Les peaux qu'ils destinaient à leur servir de fourrures, ils ne les firent tremper qu'un jour, uniquement pour les mettre en état d'être travaillées. Ils les préparèrent ensuite de la manière que je viens d'exposer, excepté seulement qu'ils se gardèrent bien d'en faire tomber le poil.

Ils se trouvèrent ainsi pourvus de tout ce qu'il leur fallait pour se faire des vêtemens. Mais alors il se présenta une nouvelle difficulté. Ils n'avaient ni alêne pour percer le cuir de leurs souliers et de leurs bottes, ni aiguilles pour coudre leurs habits. Heureusement il leur restait encore quelques morceaux de fer et toute leur industrie pour les fabriquer. Le trou de leur aiguille fut ce qui leur donna le plus d'embarras; mais ils en vinrent à bout avec la pointe de leur couteau, qu'ils rendirent bien aiguë, et qu'ils firent ensuite entrer, en frappant, dans le fer lorsqu'il fut rouge. Pour la pointe de l'aiguille, il ne fut point difficile de la former, en l'aiguisant sur des cailloux. Ils auraient bien voulu pouvoir se forger aussi des ciseaux pour couper le cuir. Mais comment l'entreprendre? Leur couteau du moins servit à cet usage; et, quoiqu'il n'y eût parmi eux ni cordonnier ni tailleur, ils taillèrent leur cuir et leurs fourrures avec toute la justesse convenable à leurs besoins. Les nerfs des ours et des rennes, qu'ils avaient trouvé le moyen de diviser, comme je l'ai dit ci-dessus, leur tinrent lieu de fil; et, au bout de quelques jours de travail, chacun d'eux se vit pourvu d'un vêtement tout complet.

Tels sont, dit M. Barlow, les principaux détails que j'ai recueillis de cette aventure vraiment extraordinaire. Ils suffisent pour vous montrer tout à la fois à quels étranges accidens les hommes sont exposés, et quelles inventions merveilleuses la nécessité peut suggérer à leur esprit.

TOMMY.

Mais dites-moi, je vous prie, monsieur, que devinrent à la fin ces pauvres gens?

M. BARLOW.

Après avoir vécu plus de six ans sur cette plage désastreuse, ils virent un jour aborder par hasard un vaisseau, qui voulut bien se charger de trois hommes qui vivaient encore, et les transporta dans leur pays.

TOMMY.

Vous ne parlez que de trois, monsieur. Et qu'était devenu le quatrième?

M. BARLOW.

Il avait été attaqué d'une maladie dangereuse, qu'on appelle le scorbut. Comme il était d'une humeur indolente, et qu'il ne voulut pas faire l'exercice dont il avait besoin pour guérir, après avoir langui quelque temps, il mourut, et fut enterré dans la neige par ses compagnons.

Ils furent interrompus en cet endroit par l'arrivée de Henri, qui revenait de chez son père, à qui il était allé demander du blé pour ensemencer la terre de son ami. Une jeune colombe le suivait, ramassant fort adroitement avec son bec les grains qu'il laissait tomber exprès de son mouchoir.

Dans une de ses promenades avec M. Barlow, Henri avait sauvé cette colombe des serres d'un épervier qui commençait à la mettre en pièces pour la dévorer. Il avait pris un soin infini de ses blessures, et l'avait nourrie chaque jour de ses propres mains. Le pauvre oiseau, qui se trouvait alors entièrement rétabli, avait conçu une affection si tendre pour son bienfaiteur, qu'il suivait tous ses pas, allait se percher sur son épaule, se tapir dans son sein, et béqueter des miettes de pain sur ses lèvres. Tommy fut extrêmement surpris de les voir si bien ensemble; et il demanda à Henri par quel moyen il avait su rendre cet oiseau si familier. Henri lui répondit qu'il ne s'était point donné de peines particulières pour y parvenir; mais que la pauvre petite créature, ayant reçu de lui des secours pendant qu'elle était malade, l'avait pris d'elle-même en amitié.

En vérité, dit Tommy, cela me paraît bien surprenant; car j'ai toujours vu les oiseaux s'enfuir à tire-d'ailes dès qu'on les voulait approcher. Ils sont si sauvages!

M. BARLOW.

Quoi! parce qu'ils s'enfuient? J'imagine que vous prendriez le même parti à l'aspect d'un lion ou d'un tigre.

TOMMY.

Oh! je vous en réponds.

M. BARLOW.

Et cependant vous ne vous croyez pas un animal sauvage?

Tommy ne put s'empêcher de sourire à cette question, et répondit qu'il était bien loin d'avoir de lui cette idée.

M. BARLOW.

Vous voyez donc que les animaux ne sont sauvages, comme vous les appelez, que parce qu'ils craignent qu'on ne leur fasse du mal; et il est tout naturel qu'ils s'enfuient par le sentiment de cette crainte. Mais ceux dont vous prendriez soin, et ceux que vous sauriez traiter avec douceur, n'auraient plus peur de vous; au contraire, ils viendraient vous chercher, et vous prendraient en affection.

HENRI.

Ce que vous dites là, monsieur, est bien vrai; car j'ai vu un petit garçon prendre soin d'un serpent qui vivait dans le jardin de son père. Lorsqu'on lui donnait du lait pour déjeûner, il allait s'asseoir sous un arbre, et se mettait à siffler. Aussitôt le serpent venait droit à lui, et buvait sans façon dans son écuelle.

TOMMY.

Et il ne le mordait pas?

HENRI.

Oh! que non. Le petit garçon s'émancipait quelquefois jusqu'à lui donner de sa cuiller sur la gueule lorsqu'il le voyait manger trop goulument. Jamais le serpent ne l'a mordu.

Tommy fut enchanté de cette conversation. Comme il était, au fond, d'un bon naturel, et qu'il était de plus très-curieux de faire des expériences, il voulut dès ce jour essayer d'apprivoiser des animaux. En conséquence, il prit un gros morceau de pain, et courut chercher dans la campagne quelque sujet à former. Le premier qui s'offrit à ses regards fut un cochon de lait qui s'était écarté de sa mère, et se roulait au soleil. Tommy ne crut pas devoir négliger une si belle occasion de faire son apprentissage. Il s'arrêta un moment pour donner à sa physionomie l'expression la plus tendre; puis, s'avançant sur la pointe du pied, il l'appela d'une voix flûtée : Petit! petit! petit! mais le petit, qui ne comprenait pas bien exactement ses intentions, au lieu de se laisser amadouer par ses mignardises, se mit à grogner et à s'enfuir. Ingrat, lui cria Tommy en grossissant tout-à-coup sa voix pateline, est-ce la manière dont tu dois me répondre lorsque je veux te nourrir? Si tu ne sais pas connaître tes amis, je vais te l'apprendre. En disant ces mots, il courut vers le fuyard, et d'une main le saisit par la jambe de derrière, pour lui offrir de l'autre main le pain qu'il tenait. Peu accoutumé à une si étrange contenance, le petit animal se débattait de toutes ses forces; et ses cris furent si perçans, que la truie, qui n'était pas éloignée, accourut à son secours, suivie de la moitié de ses camarades. Tommy, dans le doute si elle serait contente ou non des civilités qu'il faisait à son fils, trouva plus sage de lâcher le cochon de lait, qui, cherchant la voie la plus courte pour s'échapper, s'embarrassa malheureusement entre ses jambes, et le fit tomber de toute sa hauteur. Le lieu de la scène était un peu plus qu'humide. Aussi Tommy n'eut-il pas à se plaindre de s'être fracassé les os dans sa chute. Un lit de plume n'aurait pas été si douillet que le bourbier dans lequel il s'étendit. Pour comble d'infortune, au moment où il cherchait à se relever, la truie vint trébucher étourdiment sur lui, et le fit rouler avec elle dans la fange. La patience, comme on l'a déjà observé, n'était pas la vertu naturelle de notre héros. Outré d'indignation de se voir terrassé par une si vile ennemie, il s'attacha des deux mains à sa queue. Plus elle s'efforçait de lui échapper, plus il la tiraillait; et, plutôt que de lâcher prise, il aima mieux se vautrer à traver toute la mare.

Au milieu de ce grave débat, une troupe d'oies vint justement à passer par le même chemin. La truie, de plus en plus effrayée, et traînant toujours l'opiniâtre Tommy sur ses talons, se jeta au milieu de la bande, qui se dispersa soudain en agitant ses lourdes ailes. Il n'y eut qu'un jars, d'une force et d'un courage au-dessus du commun de la troupe, qui, voulant se venger de l'alarme qu'on avait donnée à sa famille, fondit impétueusement sur

Tommy, et, reconnaissant une place que sa culotte, en glissant, avait laissée un peu à découvert, l'assaillit de rudes coups de bec. C'était le moment que la fortune attendait pour changer de parti. Tommy, dont la valeur avait été jusqu'alors indomptable, se voyant ainsi attaqué à l'improviste par un nouvel ennemi, et ne connaissant pas encore l'étendue précise de son danger, laissa tout-à-coup la palme de la victoire s'échapper de ses mains avec la queue de la truie, et joignit ses clameurs lamentables aux criaillemens des oies et aux grognemens des cochons. Ce triste concert alla retentir jusqu'aux oreilles de M. Barlow, qui, accourant aussitôt sur le champ de bataille, trouva son élève dans la situation la plus piteuse qu'on puisse imaginer, tout couvert de boue de la tête aux pieds, les mains et le visage aussi noirs que ceux d'un ramoneur.

Dans quel état vous vois-je? s'écria-t-il après qu'il eut reconnu sa physionomie à travers le masque dont elle était chargée.

TOMMY.

Hélas! monsieur, tout cela vient de ce que vous m'avez appris sur la manière d'apprivoiser les animaux, et de m'en faire aimer. Vous en voyez les conséquences.

M. BARLOW.

Si cet accident vous est arrivé pour quelque chose que je vous aie dit, j'en aurai d'autant plus de peine. Mais êtes-vous blessé?

TOMMY.

Non, monsieur, je ne puis pas dire que j'aie beaucoup de mal.

M. BARLOW.

En ce cas-là, vous n'avez rien de mieux à faire que d'aller vous débarbouiller. Quand vous serez un peu plus propre, nous pourrons nous entretenir à fond de votre aventure.

A son retour, M. Barlow lui demanda comment s'était passé cet événement; et lorsqu'il en eut entendu l'histoire : je suis fâché, dit-il, de votre disgrâce, mais je ne vois point que j'en sois la cause. Je ne me souviens point de vous avoir jamais recommandé de saisir les cochons de lait par les pieds de derrière, ni les truies par la queue.

TOMMY.

Il est bien vrai, monsieur; mais vous m'avez dit que de prendre soin des animaux, c'était un moyen de s'en faire aimer. C'est pour cela que je voulais donner à manger au cochon de lait.

M. BARLOW.

Voilà de bonnes intentions. Il est dommage que vous vous y soyez pris d'une si étrange manière. Le pauvre animal ne s'attendait pas d'abord à votre bienveillance. Lorsque vous avez ensuite empoigné sa jambe si brusquement, il avait encore moins sujet de s'en douter. Je vous demande, à vous-même, si vous auriez beaucoup de plaisir à un repas où l'on vous tiendrait de force un pied en l'air.

Tommy n'eut pas beaucoup de peine à sentir le ridicule de sa conduite, et M. Barlow reprit ainsi

Tout ce qui vous est arrivé ne vient que de votre étourderie. Avant que de lier commerce avec aucun animal, vous devriez d'abord vous instruire de sa nature et de ses dispositions. Autrement vous pourriez éprouver le sort de ce petit garçon, qui, voulant attraper indistinctement les mouches, fut piqué jusqu'au vif par une guêpe; où de celui qui, voyant une couleuvre endormie sur le gazon, la prit pour une anguille, et en fut mordu si cruellement, qu'il faillit lui en coûter le vie.

TOMMY.

Mais, monsieur, Henri vous a parlé d'un petit garçon qui avait nourri un serpent sans en recevoir jamais aucune morsure?

M. BARLOW.

Cela peut-être. Il n'y a presque point d'animaux qui veuille faire du mal si on ne les attaque, ou s'ils ne sont pressés par la faim. Il en est cependant dont la familiarité est dangereuse; ainsi le meilleur moyen est de ne vous jouer jamais à aucun sans le connaître parfaitement. Si vous aviez observé ce principe, vous n'auriez jamais eu l'idée de vous mesurer avec une truie en la tiraillant par la queue. Il est fort heureux pour vous de n'avoir pas fait votre apprentissage sur un animal plus dangereux. Vous auriez pu en être traité comme un tailleur le fut autrefois par un éléphant.

TOMMY.

Oh! monsieur, racontez-moi, je vous prie, cette histoire, pour me consoler de mon infortune. Mais ayez d'abord la bonté de m'apprendre, s'il vous plaît, ce que c'est qu'un éléphant.

M. BARLOW.

L'éléphant est l'animal le plus grand que nous connaissions sur la terre. Il est plusieurs fois aussi gros qu'un bœuf. Il y en a qui croissent jusqu'à la hauteur de treize, quatorze pieds, et même davantage. Sa force, comme on l'imagine aisément, est prodigieuse; mais il est en même temps d'un caractère si doux, qu'il n'attaque jamais les autres animaux qui vivent dans les forêts où il habite. Il ne mange point de chair : il se nourrit uniquement d'herbes, de feuilles et de bois tendre. Ce qu'il y a de plus singulier en lui, c'est sa conformation. Vous ne pouvez en prendre une idée qu'en voyant sa figure dans une estampe, où je vous la ferai observer. Son nez est un tuyau creux et de forme ronde, qu'il allonge ou qu'il raccourcit à sa fantaisie, et qu'il est libre de tourner en tous sens. C'est ce qu'on appelle sa trompe. Il la jette autour des branches qu'il veut arracher, et les brise sans effort. Lorsqu'il veut boire, il la plonge dans l'eau; et, en aspirant, il en remplit toute la cavité; puis il la recourbe en dessous pour la porter à sa bouche, et la décharge dans son gosier. Sa bouche n'est armée, pour broyer sa nourriture, que de huit dents, quatre à la mâchoire inférieure, et quatre à la supérieure; mais de celles-ci il sort deux autres dents, qu'on appelle ses défenses, parce qu'elles lui servent à se défendre contre ses ennemis. Elles sont longues de quelques pieds, et un peu recourbées en haut. Ces deux dents, dont nous tirons l'ivoire, sont si fortes qu'elles peuvent renverser les arbres et percer les murailles.

TOMMY.

Mais, monsieur, puisque cet animal est si grand et si fort, comment est-il possible de le prendre et de le dompter?

M. BARLOW.

Ce serait effectivement fort difficile, si l'on n'y employait ceux qui sont déjà apprivoisés.

TOMMY.

Et comment s'y prend-on, je vous prie?

M. BARLOW.

Lorsqu'on a découvert une forêt qui sert de retraite à ces animaux, on y fait une grande enceinte, fermée de tous côtés par une forte palissade. On n'y ménage qu'une entrée avec une porte qu'on laisse ouverte, puis on lâche un élépant apprivoisé, qui va chercher l'éléphant sauvage, et l'engage insensiblement à pénétrer avec lui dans l'enceinte. Aussitôt qu'il y est entré, un homme, qui se tient tout prêt, ferme la porte. L'animal, se trouvant ainsi renfermé, entre en fureur, et cherche à s'échapper en renversant la palissade. On ne lui en donne pas le temps. Deux autres éléphans apprivoisés, qu'on a choisis exprès parmi les plus forts, viennent à lui de chaque côté, le serrent entre eux, et le frappent à grands coups de leur trompe, jusqu'à ce qu'il devienne plus tranquille. Alors un homme s'approche doucement, et lui passe un gros cable à chacun de ses pieds de derrière, et va attacher l'autre bout à des arbres. Le prisonnier demeure en cet état, seul et sans nourriture, pendant quelques jours; et, au bout de ce temps, il est devenu si docile, qu'il se laisse conduire sans résistance à la loge qu'on lui a préparée. Il ne faut pas ensuite plus de quinze jours pour le dresser à tous les services qu'on attend de lui.

TOMMY.

Voudriez-vous maintenant, monsieur, me dire ce que l'éléphant fit au tailleur?

M. BARLOW.

A Surate, ville de l'Inde, où les éléphans servent aux mêmes emplois que les chevaux en Europe, il y avait un tailleur qui travaillait sur son établi, près de l'endroit où l'on menait chaque jour boire ces animaux. Il avait pris l'un d'eux en amitié; et, toute les fois qu'il le voyait passer devant sa porte, il avait coutume de lui donner quelque chose à manger. Un jour que l'éléphant était venu, comme à l'ordinaire, présenter sa trompe à la fenêtre pour recevoir sa petite ration, le tailleur, qui s'ennuyait apparemment de cette visite, au lieu de lui faire ses présens accoutumés, imagina de le piquer de son aiguille. L'éléphant retira sa trompe; et, sans montrer aucun signe de ressentiment, il continua sa route, et alla boire avec ses compagnons. Mais, après avoir apaisé sa soif, il ramassa dans sa trompe toute l'eau qu'elle pouvait contenir; et, lorsqu'il repassa devant la boutique du tailleur, il lui déchargea toute son eau sur le visage, avec tant de violence qu'il faillit le suffoquer. L'ingrat n'avait-il pas bien mérité cette peine, pour avoir violé si indignement les devoirs de l'amitié? Il la méritait sans doute, répondit Henri, et je trouve l'éléphant bien généreux de s'être contenté de cette vengeance, lorsqu'il n'avait qu'à allonger sa trompe pour le saisir et l'étouffer. Il me semble que c'est une grande honte pour les hommes, que de traiter cruellement des animaux qui leur témoignent de la confiance et de l'affection. Vous avez raison, reprit M. Barlow, et je me rappelle une autre histoire d'éléphant, qui est encore plus extraordinaire, si le récit en est véritable.

Un éléphant, dans un accès de colère, auquel ces animaux sont sujets, venait d'écraser sous ses pieds son conducteur. La femme et les enfans du malheureux, craignant le même sort pour eux-mêmes, se mirent à fuir de toute leur vitesse pour échapper à l'éléphant. Il était prêt à les atteindre, lorsque la femme, s'étant retournée brusquement, mit devant lui l'enfant qu'elle portait dans ses bras, en lui criant : Ingrat! tu veux donc nous détruire, nous qui depuis tant d'années avons pris soin de te nourrir? Puisque tu viens de tuer mon mari, ôte-moi donc la vie ainsi qu'à ces pauvres enfans. L'éléphant s'arrêta tout-à-coup, oublia sa fureur; et, comme s'il eût été touché de regret, au lieu d'écraser les enfans sous ses pieds, il prit l'aîné avec sa trompe, le posa sur son cou, l'adopta pour conducteur, et n'en voulut point souffrir d'autres depuis ce moment.

Tommy remercia M. Barlow de ces deux jolies

histoires, et lui promit d'être à l'avenir plus doux et plus avisé dans sa conduite envers les animaux.

Le lendemain il descendit de bonne heure dans le jardin pour y semer sur un carreau de terre préparé dès la veille le blé que Henri lui avait apporté. Son ami le secondait dans cette opération, et l'aidait de ses avis. Lorsqu'ils eurent fini leur ouvrage, Tommy prenant la parole : Écoute, Henri, lui dit-il, as-tu jamais entendu l'histoire de ces hommes qui furent obligés de vivre pendant six ans dans un vilain pays où il n'y a que de la neige et de la glace, et des ours affamées toujours prêts à vous dévorer ?

HENRI.

Oui, mon ami; M. Barlow me l'a donnée à lire cet hiver.

TOMMY.

Et tu n'as pas été bien épouvanté de cette aventure ?

HENRI.

Épouvanté! c'est un peu fort.

TOMMY.

Comment! est-ce que tu aimerais à vivre dans ce pays-là ?

HENRI.

Non, certainement; je me trouve fort heureux d'être né dans un pays comme le nôtre, où l'on ne souffre que rarement de grands froids et de grandes chaleurs; mais je crois aussi qu'un homme doit savoir supporter avec patience tout ce qui lui arrive dans ce monde.

TOMMY.

Ne mourrais-tu pas de désespoir si tu étais abandonné dans une si affreuse contrée ?

HENRI.

Je serais sûrement bien chagrin si je m'y trouvais tout seul, d'autant mieux que je ne suis encore ni assez grand ni assez fort pour me défendre contre des ours ; mais j'aurais beau me désespérer, cela ne me servirait de rien. Il serait, je crois, plus sage de chercher à faire quelque chose pour me secourir moi-même.

TOMMY.

Cela vaudrait mieux, sans doute ; mais que ferais-tu ?

HENRI.

Je travaillerais d'abord à me bâtir une maison, si je pouvais trouver des matériaux.

TOMMY.

Mais, pour bâtir une maison, il faut, ce me semble, un grand nombre d'ouvriers.

HENRI.

Oui bien, si c'était une maison comme celle de ton père. Les maisons qu'habitent les paysans ne demandent pas tant de façon.

TOMMY.

Aussi sont-elles petites, malpropres et vilaines. J'aurais peur d'y tomber malade et d'y mourir.

HENRI.

Tu vois cependant que les pauvres ont pour le moins autant de force et de santé que les riches.

TOMMY.

Malgré tout cela, je ne voudrais pas y demeurer.

HENRI.

Tu en parles bien à ton aise. Et si tu n'en avais pas d'autres, n'aimerais-tu pas mieux encore habiter une cabane que de rester exposé aux injures de l'air?

TOMMY.

Il est vrai; mais une cabane même, comment pourrais-tu la faire?

HENRI.

Il ne me faudrait que des arbres et une hache.

TOMMY.

Oui-dà!

HENRI.

J'irais couper de grosses branches, et je les planterais dans la terre l'une près de l'autre.

TOMMY.

Ensuite?

HENRI.

Je couperais d'autres branches plus menues, et celles-là je les entrelacerais dans les grosses.

TOMMY.

Et comment?

HENRI.

Tiens, à peu près comme ces claies que je te fis remarquer l'autre jour, dont on se sert pour enfermer les troupeaux lorsqu'on les fait parquer.

TOMMY.

Et tu crois que cette cabane serait assez close pour te garantir du vent et du froid?

HENRI.

Attends donc ; tu ne me donnes pas le temps. Il faut que je la revête en dedans et en dehors d'une couche d'argile.

TOMMY.

Et qu'est-ce que l'argile ?

HENRI.

C'est cette terre grasse qui s'attache aux souliers lorsqu'on marche dessus, et qui reste aux mains lorsqu'on la pétrit. Elle me servirait à faire une bonne muraille.

TOMMY.

Je n'aurais jamais imaginé qu'il fût si aisé de se bâtir une maison. Et tu penses qu'on pourrait y habiter ?

HENRI.

Si je le crois ? Il y a ici beaucoup de gens qui en ont de pareilles, et j'ai ouï dire qu'il n'y en avait pas d'autres dans plusieurs parties du monde.

TOMMY.

Je voudrais bien essayer d'en faire une. Toi et moi, par exemple, pourrions-nous en venir à bout ?

HENRI.

Qui nous en empêcherait ? Nous avons une petite hache à la maison : pour le bois et l'argile, ils ne nous manqueront pas.

M. Barlow arriva près d'eux en ce moment. Il venait les appeler pour faire leur lecture de la matinée. Il dit à Tommy que, puisqu'ils avaient tant parlé d'humanité envers les animaux, il avait choisi une fort jolie histoire où il en était question ; et il l'invita à venir la lire lui-même.

Je le veux bien, monsieur, répondit Tommy, car je commence à aimer beaucoup la lecture. Il me semble que, depuis que j'ai appris à lire, je me trouve plus heureux. Je puis prendre du plaisir à ma volonté.

Je suis bien aise, reprit M. Barlow, que vous commenciez à le sentir. Un gentilhomme, puisque vous en aimez si fort le titre, peut goûter plus particulièrement que les autres cet avantage ; parce qu'il a plus de temps à sa disposition. S'il veut s'élever au-dessus du reste des hommes, ne vaut-il pas mieux qu'il cherche à s'en distinguer par ses lumières que par de beaux habits ou d'autres bagatelles, que ceux qui sont en état de les acheter peuvent avoir aussi bien que lui ?

Tommy convint de la vérité de cette réflexion ; et, s'étant assis entre M. Barlow et son ami, il se mit à lire d'une voix claire et distincte l'histoire qui suit.

L'ENFANT

DE BON NATUREL.

Le petit Collins sortit un jour de bonne heure pour aller porter une lettre de son père dans un village éloigné de près de deux lieues de celui qu'il habitait. Comme il ne devait rentrer que le soir, il prit dans un panier les provisions dont il avait besoin pour se nourrir pendant la journée. Il marchait à grands pas en chantant d'une voix joyeuse, lorsqu'un pauvre chien vint à sa rencontre d'un air triste et suppliant. Collins ne fit pas d'abord grande attention à sa contenance; mais, comprenant bientôt à ses cris plaintifs et aux mouvemens de sa queue, qu'il était tourmenté par la faim, et qu'il le priait de prendre pitié de ses souffrances, il lui dit en le caressant : Mon pauvre ami, tu parais tout languissant de faiblesse; mais, si je te donne de mon pain, je me trouverai ce soir comme toi. Cependant tu souffres en ce moment; et moi, qui viens de déjeûner, je n'ai pas à présent de besoin : tiens, tiens, voici de quoi te soutenir. En disant ces paroles il lui donna un morceau de pain. Le chien se mit à le dévorer comme s'il n'eût rien mangé depuis quinze jours; et, lorsque son bienfaiteur reprit sa marche, il le suivit en cabriolant autour de lui, avec les plus tendres témoignages de reconnaissance et d'affection.

A un mille environ plus loin, Collins entendit des hennissemens. Il tourna la tête vers la prairie qui était à sa droite, et il vit un cheval, qui, en tournant autour d'un arbre auquel il était attaché, s'était si bien embarrassé dans son licou, qu'il était près d'étouffer. Plus il se débattait, plus la corde serrait ses nœuds. Le premier mouvement de Collins fut de courir à son secours; mais, se dit-il à lui-même, si je m'arrête ainsi à chaque pas, j'ai bien peur que la nuit ne vienne avant que j'aie fait ma commission; et l'on dit qu'il y a des bandes de voleurs dans le voisinage. Il ne faut pourtant pas laisser périr cette pauvre créature. Il se mit aussitôt à courir vers le cheval, et s'arrêta à une certaine distance pour flatter de la voix avant d'arriver jusqu'à lui, de peur qu'il ne fût trop effarouché. S'approchant ensuite tout doucement, après avoir posé son panier à terre, il prit la bête par le licou; et, la faisant tourner en sens contraire autour de l'arbre, il parvint à la dégager. Le cheval, tout joyeux de respirer avec plus d'aisance, fit trois ou quatre soubresauts en l'honneur de son libérateur.

Collins venait à peine de sortir de la prairie qu'il arriva sur le bord d'un étang; et le premier objet qu'il aperçut fut un vieillard à barbe blanche, debout au milieu de l'eau. Que faites-vous donc là, bon homme? lui cria-t-il. Est-ce que vous ne pouvez pas sortir de cet endroit dangereux? Hélas! non, répondit le vieillard. Secourez-moi, je vous en supplie, mon petit monsieur, ou ma petite demoiselle; car je ne sais qui vous êtes, quoique je connaisse bien à votre voix que vous êtes un enfant. Je suis tombé dans cette pièce d'eau, et je ne sais comment en sortir, parce que je suis aveugle. Je n'ose faire aucun mouvement de peur de me noyer. Attendez, attendez, mon ami, repartit Collins. Quand je devrais me mouiller jusqu'aux os, je tâcherai de vous tirer de peine. Jetez-moi seulement votre bâton. L'aveugle alors jeta son bâton du côté d'où il entendait venir la voix. Collins le ramassa, et, après avoir en un clin d'œil dépouillé ses habits, il entra de suite dans l'eau, en tâtonnant avec son bâton devant lui, de peur de descendre dans un endroit trop profond. Il parvint bientôt jusqu'au pauvre malheureux, le prit par la main, et le ramena sur le bord. L'aveugle lui donna mille bénédictions, et le pria de le conduire au soleil pour sécher un peu ses hardes. Puis il lui dit de ne se plus mettre en peine sur son compte, et qu'il tâcherait de trouver son chemin. Collins reprit alors ses vêtemens qu'il avait laissés sur l'herbe, et se mit à marcher aussi vite qu'il lui fut possible, afin de pouvoir être de retour avant la nuit. Il n'avait pas fait deux cents pas, qu'il aperçut un pauvre matelot qui n'avait plus de jambes, et qui se traînait sur des béquilles. Que Dieu soit avec vous, mon petit garçon, lui cria le matelot. Je me suis trouvé en plusieurs combats contre nos ennemis pour défendre la patrie; mais à présent je suis estropié, comme vous voyez, et je n'ai ni pain ni argent, je suis près de mourir de faim. Collins ne put résister à l'inclination qu'il se sentait à le secourir, et lui donna le reste de ses provisions, en lui disant : Tenez, mon pauvre ami, je ne puis vous donner de l'argent; mais voilà mon pain et un morceau de lard. C'est tout ce que j'ai, autrement vous en auriez davantage. Je ne vous demande qu'une chose, c'est de conduire jusqu'au premier village un pauvre aveugle que vous trouverez là-bas occupé à sécher ses habits au soleil : il va heureusement du même côté que vous. Allez, je vous en prie; j'aurais peur qu'il ne se perdît dans la campagne. J'y vais, j'y vais, répondit l'invalide. Quand je ne saurais pas que nous devons nous secourir les uns les autres, vous m'en auriez donné la leçon. Collins, plus tranquille, continua sa marche jusqu'à l'endroit où il avait dessein d'aller. Il eût bientôt rempli sa commission, et il s'en retourna vers son village avec toute la diligence dont il était capable. Cependant, avant qu'il eût fait la moitié du chemin, la nuit commença à devenir obscure. Le pauvre enfant, croyant abréger sa route en prenant un chemin de traverse, se trouva tout-à-coup au milieu d'un bois, où il erra long-temps sans pouvoir découvrir une route pour en sortir. Enfin, épuisé de fatigue et mourant de besoin, il fut pris d'une si grande faiblesse, qu'il lui fut impossible d'aller plus avant. Il tomba au pied d'un arbre, et resta dans cette fâcheuse situation jusqu'à ce que le petit chien, qui ne l'avait pas quitté, vînt à lui en remuant la queue, en tenant à sa gueule un paquet qui faisait du bruit en traînant sur les feuilles sèches: Collins le prit, et vit que c'était un mouchoir proprement attaché avec des épingles, qu'un voyageur avait sans doute laissé tomber en traversant le bois. Il se hâta de l'ouvrir, et il y trouva un morceau de saucisson et du pain, qu'il se mit à manger de grand appétit, sans oublier pourtant son fidèle compagnon de voyage. Ce léger repas rétablit un peu ses forces; et il se leva en disant au petit animal : Si je t'ai donné à déjeûner, tu me donnes à souper. Je vois qu'un bienfait n'est jamais perdu, même lorsqu'on le rend à un chien. Il voulut encore chercher à sortir du bois, mais ce fut inutilement. Il ne fit que se déchirer les jambes à travers les broussailles; et peu s'en fallut qu'il n'allât tomber dans un bourbier, où il en aurait eu jusqu'au oreilles. Il allait s'abandonner peut-être au désespoir, lorsque la lune, qui s'élevait à l'horizon, lui fit voir, à travers les arbres, qu'il n'était pas fort éloigné de la prairie qu'il avait traversée le matin. Il courut aussitôt de ce côté, et reconnut bientôt le même cheval qu'il avait empêché de s'étrangler avec son licou. Puisque je l'ai secouru, dit-il, je puis bien à mon tour lui demander un bon office. Je n'ai qu'à monter sur son dos, et il me conduira jusqu'au bout de la prairie; ce sera autant de gagné sur la marche, car je n'en puis plus de lassitude. En disant ces mots, il alla vers le cheval, qui se laissa monter sur sa croupe sans regimber, comme s'il eût reconnu la voix et les caresses de son libérateur. Il le porta légèrement l'espace d'environ deux milles, jusqu'à l'entrée d'un sentier, où Collins ne manqua pas de se reconnaître, parce qu'il menait tout droit au village. Il descendit alors de sa monture, qui regagna la prairie; et Collins, en la voyant partir, se dit à lui-même : Si je n'avais pas sauvé la vie à ce pauvre animal, je ne l'aurais pas trouvé tout à point pour me porter dans la fatigue où j'étais. Grâces au ciel, me voilà tout près de chez moi. Il y aura bien du malheur si je n'y suis pas rendu dans un quart d'heure. Hélas! le pauvre enfant! il se croyait au bout de ses disgrâces :

mais il avait encore un bien plus grand danger à courir. A peine avait-il fait quelques pas dans le sentier, qui en ce moment était fort solitaire, que deux hommes, cachés derrière les arbres, coururent à lui, et l'arrêtèrent par le collet. Ils allaient se mettre en devoir de le dépouiller de ses habits; mais le petit chien mordit la jambe de l'un de ces voleurs avec tant de force, qu'il le contraignit d'abandonner sa proie pour se mettre en défense contre lui. Au même instant, on entendit une voix de tonnerre qui criait : Où sont ces coquins, que nous les assommions? Ce qui effraya tellement l'autre voleur, qu'il lâcha prise pour se sauver, et son compagnon le suivit. Collins, à qui la frayeur allait faire perdre l'usage de ses sens, ranimé tout-à-coup par ce secours imprévu, leva les yeux, et vit que c'était le pauvre matelot à qui il avait donné son dîner, et qui était porté sur les épaules de l'aveugle qu'il avait sauvé du milieu des eaux. Eh quoi! c'est vous, mon petit ami! lui dit l'invalide en lui tendant les bras. Que je suis heureux d'en avoir cru ce que me disait mon cœur! J'ai vu passer tout à l'heure ces deux hommes, qui parlaient tout bas de dépouiller un enfant qu'ils savaient devoir revenir par ce chemin. Il m'a semblé vous reconnaître au signalement qu'ils en faisaient. J'aurais voulu voler pour vous défendre. Mais, hélas! maudites béquilles! je n'aurais jamais pu arriver assez vite, si le bon aveugle, que vous m'aviez donné à conduire, ne m'eût proposé de me porter sur son dos. Vous nous voyez transportés de joie d'avoir pu vous sau-

6

ver, en reconnaissance de ce que vous avez fait pour nous. Allons, mets-moi vite à terre, Barnabi, que j'embrasse ce cher enfant. Et moi aussi, ajouta l'aveugle, que je le presse contre mon cœur, puisque je ne peux le voir. Collins se jeta dans leurs bras, et les remercia avec la plus vive tendresse du grand service qu'ils venaient de lui rendre. Il les pria de venir avec lui à la maison de son père, qui serait charmé de voir les libérateurs de son fils. Il les reçut en effet avec une joie extrême, les retint à souper et à coucher, et les mit en fonds le lendemain pour continuer gaîment leur voyage. Pour le petit chien, Collins en prit soin aussi long-temps qu'il vécut; et jamais il n'oublia la nécessité de faire du bien aux autres, si nous voulons qu'ils nous en fassent à leur tour.

En vérité, s'écria Tommy en achevant sa lecture, je suis bien enchanté de cette histoire. Je ne serais point surpris qu'elle fût véritable. J'ai observé que tout ici, jusqu'aux animaux, semble aimer mon ami Sandford, parce qu'il est obligeant pour tout le monde. Je fus bien étonné, l'autre jour, de voir ce grand chien de notre voisin, qui semble toujours prêt à me mordre, venir à lui en rampant sur son ventre, et lui lécher les mains. Cela me fit souvenir de l'histoire d'Androclès et du lion. Ce chien, répondit M. Barlow, vous aimera bientôt vous-même si vous lui faites en passant quelques amitiés: car rien n'égale la reconnaissance et la sagacité de ces animaux. Mais, puisque vous venez de lire l'histoire d'un enfant d'un bon naturel, Henri va vous en lire une d'un enfant qui avait un caractère bien opposé. Henri prit alors le livre, et lut l'histoire suivante.

L'ENFANT
DE MAUVAIS NATUREL.

Il y avait une fois un petit garçon, nommé Roberts, dont le père, malheureusement trop occupé du travail de plusieurs champs qu'il tenait à ferme, avait négligé de veiller à son éducation, et de le corriger de ses défauts. Par un triste effet de cette négligence, Roberts, qui, avec des soins attentifs, aurait pu devenir un enfant aimable et intéressant, devint, au contraire, hargneux, querelleur, et insupportable à tout le monde. Il lui arriva plus d'une fois d'être rudement battu pour ses impertinances par des enfans plus grands que lui, souvent même par d'autres qui n'était pas si grands. Car, quoiqu'il fût toujours prêt à faire des malices, sa poltronnerie lui ôtait la moitié de ses forces; et son grand principe était qu'il ne fallait pas tant se confier à ses poings qu'à ses talens.

Il avait élevé un jeune dogue, qui lui retraçait l'image parfaite de son caractère. Léopard, c'était son nom; était bien l'animal le plus brouillon et le plus turbulent dont on puisse avoir l'idée. Il ne courait point de cheval à son côté, qu'il ne se jetât entre ses jambes, aboyant après lui jusqu'à perdre haleine. Il se plaisait à porter le trouble au milieu des troupeaux qu'il rencontrait sur sa route; et il ne tenait qu'aux pauvres brebis de le prendre pour un loup, aux violentes morsures qu'elles en recevaient. Pour les voisins, ils aimaient mieux prendre un détour, que de passer devant la maison. Je vous laisse maintenant à juger vous-mêmes si tous ces procédés de la bête et de l'enfant étaient capables de bien disposer en leur faveur les honnêtes habitans du village.

Le père de Roberts était un jour sorti de bonne heure pour aller travailler jusqu'au soir dans une pièce de terre assez éloignée. Il avait bien recommandé à son fils de ne pas s'écarter de la maison. Mais il en était à peine sorti, que Roberts imagina de profiter de son absence pour faire une de ses escapades ordinaires. Il prit un morceau de viande froide et du pain; et, ayant appelé son dogue Léopard, ils se mirent tous deux en campagne. Au bout d'une demi-heure de marche, il trouva un petit berger qui poussait un troupeau de moutons vers une porte où il voulait les faire entrer. Mon ami, lui cria le petit berger, arrêtez un moment, je vous prie, et retenez votre chien auprès de vous, de peur d'effaroucher mes moutons. Oh! oui, vraiment, lui répondit Roberts, j'ai bien le temps d'attendre ici toute la matinée, jusqu'à ce que tes bêtes et toi vous ayez défilé. Ne t'en mets pas en peine, je saurai bien me faire mon chemin; je n'ai besoin que d'un seul mot: pille, pille, Léopard. Léopard, à ce cri de guerre, se précipita tout au travers de la troupe effarée, aboyant à plein gosier, et mordant impitoyablement à droite et à gauche les tristes moutons, qui se dispersèrent de tous côtés, en poussant des bêlemens lamentables. Excité de plus en plus par son maître, Léopard trouvait un cruel plaisir à redoubler ce désordre; mais son triomphe ne fut pas de longue durée. S'étant avisé d'attaquer un vieux bélier, qui avait à lui seul plus de courage que tout le reste ensemble de la troupe, celui-ci, au lieu de s'enfuir, soutint bravement l'attaque, et donna un coup de tête si violent à son ennemi, qu'il le renversa les quatre jambes en l'air : se jetant aussitôt sur lui, et le travaillant vigoureusement de ses cornes, il l'obligea de s'enfuir à demi éreinté. Le mauvais petit garçon, qui n'était capable d'aimer rien au monde, s'était bien diverti de la frayeur du troupeau : mais la mésaventure de son chien lui sembla plus plaisante encore. Il en aurait ri plus long-temps, si le petit berger, perdant à la fin patience, n'eût pris un caillou, qui lui lança rudement à la poitrine. Roberts se mit alors à crier presque aussi fort que Léopard. Cependant, voyant venir à lui un homme qu'il imagina être le propriétaire du troupeau, il crut qu'il était de la prudence de suspendre ses clameurs pour s'esquiver à toutes jambes à travers un taillis fourré.

Il ne se fut pas plutôt mis en sûreté, que, la douleur du coup qu'il avait reçu s'étant un peu calmée, mille dispositions malicieuses se réveillèrent à la fois dans son esprit; et il ne songea plus qu'à les satisfaire à la première occasion. Elle ne tarda pas long-temps à se présenter. En sortant du bois, il aperçut une petite fille assise sur une pierre, avec un grand pot de lait à ses pieds. Ah! vous venez bien à propos, lui cria-t-elle en le voyant. Aidez-moi, je vous prie, à charger ce pot sur ma tête. Ma mère m'a envoyée chercher du lait à un mille d'ici, et je me suis sentie si fatiguée, qu'il a fallu m'arrêter un moment pour me reposer. Mais il commence à se faire tard. Si je ne retourne au plus tôt à la maison, ma mère sera fâchée contre moi; et de plus nous courons le risque de n'avoir pas le gâteau au riz à notre dîner.

ROBERTS.

Oh! ce serait dommage. Vous aimez donc bien les gâteaux au riz, mamselle?

LA PETITE FILLE.

Ah! si je les aime! Vous me faites venir l'eau à la bouche, rien que de m'en parler. Et puis ce n'est pas pour moi seule que je m'en réjouis.

ROBERTS.

Et pour qui donc encore, s'il vous plaît?

LA PETITE FILLE.

C'est que mon grand-père Arthur et mon oncle Willams doivent venir dîner à la maison avec toute leur famille; et je serai bien aise de régaler mes petits cousins.

ROBERTS.

Voilà un repas qui promet d'être fort joyeux.

LA PETITE FILLE.

Oh! je vous en réponds. Nous allons tous nous

divertir comme des gens de noces. Mais le temps presse. Aidez-moi, je vous prie, à charger mon pot au lait : je vous en serai bien obligée. Voulez-vous, mon petit ami ?

ROBERTS.

C'est de tout mon cœur. J'aime que les petites demoiselles se réjouissent.

Il prit aussitôt le pot au lait par les deux anses, et le mit sur la tête de la petite fille, au-dessus du coussinet qu'elle avait fait avec son mouchoir. Mais, au moment où elle levait une de ses mains pour le tenir, il fit comme si une pierre l'eût fait trébucher; et, donnant une secousse à la pauvre enfant, il lui fit perdre l'équilibre; et le pot au lait tomba à ses pieds. Elle se mit à crier et à verser un torrent de larmes; mais le méchant petit garçon s'en alla, riant à gorge déployée, en lui disant : Adieu, mamselle; mes complimens, je vous prie, à votre grand-père Arthur et à votre oncle Williams. N'oubliez pas surtout de donner du gâteau au riz à vos petits cousins.

Encouragé par le succès de cette odieuse malice, faite si lâchement à une petite fille qui n'était pas en état de lui résister, il marcha vers une pelouse, où il voyait de loin de petits garçons s'amuser à pousser une balle. C'était moins pour se divertir dans leur société, que pour leur jouer quelque mauvais tour. Il les pria d'une manière hypocrite de le mettre de leur partie. Ceux-ci ne demandaient pas mieux que d'avoir un nouveau compagnon, et ils le reçurent volontiers. Il joua d'abord de bonne intelligence avec eux. Mais quand ce fut à lui de pousser la balle, au lieu de la jeter du côté qu'il fallait, il l'envoya, comme par maladresse, dans un fossé bourbeux, qui était à quelque distance. Les petits garçons y coururent avec empressement pour savoir ce qu'elle était devenue. Roberts attendit qu'ils fussent tous sur le bord du fossé. Alors, passant en cachette derrière eux, il en poussa un violemment contre son voisin, qui se renversa sur un autre, et celui-ci sur le reste de la troupe qui était immédiatement sur le bord; en sorte qu'en voulant se retenir les uns les autres, ils tombèrent tous ensemble dans le fossé. Ce ne fut pas sans beaucoup de peine qu'ils vinrent à bout d'en sortir, couverts de fange des pieds jusqu'à la tête. Leur premier mouvement fut de se réunir contre leur ennemi commun, pour le punir de son indigne conduite. Mais Léopard, se mettant devant son maître, leur montra les dents avec tant de furie, qu'ils furent obligés de renoncer à leur juste vengeance; et Roberts fit ainsi retraite, avec la cruelle joie d'avoir commis impunément une nouvelle méchanceté.

Le premier objet qu'il rencontra ensuite sur sa route, fut un pauvre âne, qui passait fort tranquillement dans une prairie. Roberts, voyant qu'il n'y avait personne pour prendre sa défense, résolut d'en faire une victime de son mauvais cœur. Il alla couper un gros paquet d'épines qu'il attacha sous la queue du paisible animal; et, détachant aussitôt Léopard à ses trousses, il l'anima de la voix à le poursuivre. Léopard n'avait pas besoin de ces encouragemens pour mal faire : Il courait de toutes ses forces, aboyant après le pauvre animal, lorsque celui-ci, qui sentait sur ses jambes de derrière la chaleur de la gueule fumante de son ennemi, lui détacha si à propos une ruade au milieu du front, qu'il fut renversé roide mort sur la place. Roberts n'avait d'autre attachement pour son chien que celui qu'un méchant peut avoir pour le complice de ses méchancetés. Ainsi il ne fut pas fort sensible à cette perte ; et il se remit en marche pour s'en retourner chez lui, avec le dessein de tenter, chemin faisant, d'autres expéditions.

Il se présenta bientôt à ses regards un verger, où l'on voyait les arbres plier sous le poids des plus beaux fruits. Ils n'étaient défendus des insultes des passans que par une haie, qui aurait paru trop fourrée à un autre, mais que Roberts ne désespéra pas de pénétrer. Il fit tant avec les pieds et les mains, qu'il vint à bout de se pratiquer une ouverture assez grande pour s'y glisser en rampant. Après avoir ainsi fait son entrée dans la place, il mesurait déjà des yeux le plus bel arbre pour l'escalader, lorsqu'il entendit venir à lui un gros chien qui remplissait l'air d'aboiemens effroyables. La frayeur lui fit regagner précipitamment le trou qu'il venait de s'ouvrir. Il y avait heureusement passé la moitié de son corps ; mais le chien, qui survint aussitôt, le saisit à belles dents par le pan de son habit, et le tint ainsi en arrêt, accroupi et pelotonné sur lui-même, jusqu'à l'arrivée du fermier. Ah ! c'est toi, petit voleur, lui cria celui-ci. Te voilà donc pris à la fin ! Tu croyais pouvoir venir tous les jours me voler mes pommes sans être découvert! Qu'en penses-tu maintenant? Tu vas me payer une fois pour toutes. Il fit alors lâcher prise à son chien, qui n'en voulait guère démordre ; mais, retenant son voleur par le pied, et le trouvant dans la posture la plus favorable à ses vues, il se mit à le frapper rudement avec un fouet qu'il tenait à la main. Roberts eut beau demander grâce, en protestant que c'était pour la première fois; le fermier, qui prenait cette excuse pour un mensonge, n'en fut que plus vivement irrité, et lui demanda comment il s'appelait, et où demeurait son père. Il fallut bien dire son nom; et, lorsque le fermier l'entendit : Quoi! s'écria-t-il, tu es ce coquin qui fait des malices à tout le pays! ne serait-ce pas toi qui as effarouché ce matin mon troupeau, malgré les prières de mon fils; ce qui nous a donné tant de peine pour le rassembler? Voyons ta scélérate figure. Oui, effectivement, je te reconnais. Tu m'as échappé tout à l'heure, mais je te tiens bien à présent. En disant ces mots, il recommença à le battre encore plus fort qu'auparavant, en dépit de tous ses cris. Enfin, lorsqu'il crut l'avoir assez puni, il le fit repasser à coups de pieds par son trou, et lui dit qu'il revînt encore effrayer ses moutons et voler ses pommes, s'il trouvait la récompense de son goût. Roberts s'en alla, poussant des cris de rage, et versant des larmes de désespoir. Il sentit alors qu'il ne faut pas se flatter d'offenser long-temps les autres impunément. Cette dure leçon lui fit prendre le parti de s'en retourner tranquillement chez lui;

mais il n'avait pas encore reçu la peine de toutes ses mauvaises actions de la journée. Au moment où il tournait le coin d'un petit sentier qui allait aboutir à une prairie, il se trouva tout-à-coup au milieu de cette troupe d'enfans avec lesquels il en avait si mal agi sur le bord du fossé. Ils poussèrent tous un cri de joie en voyant leur ennemi livré à leur vengeance sans le secours de son chien. Ils commencèrent à le persécuter de mille différentes manières. L'un lui tirait les cheveux, un autre lui pinçait les oreilles, celui-ci lui houspillait les jambes avec son mouchoir, celui-là lui jetait au visage des poignées de boue. En vain Roberts voulut prendre son recours ordinaire dans la fuite ; ils le suivaient en l'accablant de huées et d'une grêle de cailloux. Au milieu de ce cruel embarras, il vint à passer auprès du pauvre âne qu'il avait tourmenté si méchamment, et qui portait encore sous sa queue le paquet d'épines. Roberts, dans l'espérance de se dérober plus promptement à ses ennemis, s'élança lestement sur son dos. Il n'eut pas besoin de presser sa course. Effrayé des cris des enfans, l'âne se mit à trotter de toutes ses jambes ; et Roberts se vit bientôt hors de la portée de ses persécuteurs. Mais il n'eut pas beaucoup de sujet de se féliciter de sa fuite ; car lorsqu'il voulut arrêter son coursier, le pauvre animal, qui se sentait toujours aiguillonné par les épines, ne fit que redoubler de vitesse, emportant Roberts à travers les ronces et les branches qui lui déchiraient le visage. Enfin il ne s'arrêta que devant la porte de son écurie, et il se mit alors à bondir et à ruer avec tant de furie, que Roberts fut jeté à terre, et se cassa la jambe dans sa chute. Ses cris désespérés firent aussitôt accourir tous les habitans d'une maison voisine, parmi lesquels se trouvait la petite fille dont il avait cassé le pot au lait. Heureusement pour lui, elle était d'un aussi bon naturel que le sien était méchant. Bien loin d'insulter à son infortune, elle et ses petits cousins en prirent pitié; et ils aidèrent leurs parens à le transporter et à le mettre au lit. C'est là que le malheureux Roberts eut tout le loisir de faire réflexion sur sa mauvaise conduite, qui, dans l'espace d'un seul jour, venait de lui attirer tant de maux; et il se promit bien à lui-même que, s'il pouvait se rétablir de son accident, il serait aussi empressé de faire le bien, qu'il l'avait été jusqu'alors à commettre toute espèce de méchancetés.

Lorsque l'histoire fut achevée, Tommy dit qu'il était bien singulier de voir combien les deux enfans avaient eu des aventures diverses. Le premier était d'un bon caractère, et tout ce qu'il rencontrait se déclarait son ami et lui faisait du bien; l'autre, qui était d'un méchant naturel, se faisait un ennemi de tout le monde, et ne trouvait que des disgrâces et des malheurs. Personne n'avait eu pitié pour ses maux, si ce n'est la petite fille qui l'avait assisté à la fin; ce qui était fort humain de sa part, après le tour indigne qu'il venait de lui jouer. Votre observation est très-juste, dit M. Barlow: on ne se fait point aimer sans aimer les autres, et l'on n'est point heureux sans leur faire du bien. En montrant une affection sincère à ceux qui nous entourrent, nous goûtons, dans leur amitié, le plaisir le plus cher à un cœur sensible; et, en les obligeant, nous travaillons à notre propre honneur; car nous pouvons avoir aussi besoin de leurs services. Cela est vrai, dans quelque situation brillante que l'on soit, et quelque solide qu'elle paraisse. On voit tous les jours des hommes précipités par la fortune des rangs les plus élevés, réduits à la merci de ceux qui se trouvaient à une distance infinie au-dessous d'eux. Je pourrais vous faire part d'une histoire à ce sujet. Mais vous avez assez lu aujourd'hui. Il est temps que vous alliez faire un peu d'exercice.

TOMMY.

Oh! monsieur, encore cette histoire, je vous prie. Il me semble maintenant que je pourrais lire toute la journée sans m'ennuyer.

M. BARLOW.

Non, s'il vous plaît, mon ami. Chaque chose doit avoir son tour. Il faut maintenant aller travailler dans le jardin.

TOMMY.

En ce cas-là, monsieur, puis-je vous demander une grâce.

M. BARLOW.

Voyons; de quoi s'agit-il? Si je puis vous l'accorder, j'en aurai autant de plaisir que vous-même.

TOMMY.

Ne pensez-vous pas qu'un homme devrait savoir faire tout ce qui peut lui servir un jour?

M. BARLOW.

Sans doute. Plus il acquiert de connaissance, et plus il se ménage de ressources contre les malheurs.

TOMMY.

Eh bien! monsieur, Henri et moi, nous avons imaginé de bâtir une maison.

M. BARLOW.

A la bonne heure. Mais avez-vous rassemblé tous les matériaux qui vous sont nécessaires, comme des briques et du mortier?

TOMMY, *en souriant*.

Oh! nous saurons bien nous bâtir une maison sans mortier ni briques.

M. BARLOW.

Et de quoi voulez-vous donc la faire? De cartes.

TOMMY.

Quoi! monsieur, est-ce que vous nous croyez encore assez enfans pour nous amuser à bâtir des châteaux de cartes? Oh que non! Nous voulons élever une maison véritable, où nous puissions habiter. S'il nous arrive quelque jour d'être jetés sur une côte déserte, comme ces pauvres gens dont nous avons lu l'histoire, au moins serons-nous en état de nous procurer les choses les plus nécessaires à la la vie, jusqu'à ce qu'il vienne un vaisseau pour nous prendre, et même de nous en passer, s'il n'en venait pas.

M. BARLOW.

Je crois qu'il est fort sage de se préserver contre tout événement, car on ne sait pas ce qui peut arriver dans le cours de la vie. Mais revenons à votre maison. Que vous faut-il pour la construire?

TOMMY.

La première chose dont nous ayons besoin, c'est du bois et une hache pour le tailler.

M. BARLOW.

Vous aurez tout le bois qui vous sera nécessaire; mais, pour la hache, avez-vous jamais appris à vous en servir?

TOMMY.

Non, monsieur.

M. BARLOW.

En ce cas, je crains de vous en donner une, parce que c'est un outil fort dangereux, et que, si vous n'avez pas l'habitude de le manier, vous pourriez vous blesser cruellement; et moi, qui ai plus de force que vous, et qui m'entends mieux à faire usage de cet instrument, je le ferai à votre place.

TOMMY.

Je vous remercie, monsieur, vous avez bien de la bonté.

M. BARLOW.

Je n'y mets qu'une condition; c'est que vous ne me demanderez mon avis sur rien. Je suivrai vos instructions à la lettre, même quand je verrais que vous me faites aller tout de travers. Je veux voir comment vous vous y prendrez.

TOMMY.

Eh bien! soit, monsieur. Nous prenons sur nous seuls la conduite de l'édifice. Nous aurons ou l'honneur ou la honte de l'ouvrage.

M. Barlow alla prendre une hache, et ses deux élèves le menèrent dans un petit taillis qui s'élevait au bout du jardin. Ils choisirent eux-mêmes les arbres les plus droits, qui pouvaient leur donner des perches de huit pieds de hauteur. M. Barlow eut la bonté de les abattre, et de les aiguiser ensuite par un bout pour qu'ils pussent être fichés dans la terre. A mesure qu'ils étaient taillés, Henri et son camarade les transportaient dans le jardin. Tommy, oubliant absolument qu'il était gentilhomme, ne mettait plus son orgueil que dans le travail.

Après avoir choisi leur emplacement au pied d'une petite colline, pour que leur habitation fût plus chaude et mieux habritée, ils en tracèrent d'abord l'enceinte, qui pouvait avoir à peu près dix pieds de long et huit pieds en largeur. Ils creusèrent ensuite des trous, où ils établirent de leur mieux les piquets à un pied de distance l'un de l'autre, avec la précaution de laisser un espace vide au milieu pour y placer la porte. Leurs piquets une fois établis, ils rassemblèrent toutes les menues branches qu'on avait séparées de la tige des arbres, et ils les entrelacèrent adroitement, de manière à former une espèce de claie, aussi serrée qu'il leur fut possible de le faire. Ce travail, comme on l'imagine aisément, leur coûta plusieurs jours. Mais, comme ils voyaient à chaque instant le progrès de leur ouvrage, leur ardeur ne se ralentit point : et Tommy, en le voyant achevé, en eut autant de joie que s'il fût parvenu à fonder un grand empire.

Le succès de son établissement ne lui fit pourtant

pas oublier l'histoire que lui avait promis M. Barlow; et la voici telle qu'ils la lurent ensemble le lendemain.

LE TURC RECONNAISSANT.

Un corsaire vénitien s'étant emparé d'un vaisseau turc, le capitaine conduisit tous les prisonniers à Venise; et, suivant une coutume barbare, il les fit vendre dans la place publique. Un de ces esclaves tomba entre les mains d'un marchand dont la maison touchait au palais du riche sénateur Contarini, qui n'avait qu'un seul fils, appelé Francisco. Ce jeune enfant, toutes les fois qu'il passait devant la boutique où travaillait l'esclave, s'arrêtait pour le considérer. Hamet c'était le nom du pauvre Turc, remarquant sur le visage de l'enfant des traits qui annonçaient un caractère doux et humain, le saluait toujours avec des marques d'amitié. Ils trouvèrent bientôt l'un et l'autre le plus grand plaisir à se voir. Francisco ne laissait plus passer un seul jour sans visiter Hamet, et sans lui apporter tous les petits présens qu'il était en son pouvoir de lui offrir. Mais, quoique Hamet parût toujours recevoir avec plaisir les innocentes caresses de son petit ami, Francisco ne put s'empêcher d'observer qu'il était souvent fort chagrin; et il surprenait quelquefois des larmes dans ses yeux, malgré ses efforts pour les cacher. Il en fut tellement ému, qu'il en parla un jour à son père, et le supplia, si la chose était en sa puissance, de rendre heureux le pauvre esclave. Contarini, qui aimait beaucoup son fils, et qui avait de plus observé qu'il ne lui demandait jamais rien que par le mouvement d'un cœur généreux, lui promit de voir lui-même le Turc, et de s'informer du sujet de sa tristesse. Il l'alla trouver en effet dès le lendemain; et, après l'avoir regardé quelque temps en silence, il fut frappé d'un caractère extraordinaire de noblesse qui éclatait sur sa physionomie. Êtes-vous, lui dit-il enfin, ce Hamet que mon fils aime si tendrement, et dont il me parle tous les jours avec tant de transport? Oui, répondit le Turc; vous voyez ce malheureux qui, depuis trois ans, languit dans l'esclavage. Dans tout cet intervalle, Francisco, si vous êtes son père, est la seule créature humaine qui ait paru avoir senti quelque pitié de mon infortune. C'est aussi le seul objet auquel je suis attaché dans cette malheureuse contrée. Je prie tous les jours cet Être suprême, qui est également le Dieu des Chrétiens et des Turcs, de le préserver surtout de l'état affreux où je suis tombé. Je vous suis obligé pour mon fils, reprit Contarini, quoique, dans la situation où l'appelle sa naissance, il ne paraisse pas trop exposé au péril que vos prières cherchent à détourner de lui. Mais, dites-moi, car je désire vous faire du bien, en quoi puis-je vous secourir? Mon fils me dit que vous êtes en proie à des regrets continuels. Quelle peut en être la source? Est-il étonnant, répondit Hamet avec le transport d'une noble indignation qui anima soudain sa physionomie; est-il étonnant que je m'afflige en silence, et que je déplore ma destinée, quand je suis privé du premier et du plus noble présent de la nature : la liberté! Et cependant, s'écria Contarini, combien de milliers de personnes de notre nation ne retenez-vous pas dans les fers! Je ne vous accuse point de la barbarie de vos compatriotes, répliqua Hamet; pourquoi voulez-me rendre responsable de l'inhumanité des miens? Quant à moi, je n'ai jamais pratiqué l'exécrabble coutume d'enchaîner mes semblables. Jamais je n'ai dépouillé de Vénitiens de leurs richesses pour accroître les miennes. J'ai toujours respecté les droits de l'humanité; et je n'en ressens que plus vivement la douleur de les voir si indignement violés à mon égard. Ici quelques larmes s'échappèrent de ses yeux, et se répandirent sur ces joues. Cependant il se rendit bientôt maître de sa faiblesse; et, croisant ses bras sur son estomac, et baissant doucement la tête : Dieu est bon, s'écria-t-il, l'homme doit se soumettre à ses décrets. Contarini fut touché de cette noble résignation, et lui dit : Hamet, je suis attendri de vos malheurs, et je serai peut-être en état de les adoucir. Que feriez-vous pour recouvrer votre liberté ? Ce que je ferais, repondit Hamet ? J'atteste le ciel que j'affronterais tous les périls qu'il est au pouvoir de l'homme de surmonter. Eh bien! reprit Contarini, si votre courage répond à l'idée que j'en ai conçue, votre délivrance est assurée. Je n'ai qu'une seule épreuve à vous proposer. Quelle est-elle?

quelle est-elle ? s'écria le Turc impatient. Placez la mort devant moi sous les formes les plus horribles, et si vous me voyez balancer..... Doucement, doucement, reprit Contarini, on pourrait nous entendre. Parlons plus bas, et prêtez-moi toute votre attention. J'ai dans cette ville un ancien ennemi, qui a rassemblé sur moi toutes les injures qui peuvent blesser le plus cruellement le cœur d'un homme. Il est aussi brave qu'orgueilleux, et j'avoue que la réputation de sa valeur m'a fait craindre jusqu'à ce jour de poursuivre ma vengeance. Mais vous, Hamet, votre regard décidé, votre contenance imposante, et la fermeté de vos discours, tout me persuade que vous êtes né pour les entreprises les plus hasardeuses. Prenez ce poignard. Aussitôt que les ombres de la nuit envelopperont la ville, je vous conduirai moi-même dans un lieu où vous pourrez regagner votre liberté en vengeant votre libérateur.

A cette proposition, le dédain et la honte éclatèrent dans les yeux enflammés de Hamet. La colère le priva quelques instans de l'usage de la parole. Enfin, élevant ses bras autant que la longueur de ses chaînes put le lui permettre, il s'écria d'une voix indignée : Puissant prophète, voilà donc les hommes auxquels vous permettez que vos fidèles sectateurs soient asservis! Sors de ma présence, indigne chrétiens, et sache que Hamet ne ferait pas l'exécrable métier d'assasin pour toutes les richesses de Venise, pas même pour racheter de la mort son père et ses enfans. A cette réponse, Contarini sans paraître confus, lui dit qu'il se reprochait de l'avoir offensé, mais qu'il avait cru que la liberté lui état plus chère. Quoi qu'il en soit, ajouta-t-il en le quittant, vous réfléchirez sur ma proposition ; et peut-être demain aurez-vous changé de pensée. Hamet se détourna sans daigner lui répondre ; et Contarini rentra dans son palais.

Il revint de bonne heure le lendemain, accompagné de son fils, et, abordant Hamet avec douceur, il lui tint ce discours : La proposition que je vous fis hier dut peut-être vous étonner dans la première chaleur. Je viens aujourd'hui la discuter plus froidement avec vous ; et je ne doute pas que, lorsque vous aurez entendu mes raisons..... Chrétien, interrompit Hamet d'une voix sévère, mais calme, cessez d'insulter un malheureux par des discours plus cruels encore pour lui que les horreurs de la servitude. Si votre religion vous permet des actions pareilles à celle que vous me proposez, apprenez qu'elles sont abominables aux yeux d'un vrai musulman. C'est pourquoi rompons dès ce jour tout commerce, et soyons pour jamais étrangers l'un à l'autre. Non, non, répondit Contarini en jetant ses bras autour du cou de Hamet, soyons plutôt unis dès ce moment et pour toute la vie. Musulman généreux ! dont la vertu peut éclairer les chrétiens même, l'amitié que vous aviez inspirée à mon fils m'avait d'abord intéressé à votre destinée. Mais, dès le premier instant où je vous vis hier, je résolus de vous rendre la liberté. Pardonnez-moi une épreuve inutile de vos sentimens, qui n'a fait que vous élever plus haut dans mon estime. Le cœur de Contarini est aussi loin des projets de meurtre et de trahison que celui de Hamet lui-même. Soyez libre dès ce jour. Votre rançon est déjà payée, sans autre obligation que de vous souvenir à jamais de l'amitié de cet enfant, qui vous serre entre ses bras. Lorsqu'à l'avenir vous verrez un chrétien soupirer dans les chaînes des Turcs, puissiez-vous penser à Venise!

Qui pourrait peindre les mouvemens de surprise et les transports de reconnaissance que fit éclater Hamet en entendant ce discours! Je ne répéterai point, dans la crainte de l'affaiblir, ce qu'il dit à ses bienfaiteurs. Il suffira de savoir qu'il fut mis ce jour même en liberté; que Contarini l'adressa au capitaine d'un vaisseau prêt à faire voile vers une des îles de la Grèce, et le força d'accepter une bourse pleine d'or pour les dépenses de son voyage. Ce ne fut pas sans un extrême regret que Hamet se sépara de son jeune ami, dont l'affection généreuse avait fait rompre ses fers. Il l'embrassa avec des transports inexprimables de tendresse; il le baigna de ses larmes, et pria ardemment le ciel de répandre sur lui toutes ses bénédictions.

Six mois environ après cette aventure, un incendie subit éclata dans le palais de Contarini. Ce fut dans le temps de la nuit où le sommeil est le plus profond; et personne ne s'en aperçut que lorsque presque tout le bâtiment fut enveloppé dans les flammes. Les domestiques, effrayés, eurent à peine le temps de réveiller le sénateur, et de le faire descendre. Il ne fut pas plutôt au bas de l'escalier, que le plancher de son appartement s'effondra, et tomba avec un bruit horrible au milieu de mille tourbillons de feux et de fumée. Mais Contarini se félicita un moment de leur avoir échappé, ce fut pour s'abandonner l'instant d'après au plus violent désespoir, lorsqu'il apprit que son fils, qui dormait dans une partie plus élevée du palais, avait été oublié dans le tumulte général, et se trouvait encore au milieu de l'incendie. Ce n'est pas avec des paroles que l'on pourrait décrire les tourmens dont ce père tendre fut déchiré à cette nouvelle. Il se serait précipité à travers les feux dévorans, s'il n'eût été retenu par ses domestiques. Dans l'accablement de son désespoir, il eut encore assez de force et de voix pour offrir la moitié de sa fortune à l'homme intrépide qui hasarderait sa vie pour sauver celle de son enfant. Comme il passait pour l'un des plus riches habitans de Venise, plusieurs échelles furent dans un instant dressées contre les murs; et quelques aventuriers, excités par la grandeur de la récompense, osèrent tenter l'entreprise. Mais bientôt la violence des flammes qui sortaient avec impétuosité par les fenêtres, les charbons enflammés et les décombres qui tombaient de tous côtés, les firent descendre précipitamment. Le malheureux Francisco, qui parut en ce moment sur le comble, étendant ses bras et implorant du secours, paraissait être dévoué à une destruction inévitable. A ce spectacle, Contarini perdit tout-à-coup l'usage de ses esprits, et tomba dans un état d'insensibilité. Mais, dans ce moment d'horreur, un homme se précipite à travers la foule, monte sur la plus haute des échelles avec une audace qui annonce qu'il est résolu de périr s'il ne réussit ; et en un clin d'œil il a disparu à tous les regards. Un tourbillon de fumée et de flammes qui soudain éclata dans le même endroit où il venait de s'élancer avait déjà fait craindre à tous les spectateurs qu'il ne fût la victime de son courage, lorsque tout-à-coup on le vit reparaître tenant l'enfant dans ses bras, et descendre le long de l'échelle sans avoir éprouvé aucun accident. Un concert de cris d'admiration et de joie retentit alors dans toute la place. Mais qui pourrait donner une faible idée des sentimens du père désolé, lors qu'en retrouvant ses esprits, il vit son fils sain et sauf dans ses bras. Après lui avoir prodigué les premières effusions de sa tendresse, il demanda quel était son sauveur. On lui montra un homme d'une noble stature, mais couvert de misérables vêtemens. Son visage était si baigné de sueur et si obscurci par la fumée, qu'il était impossible de distinguer ses traits. Contarini cependant se jeta avec transport sur son sein ; et, lui présentant une bourse pleine d'or, le supplia de l'accepter pour le moment, jusqu'à ce qu'il pût lui remettre dès le lendemain le reste de la récompense promise. Non, non, répondit l'étranger ; ce n'est pas à vous, généreux Contarini, que je vends mes services. Ma vie vous appartenait déjà lorsque je l'ai hasardée. Juste ciel, s'écria celui-ci, quelle est cette voix ! Je la reconnais. C'est lui, c'est lui, sans doute. Oui, mon père, s'écria soudain à son tour le jeune Francisco en se précipitant dans les bras de son libérateur, c'est le brave Hamet, c'est mon ami. C'était lui-même, en effet, qui était debout devant eux, dans les mêmes habits qu'il portait six mois auparavant, lorsque la générosité du sénateur l'avait délivré de l'esclavage. Rien ne peut égaler la surprise, la joie et la reconnaissance de Contarini. Mais, comme ils étaient environnés d'une foule immense de peuple, il pria Hamet de le suivre, dans la maison de l'un de ses amis; et, lorsqu'ils furent seuls, il l'embrassa tendrement, et lui demanda par quel hasard extraordinaire il était devenu une seconde fois esclave, en lui faisant un doux reproche de ne l'avoir pas instruit de sa nouvelle captivité. J'en rends grâces au ciel, répondit Hamet; puisqu'elle m'a donné l'occasion de vous témoigner que je ne suis pas indigne de ce que vous avez fait pour moi, et de sauver la vie de ce cher enfant, que j'estime mille fois plus que la mienne. Je n'ai point voulu abuser une seconde fois de votre bienfaisance; mais il est temps aujourdhui que mon bienfaiteur soit instruit de toute la vérité. Sachez donc que, lorsque je fus fait prisonnier par l'un de vos vaisseaux, mon père, sous un autre maître, éprouvait, ainsi que moi, les horreurs de l'esclavage. C'était sa seule destinée qui me faisait souvent répandre des larmes qui m'attirèrent l'attention de votre fils. Lorsque vos mains brisèrent mes fers, je volai vers le chrétien qui avait acheté mon père; je lui représentai que son esclave était infirme, et déjà affaibli par l'âge; et que j'étais, moi, jeune et vigoureux. Je m'offris de le remplacer dans sa servitude. En un mot, j'obtins de son maître que mon père fût renvoyé pour moi dans le même vaisseau où vous aviez préparé mon passage, sans lui faire cependant connaître l'origine de sa liberté. Depuis ce temps je suis resté ici esclave volontaire, pour sauver l'auteur de mes jours, et acquitter envers lui la dette sacrée de la nature.

A ce trait si touchant, Henri, qui avait eu déjà beaucoup de peine à retenir ses larmes, les laissa couler avec une telle abondance, et Tommy luimême fut si vivement affecté, que M. Barlow leur dit qu'il fallait interrompre ici leur lecture, et chercher à se distraire par quelque autre occupation. Ils allèrent en conséquence dans le jardin pour reprendre leur édifice. Mais quelle fut leur consternation en voyant le triste état où se trouvait une entreprise qui leur avait coûté tant de soins et de travaux! Il venait de s'élever un vent fougueux, qui, soufflant de toute sa violence contre leur cabane, encore mal affermie sur ses frêles appuis, l'avait mise de niveau avec la terre. Tommy fut prêt à verser des larmes de dépit, à l'aspect de ces monceaux de ruines confusément épars autour de lui. Mais Henri, qui supportait sa disgrâce avec plus de philosophie, lui dit de ne pas se mettre en peine, que le dommage pouvait aisément se réparer, et que cet accident était venu fort à propos pour leur apprendre à donner des fondemens plus solides à leur construction. Oui, je le vois, ajouta-t-il, tout le mal vient de n'avoir pas enfoncé assez avant dans la terre ces piquets qui soutiennent notre cabane. Il ne faut pas s'étonner que le vent, ayant eu tant de prise contre elle, en l'attaquant par son côté le plus large, l'ait si promptement renversée. Je me souviens, maintenant que j'y pense, d'avoir vu les maçons, en commençant un bâtiment, creuser dans la terre à une grande profondeur, pour y jeter des fondemens inébranlables. Ainsi donc, si nos piquets étaient bien affermis, je pense que cela produirait le même effet; et nous n'aurions plus rien à craindre à l'avenir de toutes les malices du vent, quand il serait même un peu plus fort que celui qui vient de nous jouer un si mauvais tour. M. Barlow étant venu les joindre en ce moment, ils lui racontèrent leur malheur, et lui firent part de l'expédient qu'ils avaient imaginé pour s'en garantir dans la suite. Il approuva beaucoup cette idée; et, comme ils étaient trop petits pour atteindre jusqu'à l'extrémité des piquets, il leur offrit tous ses secours. Il alla soudain chercher un gros maillet de bois, avec lequel il frappa sur le bout des piquets, et les enfonça assez avant dans la terre pour qu'il ne restât plus le moindre danger de les voir renversés par le vent. Encouragés par cette espérance, nos deux petits ouvriers s'appliquèrent si constamment à leur entreprise, qu'en peu de jours ils eurent réparé le dommage, et remis la cabane au même point qu'elle était avant l'accident.

Tous les côtés de l'édifice étant achevés, il ne restait plus qu'à lui donner une couverture. Pour cet effet, ils prirent des perches, qu'ils mirent en travers l'une près de l'autre au-dessus du bâtiment, dans le sens où il était le plus étroit; et sur ces perches ils étendirent de la paille en plusieurs couchés ; en sorte qu'ils imaginèrent avoir une cabane qui les mettrait entièrement à l'abri des injures du temps. Mais par malheur ils furent encore trompés dans cette idée. Une violente averse de pluie étant survenue au moment où ils croyaient avoir couronné leur ouvrage, ils allèrent avec confiance se réfugier dans la cabane. Ils eurent en effet le plaisir de se féliciter pendant quelques instans de se trouver si bien à couvert. Peu à peu cependant la paille s'étant tout-à-fait pénétrée, l'eau commença bientôt à tomber dans l'intérieur, non en gouttes menues, mais par grosses gouttières. Henri et Tommy supportèrent d'abord avec assez de courage cet inconvénient imprévu ; mais il augmenta au point qu'ils furent obligés de lui céder, et d'aller chercher un meilleur abri dans la maison. C'est là qu'après avoir mûrement réfléchi sur la cause de leur nouvelle disgrâce, Tommy s'écria, d'un air important, qu'il l'avait devinée, et qu'il ne fallait l'attribuer qu'à ce qu'ils n'avaient pas mis encre assez de paille sur la couverture. Il me semble, dit Henri d'un ton plus modeste, qu'on pourrait en trouver une autre raison. Je viens de me rappeler que toutes les maisons que j'ai vues ont leur toit en pente, apparemment pour que la pluie en découle à mesure qu'elle y tombe : au lieu que la couverture de notre cabane étant tout-à-fait plate, elle a dû retenir toute la pluie qu'elle a reçue ; et il a bien fallu que l'eau, après avoir filtré entre les brins de paille, tombât en dessous. Tommy fut obligé de convenir que son ami avait rencontré plus juste que lui dans la découverte du principe du mal. Il ne s'agissait plus que de réunir leurs idées pour y chercher un remède. Voici celui qu'ils jugèrent à propos d'employer.

Après avoir pris bien exactement leurs mesures pour que tous les piquets qu'ils avaient fichés en terre fussent de la même hauteur, ils prirent des perches qu'ils coupèrent d'une longueur égale. Ils les attachèrent chacune par un bout à leurs piquets, et ils firent rencontrer l'autre bout en l'élevant dans le milieu, avec celui de la perche qui était attachée tout vis-à-vis de l'autre côté de la cabane, comme deux cartes que les enfans réunissent par le haut, en commençant leur château. Par ce moyen ils formèrent une charpente semblable, en petit, à celles que nous voyons sur les maisons, avant qu'on ne les couvre de tuiles ou d'ardoises. Ils placèrent ensuite d'autres perches en travers de celles-ci, en forme de treillage, pour leur donner plus de solidité; puis enfin ils y mirent une couverture de paille avec des lattes et des chevilles pour la bien maintenir. Cette opération finie, ils virent avec joie qu'ils pouvaient se vanter d'avoir une très-bonne maison. Seulement les côtés n'étant formés que de branches entrelacées, cette cloison légère ne mettait pas assez à l'abri des incursions du vent; Henri, en sa qualité de principal architecte, se chargea d'y remédier. Il se procura de la terre grasse, il la détrempa avec un peu d'eau; et, en y ajoutant un peu de paille menue, il fit un excellent torchis dont il revêtit sa cloison, soit en dedans, soit en dehors. L'air ne trouva alors plus d'entrée pour pénétrer dans la cabane ; et, avec une bonne porte qu'on y plaça, elle devint presque aussi close que si on l'eût bâtie en pierres de taille.

Il s'était déjà passé quelque temps depuis que les grains de froment avaient été semés dans le jardin ; et ils commençaient à pousser avec tant de vigueur, que leurs tiges formaient sur la terre un riche tapis de verdure, Tommy ne laissait passer aucun jour sans les visiter. Il remarquait avec la plus vive satisfaction leur croissance rapide. Maintenant, dit-il à Henri, je crois que nous serions en état de pourvoir à notre subsistance, si nous étions jetés sur une île déserte. Il est vrai, répondit Henri : nous avons déjà satisfait aux besoins les plus pressés ; mais il faudrait nous donner encore quelque chose à manger avec notre pain.

M. Barlow avait derrière sa maison un verger planté des plus beaux arbres à fruits. Il avait eu la précaution de ménager une partie du terrain pour y semer des pepins et des noyaux, dont il venait de jeunes arbres, sur lesquels il greffait des bourgeons d'une espèce choisie. Aussitôt qu'ils étaient parvenus à l'âge de porter du fruit, il les transplantait dans le verger pour y remplacer ceux que leur vieillesse ou quelque autre accident commençait à mettre hors d'état de produire. Tommy, qui connaissait mieux que personne tous les arbres du verger, avait trouvé leurs fruits délicieux. La réflexion qu'il venait d'entendre de la bouche de Henri lui en fit naître une autre dont il s'applaudit. Ne serait-ce pas, dit-il en lui-même, un grand agrément pour notre maison, d'être entourée d'arbres dont le feuillage nous mettrait à l'abri du soleil, et dont les fruits serviraient à nous rafraîchir dans nos travaux? Il courut aussitôt chercher M. Barlow, lui communiqua son projet, et le pria de lui permettre de l'exécuter. M. Barlow y consentit avec plaisir, et le conduisit lui-même dans la pépinière pour y prendre tous les arbres dont il aurait besoin. Tommy, en homme de goût, choisit les plus droits et les plus vigoureux; et, avec le secours de Henri, il les transplanta dans son jardin, d'une manière que l'on ne sera peut-être pas fâché de connaître pour l'employer dans la même occasion.

Ils prirent d'abord l'un et l'autre leur petite bêche, et creusèrent adroitement autour de l'arbre pour le pouvoir enlever sans endommager ses racines. Ils firent ensuite un grand trou dans l'endroit qu'ils lui avaient destiné, et brisèrent avec soin la terre pour qu'elle fût plus légère. Alors on planta l'arbre au milieu du trou. Tommy le tenait bien droit, tandis que Henri jetait doucement sur ses racines des pelletées de terre, qu'il foula ensuite sous ses pieds pour la bien affermir. Enfin il planta un grand bâton à côté de la tige, qu'il y attacha, de peur que les vents fougueux d'hiver ne pussent l'ébranler et même la renverser. Ils ne bornèrent pas là leurs attentions. Il y avait à l'extrémité du jardin un rocher sauvage d'où s'échappait une petite source qui courait se perdre au-dehors le long d'un sentier. Tommy et son ami entreprirent de creuser un canal pour conduire une partie de ses eaux près des racines de leurs arbres, attendu que le temps se trouvant alors d'une sécheresse extrême, il y avait à craindre que leurs plantations ne vinssent à périr faute d'humidité. M. Barlow les vit avec la plus grande satisfaction exécuter cette entreprise. Il leur dit que dans plusieurs contrées la chaleur était si excessive, que rien ne pouvait croître dans la terre, à moins qu'elle ne fût arrosée de cette manière. Il y a particulièrement, ajouta-t-il, un pays appelé l'Égypte, célèbre de toute antiquité par la quantité de belles moissons qu'il produit, et qui est naturellement arrosé par un grand fleuve qui le traverse dans toute son étendu. Ce fleuve, qu'on nomme le Nil, à un certain temps de l'année, commence à s'élever au-dessus de ses bords ; et, comme le pays est plat, il le couvre bientôt tout entier de ses eaux. Cette inondation dure plusieurs semaines ; et lorsque le fleuve rentre dans son lit il laisse sur les champs qu'il a couverts un engrais si fécond, que tous les grains qu'on y sème croissent rapidement avec la plus grande vigueur.

HENRI.

Pardonnez-moi, monsieur, de vous interrompre ; mais n'est-ce pas le pays où l'on trouve le crocodile, ce terrible animal dont vous m'avez plusieurs fois entretenu ?

M. BARLOW.

Oui, mon ami ; je suis bien aise que vous ne l'ayez pas oublié.

TOMMY.

Mais, moi, monsieur, je ne le sais pas. Qu'est-ce qu'un crocodile, je vous prie?

M. BARLOW.

C'est un animal amphibie, c'est-à-dire qui peut vivre également sur la terre et dans l'eau.

TOMMY.

Voilà qui est singulier! Et qui est-ce qui le produit?

M. BARLOW.

Il vient d'un œuf que sa mère ensevelit dans le sable après l'avoir pondu. Lorsque les feux brûlans du soleil l'ont échauffé pendant plusieurs jours, le jeune crocodile perce sa coque et en sort tout formé. Il est d'abord très-petit. Son corps est aussi long que ses jambes sont courtes. Elles lui servent également à marcher sur la terre et à nager dans l'eau. Il a de plus une longue queue, ou plutôt son corps s'alonge en diminuant jusqu'à ce qu'il se termine en pointe. Au reste, rien ne peut mieux vous donner une idée de sa forme que celle du lézard, que vous connaissez, n'est-ce pas?

TOMMY.

Oh! sans doute; mais le crocodile est-il beaucoup plus grand?

M. BARLOW.

Je vous en réponds. Il en est qui croissent jusqu'à la longueur de plus de trente pieds.

TOMMY.

Oh! cela me fait peur. Si leur férocité répond à leur taille, ils doivent être bien dangereux.

M. BARLOW.

Ils le sont en effet. Le crocodile est un animal très-glouton, qui dévore tout ce qu'il peut saisir. Il sort fréquemment de l'eau pour s'étendre sur le rivage, et en cet état il ressemble à une longue solive. Si quelque brebis ou quelque enfant vient sans y prendre garde jusqu'à sa portée, il s'élance soudain sur la pauvre créature et la dévore.

TOMMY.

Et ne dévore-t-il jamais des hommes?

M. BARLOW.

Quelquefois, s'il les surprend; mais ceux qui sont accoutumés à rencontrer souvent de ces animaux ont un moyen facile de leur échapper. Quoique le crocodile puisse courir assez vite en suivant une ligne droite, la masse de son corps l'empêche de se tourner avec aisance. Ainsi on n'a qu'à courir en cercle ou à se détourner brusquement pour le laisser de côté.

TOMMY.

Il me semble que c'est prendre le bon parti; car, quel moyen de tenir tête à un ennemi si puissant?

M. BARLOW.

Tout est possible avec du sang-froid et du courage. Il est des hommes qui, loin de craindre le crocodile, vont l'attaquer sur la terre sans d'autres armes qu'une longue pique. Aussitôt que cet animal en voit un à sa portée, il ouvre sa vaste gueule pour l'engloutir; mais le chasseur profite de ce moment pour plonger sa pique dans le gosier de son ennemi, et l'étend mort à ses pieds. J'ai même ouï dire qu'il est des plongeurs assez intrépides pour aller à la chasse du crocodile dans le sein des eaux. Ils prennent pour cet effet un morceau de bois d'environ un pied de longueur et gros comme la jambe, mais affilé par les deux bouts, auxquels ils attachent une longue corde. Le plus hardi prend ce morceau de bois de la main droite, et va nageant de tous côtés jusqu'à ce qu'il aperçoive un crocodile. Celui-ci vient alors à lui ouvrant ses deux énormes machoires, armées de plusieurs rangs de dents pointues. Le plongeur l'attend; et, au moment qu'il approche, il lui enfonce le morceau de bois debout dans la gueule, de manière que le crocodile, en la refermant, fasse entrer les deux bouts pointus dans l'une et dans l'autre mâchoire, et ne puisse plus les fermer ni les ouvrir. Dans cet état, il est incapable de lui faire aucun mal; et, par le moyen de la corde, on le tire sans peine sur le rivage.

TOMMY.

Et, dites-moi, je vous prie, monsieur, ce terrible animal est-il susceptible d'être apprivoisé?

M. BARLOW.

Oui, mon enfant, je crois, comme je vous l'ai déjà dit, qu'il n'est point d'animal si féroce dont on ne puisse adoucir le caractère par de bons traitemens. Il est certains lieux dans l'Égypte où l'on tient des crocodiles apprivoisés. Ils ne font jamais de mal à personne; et ils souffrent même que les petits enfans jouent avec eux, et montent en sûreté sur leur croupe.

Ces détails sur le crocodile amusèrent Tommy.

Il remercia M. Barlow, et lui dit qu'il serait bien curieux de voir les animaux que renferme l'univers. Il ne serait pas facile, répondit M. Barlow, de vous procurer cette satisfaction, parce que chaque pays produit quelque espèce particulière, qui ne se trouve pas dans les autres parties du monde. Mais si vous voulez lire les descriptions que les naturalistes nous en ont données, et voir leurs figures dans des estampes fidèles qui les représentent, vous aurez de quoi intéresser assez vivement votre curiosité.

Sandford et Merton s'étant un jour levés de fort bonne heure, il leur prit fantaisie d'aller faire un tour de promenade avant le déjeûner, après en avoir obtenu la permission de M. Barlow. La matinée était si belle, et leur entretien si joyeux, qu'ils allèrent toujours en avant, sans s'apercevoir de la longueur de la route, jusqu'à ce que, se trouvant tous deux épuisés de fatigue, ils s'assirent sous une haie pour se reposer. Tandis qu'ils s'entretenaient ensemble de ce qu'ils avaient observé dans la campagne, il vint à passer une femme proprement vêtue, qui, voyant deux enfans assis tout seuls, s'arrêta devant eux, et leur dit : Que faites-vous donc là, mes petits amis ? Est-ce que vous auriez perdu votre chemin ? Oh non ! ma bonne femme, répondit Henri, nous ne sommes pas en peine de notre route ; mais nous sommes si fatigués, que nous avons pris le parti de nous asseoir un moment pour reprendre nos forces. C'est fort bien fait, dit la femme : mais si vous voulez venir dans ma petite maison, que vous voyez à cent pas d'ici, vous pourrez vous y reposer plus à votre aise. Ma fille aînée est allée traire les vaches. Venez, venez; je vous donnerai à son retour, une écuelle de lait et du pain. Tommy, qui avait pour le moins autant de faim que de lassitude, dit à Henri qui se sentait tout disposé à profiter de l'invitation de cette bonne femme. Henri se trouvait du même avis. Ils se levèrent donc aussitôt, se mirent à ses côtés, et la suivirent vers une maison assez petite mais de fort jolie apparence, qui s'élevait entre des arbres, sur le bord d'un ruisseau. Ils entrèrent dans une cuisine très-propre, meublée d'une vaisselle grossière, mais où rien ne manquait. On les fit asseoir auprès d'un bon feu de mottes de gazon que leur officieuse hôtesse s'empressa d'allumer. Tommy, qui n'avait jamais vu de feu pareil, ne put s'empêcher de faire des questions à ce sujet. Vous êtes étonné, je le vois, répondit la bonne femme; mais de pauvres gens, comme nous le sommes, n'ont pas le moyen d'acheter du bois ou du charbon de terre; c'est pourquoi nous allons peler la surface du champ voisin, qui est couverte de gazon, de bruyère et de racines de cent herbes différentes. Nous en faisons de petits carrés que nous laissons sécher dans l'été aux rayons du soleil. Lorsqu'ils sont biens secs, nous les portons à la maison dans un endroit bien couvert, et nous les employons ensuite pour notre foyer. Mais, dit Tommy, est-ce que vous avez bon feu par ce moyen pour faire cuir votre dîner? Je suis quelquefois descendu dans la cuisine de mon papa, et j'y ai toujours vu du feu jusqu'à la moitié de la cheminée. Encore le cuisinier n'en trouvait-il jamais assez. Oh! répondit la bonne femme en souriant, monsieur votre père est sans doute un homme riche qui a beaucoup de viande à faire cuire. Nous autres pauvres gens, nous sommes plus aisés à contenter. Mais au moins, reprit Tommy, vous avez tous les jours un morceau de viande à rôtir? Hélas! non, répliqua la bonne femme, on voit rarement du rôti dans notre maison: nous sommes bien contens lorsque nous pouvons avoir un morceau de lard bouilli dans un pot avec des choux et des navets, et nous bénissons le ciel de ce régal. Il y a beaucoup d'honnêtes gens qui valent mieux que nous, et qui ont de la peine à avoir même un morceau de pain tout sec. Pendant le cours de cet entretien, Tommy ayant tourné par hasard les yeux d'un autre côté, vit par l'ouverture de la porte une chambre qui était presque remplie de pommes entassées. Apprenez-moi, je vous prie, dit-il, ce que vous pouvez faire de toutes ces pommes-là? Il me semble qu'il vous serait impossible de venir à bout de les manger, quand vous n'auriez pas autre chose pour vivre. Cela est très-vrai, répondit la femme, mais c'est que nous en faisons du cidre.

TOMMY.

Quoi! vous savez faire cette boisson, qui est tout à la fois si piquante et si douce?

LA FEMME.

Vraiment oui, mon petit monsieur.

TOMMY.

Et c'est avec des pommes que vous la faites.

LA FEMME.

Certainement.

TOMMY.

Et comment la fait-on, je vous prie?

LA FEMME.

Je vais vous le dire. Nous cueillons d'abord les pommes lorsqu'elles sont assez mûres; puis nous les écrasons dans une machine faite exprès. On prend ensuite cette marmelade, et on la met entre des couches de paille que l'on serre fortement sous une grande presse jusqu'à ce que le jus en découle.

TOMMY.

Et ce jus est du cidre?

LA FEMME.

Je peux vous le faire voir, puisque vous êtes si curieux.

Elle le conduisit alors dans une autre chambre où il y avait un grand cuvier plein de jus de pomme. Elle en puisa dans une coupe, et le pria de goûter si c'était du cidre. Tommy goûta, et dit que la liqueur était assez agréable, mais que ce n'était pas là le cidre qu'il connaissait. Fort bien, reprit la femme, essayons d'un autre. Elle tourna le robinet d'un petit baril, en reçut la liqueur dans un verre, et l'offrit à Tommy, qui, après l'avoir goûtée, dit que pour cette fois c'était bien du cidre qu'il avait bu. Mais, dites-moi, je vous prie, ajouta-t-il, que faites-vous au jus de pomme pour en faire du cidre?

LA FEMME.

Moi ? rien du tout.

TOMMY.

Et comment devient-il donc du cidre de lui-même ? car je suis bien sûr que ce que vous m'avez donné d'abord n'en était pas.

LA FEMME.

Nous mettons ce jus dans un grand cuvier; et nous avons soin de le tenir bien chaudement, pour qu'il puisse entrer en fermentation.

TOMMY.

Fermentation; que veut dire cela ?

LA FEMME.

Vous allez voir.

Elle lui montra alors un grand cuvier, et le pria d'observer la liqueur qu'il contenait. Il l'observa, et il vit qu'elle était couverte dans toute sa surface d'une écume épaisse comme d'une croûte liquide.

TOMMY.

C'est là ce que vous appelez fermentation ?

LA FEMME.

Oui, monsieur.

TOMMY.

Et qui peut produire cet effet ?

LA FEMME.

Voilà ce que je ne sais pas. Mais, lorsque le jus de pomme a été quelques heures dans ce cuvier, il commence à travailler ou à fermenter de lui-même, ainsi que vous le voyez; et, après avoir passé un certain temps dans cette fermentation, il acquiert le goût et les propriétés du cidre. Alors nous le mettons en des tonneaux, et nous le vendons, ou bien nous le gardons pour notre usage. On m'a dit que c'était la manière dont on faisait le vin dans d'autres pays.

TOMMY.

Quoi donc, le vin est fait aussi de pommes?

LA FEMME.

Non, monsieur, le vin est fait de raisins; mais on en tire le jus en les écrasant, et on le gouverne de la même manière que nous faisons le jus de pomme.

TOMMY.

J'avoue que cela est bien curieux. Ainsi donc le cidre n'est que du vin fait de pommes, et le vin n'est que du cidre fait de raisins.

LA FEMME.

Oui, mon cher petit monsieur, tout comme vous l'entendrez.

Tandis qu'ils conversaient de cette manière, il entra une jeune fille fort propre, qui présenta gracieusement à chacun des deux petits garçons une écuelle de terre pleine de lait encore tout chaud avec un grand morceau de pain bis. Nos deux amis, dont l'appétit n'avait fait qu'augmenter depuis leur arrivée, firent de leur mieux honneur au déjeûner; Tommy surtout mangea le sien avec tant de plaisir, qu'il protesta n'avoir jamais fait un meilleur repas de sa vie. Il se serait même un peu oublié dans cette opération, si son camarade, à qui le plaisir ne laissait jamais perdre de vue ses devoirs, ne lui eût fait observer qu'il était temps de retourner à la maison, de peur de causer de l'inquiétude à M. Barlow. Ils remercièrent affectueusement la bonne femme de toutes les amitiés qu'ils avaient reçues d'elle; et Tommy, portant la main à sa poche, en tira un schelling, qu'il la pria d'accepter. Moi, prendre de votre argent, mon cher petit monsieur! lui répondit-elle en se reculant. Que Dieu m'en préserve! Non, non, je ne recevrais pas de vous un farding (un liard), quand je n'en aurais pas un seul dans toute la maison; je perdrais le plaisir que j'ai eu à vous régaler. Quoique nous ne soyions pas riches, mon mari et moi, nous en avons assez, Dieu merci, pour vivre, et pouvoir donner sans nous faire tort une écuelle de lait à de braves enfans comme vous l'êtes.

Tommy la remercia de nouveau; et il était prêt à la quitter, lorsqu'il vit entrer brusquement deux hommes d'assez mauvaise mine, qui demandèrent à la femme si elle ne se nommait pas Tosset? Oui, répondit-elle, c'est mon nom; je n'ai jamais eu honte de le porter. En ce cas, dit l'un d'eux, voici une exécution contre vous, à la requête de Richard Gruff; et si votre mari ne paie à l'instant la dette, avec les intérêts et dépens, le tout montant à la somme de trente-neuf livres sterling six schellings et deux sous, nous allons dresser un inventaire de tous vos meubles, et nous les ferons vendre à l'enchère pour l'acquit de la dette. En vérité, messieurs, répliqua la femme avec un peu d'émotion, il faut qu'il y ait certainement ici quelque méprise. Je n'ai jamais entendu parler de votre Richard Gruff. De plus, je ne crois pas que mon mari doive une obole à personne au monde, si ce n'est peut-être quelques arrérages de rente à la seigneurie ; et milord n'est pas un homme à tourmenter pour de pareilles misères un de ses plus anciens fermiers. Non, non, la bonne femme, dit l'homme de justice, nous savons trop bien notre métier pour commettre une erreur si grossière. Lorsque votre mari sera de retour, nous en raisonnerons avec lui. Je vais toujours commencer mon verbal en l'attendant. En achevant ces mots, il prit un air impérieux, et fit signe à son camarade de le suivre dans la chambre voisine. Un moment après il survint un homme âgé d'environ quarante ans, d'une grande taille et d'une belle figure, qui, du seuil de la porte, s'écria gaîment : Eh bien ! ma femme, le déjeûner est-il prêt ? O mon cher Williams, lui répondit-elle, quel triste déjeûner tu vas faire ! Mais, je ne pense pas qu'il soit vrai que tu sois perdu de dettes, n'est-ce pas, mon ami ? Il faut que ce soit une fausseté, ce que ces gens-là m'ont dit de Richard Gruff. A ce nom, Williams, qui s'avançait vers elle, s'arrêta tout-à-coup ; et son visage, qui était animé des plus belles couleurs, devint subitement d'une pâleur extrême. Sûrement, reprit sa femme, il ne se peut pas que tu doives quarante livres à Richard Gruff. Hélas ! répondit Williams, je ne sais pas exactement la somme ; mais lorsque ton frère Péterson fut arrêté, et que ses créanciers firent saisir tout ce qu'il avait, ce Richard Gruff allait l'envoyer en prison, si je ne fusse convenu de répondre pour lui, ce qui le mit en état de s'embarquer. Il me promit bien de me faire passer une partie de ses gages, pour empêcher que j'eusse aucune inquiétude sur cette affaire; mais tu sais que, depuis trois ans qu'il est parti, nous n'avons pas reçu la moindre de ses nouvelles. En ce cas, dit la femme, nous et nos pauvres enfans, nous sommes tous perdus pour avoir obligé un ingrat. Il y a deux baillis dans la maison, qui sont venus pour saisir nos meubles et les vendre. Deux baillis! s'écria Williams avec un transport de fureur. Où sont-ils? où sont-ils? Je vais apprendre à ces misérables ce que c'est que de porter le désespoir dans le cœur d'un honnête homme. Il courut aussitôt saisir une vieille épée suspendue à la cheminée; et, la tirant avec violence du fourreau, il tomba dans un accès de rage qui aurait pu devenir funeste aux baillis ou à lui-même, si sa femme ne se fût jetée à ses genoux, et ne l'eût supplié de l'entendre un moment: Au nom du ciel, mon cher homme, regarde bien où tu vas t'emporter. Tu ne peux rien faire pour moi, ni pour nos enfans, par cette violence. Bien loin de là, si tu étais assez malheureux pour tuer quelqu'un de ces gens, ne serait-ce pas un assassinat? et notre malheur ne serait-il pas mille fois plus horrible qu'à présent? Cette douce prière parut faire quelque impression sur le fermier. Ses enfans aussi, quoique trop petits pour comprendre la cause de ce désordre, s'attroupèrent autour de lui, et se suspendirent à ses habits, en sanglotant de concert avec leur mère. Henri lui-même, quoiqu'il n'eût jamais vu le pauvre fermier, entraîné par le mouvement d'une tendre sympathie, se regarda comme un de ses enfans; et, lui prenant une de ses mains, il la baigna de ses larmes. Enfin, attendri par les supplications de tout ce qu'il avait de plus cher, Williams laissa échapper le fatal instrument, et s'assit sur une chaise, couvrant son visage de ses mains, et s'écriant avec un soupir douloureux : Eh bien! que la volonté du ciel s'accomplisse!

Tommy, quoiqu'il n'eût pas dit un seul mot, n'avait pu voir cette scène touchante sans la plus vive émotion. Dès que le fermier lui parut plus tranquille, il courut prendre Henri par la main, et l'entraîna presque malgré lui. Son cœur était si plein de ce qui venait de se passer en sa présence, qu'il ne sortit pas une seule parole de sa bouche pendant tout le chemin. Mais, lorsqu'il fut arrivé chez M. Barlow, il se jeta dans ses bras, et le pria de le faire conduire tout de suite chez son père.

M. Barlow, étonné de cette prière, voulut savoir ce qui le portait si brusquement à le quitter, et lui demanda s'il s'ennuyait dans sa maison. M'ennuyer auprès de vous? lui répondit Tommy; non, monsieur, je vous assure. Vous avez tant de bonté pour moi! Je m'en souviendrai toujours avec la plus tendre reconnaissance. Mais j'ai bien besoin de parler en ce moment à mon papa; et je suis sûr que, lorsque vous en saurez la raison, vous serez bien loin de la désapprouver. Il ordonna à un de ses domestiques de confiance de seller son cheval, ainsi que le petit cheval de Tommy, et de le conduire au château.

Monsieur et madame Merton eurent autant de surprise que de joie de voir arriver auprès d'eux leur cher fils. Mais Tommy, dont l'esprit n'était occupé que du projet qu'il avait conçu, après avoir répondu aux premières caresses de ses parens, se tourna vers son père, et lui dit : Serez-vous fâché contre moi, mon papa, si je vous demande une grande faveur?

M. MERTON.

Non, sans doute, mon fils; tu sais que je n'ai pas de plus vif plaisir que lorsque je puis te donner des preuves de ma tendresse.

TOMMY.

Eh bien! mon papa, daignez m'écouter, je vous en supplie. J'ai souvent ouï dire que vous étiez fort riche, et que vous pouviez donner de l'argent sans vous appauvrir. Voudriez-vous bien m'en donner, s'il vous plaît?

M. MERTON.

Quoi! c'est de l'argent que tu demandes? à la bonne heure. Voyons, combien te faut-il?

TOMMY.

Oh! c'est que j'ai besoin d'une grande somme, je vous en avertis.

M. MERTON.

Une guinée, peut-être?

TOMMY.

Oh mon papa, c'est bien davantage. Il me faut beaucoup de guinées.

M. MERTON.

Et combien donc, s'il te plaît?

TOMMY.

Je n'en sais pas le compte. Voyez vous-même combien il en faut pour faire quarante livres sterling.

M. MERTON.

Y penses-tu, mon fils? est-ce que M. Barlow t'a dit de me les demander?

TOMMY.

M. Barlow? Oh que non! Il n'en sait rien du tout. C'est pour mes propres affaires.

M. MERTON.

Mais un petit garçon comme toi, quel besoin peut-il avoir de tant d'argent?

TOMMY.

Voilà mon secret. Tout ce que je puis vous dire, c'est que, lorsque vous saurez l'usage que j'en aurai fait, vous en serez sûrement fort content.

M. MERTON.

J'en doute beaucoup, je te l'avoue.

TOMMY.

Eh bien! mon papa, arrangeons-nous. Si vous ne voulez pas me donner cette somme, prêtez-la-moi seulement. Je vous la rendrai peu à peu.

M. MERTON.

Et comment seras-tu en état de me payer?

TOMMY.

Ce n'est pas l'embarras. Vous savez que vous avez la bonté de me donner quelquefois des habits neuf et de l'argent pour me divertir. Eh bien! donnez-moi ce que je vous demande, et je vous promets de n'avoir pas besoin de nouveaux habits, ni de rien au monde, jusqu'à ce que nous soyons quittes.

M. MERTON.

Mais enfin ne puis-je le savoir....?

TOMMY.

Rien du tout à présent. Attendez seulement quelques jours, et je vous le dirai. Si j'ai fait un mauvais usage de votre argent, alors ne m'en donnez plus de toute ma vie.

M. Merton fut vivement frappé de l'air grave et du ton animé avec lesquels Tommy persévérait dans ses instances. Comme il était d'une humeur fort généreuse, il résolut de hasarder l'épreuve, et de satisfaire les vœux de son fils. Il alla chercher la somme qu'il lui avait demandée, et la mit entre ses mains, en lui disant qu'il espérait d'être bientôt instruit de l'emploi qu'il en aurait fait; et que, s'il n'était pas content du compte qui lui en serait rendu, il ne se fierait jamais à lui. Tommy parut enchanté d'avoir inspiré à son père une si grande confiance; et, après l'en avoir remercié par les plus tendres caresses, il lui demanda la permission de s'en retourner aussitôt. En arrivant chez M. Barlow, son plus vif empressement fut de prier Henri de l'accompagner chez le fermier. Ils s'y rendirent avec la plus grande célérité, et trouvèrent la malheureuse famille dans la même situation. Tommy, qui la première fois n'avait pas osé se livrer à ses sentimens dans l'incertitude du succès de son projet, se trouvant maintenant en état de l'exécuter, courut vers la bonne femme, qui était à sangloter dans un coin de la chambre; il lui dit : Ma bonne femme, vous m'avez rendu service ce matin, il faut que je cherche à vous rendre service à mon tour.

LA FEMME.

Je vous remercie, mon cher petit monsieur. Ce que j'ai fait pour vous, je l'ai fait de bon cœur, parce que je pouvais le faire. Mais vous, malgré toute votre pitié, vous ne pouvez rien pour soulager notre détresse.

TOMMY.

Et comment savez-vous cela, je vous prie? Je suis peut-être en état de faire plus que vous ne l'imaginez.

LA FEMME.

Hélas! je crois bien que la bonne volonté ne vous manque pas. Mais tous nos meubles vont être saisis et vendus, à moins que nous ne trouvions sur le champ quarante livres sterling, et c'est une chose impossible. Nous n'avons pas un ami qui soit assez riche pour nous assister d'une si forte somme. Il faudra donc nous voir, nous et nos pauvres enfans, chassés de notre maison! Il n'y a plus que Dieu seul qui puisse nous empêcher de mourir de faim. Le cœur de Tommy fut trop vivement ému par ces plaintes pour la tenir plus long-temps en suspens. Il tira la bourse de sa poche; et, la posant sur les genoux de la pauvre femme : Tenez, ma chère amie, lui dit-il, prenez ceci, payez votre dette, et que le ciel vous rende tous heureux, vous, votre mari, et vos enfans. Qui pourrait exprimer la surprise de

8.

la bonne femme à cette vue? Elle regarda d'abord d'un air étonné autour d'elle, puis elle fixa son petit bienfaiteur ; et, joignant ses mains dans une extase de joie et de reconnaissance, elle retomba en arrière sur sa chaise, avec une espèce de tremblement convulsif. Son mari, qui était dans la chambre voisine avec les gens de justice, accourut au bruit; et, la voyant dans cet état, il la prit entre ses bras, et lui demanda avec la plus vive tendresse ce qui lui était arrivé. Mais elle, sans lui répondre, se dégageant tout-à-coup de ses embrassemens, se précipita aussitôt aux genoux de Tommy, en versant un torrent de larmes, en le comblant de mille bénédictions entrecoupées de sanglots, et en lui baisant les pieds et les mains. Williams, qui ne pouvait savoir ce qui venait de se passer, imagina que sa femme avait perdu l'esprit; et les petits enfans qui s'amusaient à jouer dans un coin de la chambre, coururent à leur mère en la tirant par sa robe et cachant leur tête dans son sein. La pauvre femme, frappée de tant de mouvemens, sembla revenir à elle-même. Elle ramassa tous ses enfans dans ses bras, en leur criant d'une voix étouffée : Pauvres malheureux, vous seriez tous morts de faim sans l'assistance de ce petit ange! Que ne tombez-vous à ses pieds pour l'adorer comme moi! Son mari de plus en plus fortifié dans sa première idée, la regarda d'un air attendri, et lui dit : Pauvre Marie, hélas! il ne te manquait plus que de perdre la raison. Reviens à toi, regarde, que peut faire pour nous ce jeune petit monsieur? Comment empêcherait-il nos enfans de mourir de faim? O mon cher Williams, répondit la femme, non je ne suis pas folle, quoique je puisse le paraître à tes yeux! Mais tiens, vois ce que la Providence vient de nous envoyer par les mains de ce petit ange, et puis sois étonné si je suis hors de moi-même. En disant ces mots, elle ramassa la bourse qui était tombée à côté d'elle, et avec laquelle la plus petite de ses filles s'amusait à jouer. Elle la pressa sur son cœur, en la montrant à son mari, dont le ravissement allait être bientôt égal au sien. Tommy, le voyant immobile de surprise et muet de joie, courut à lui; et lui prenant la main : mon bon ami, lui dit-il, c'est de bon cœur que je vous la donne. J'espère qu'elle va vous mettre en état de sortir d'embarras, et de conserver ces pauvres petits enfans. Apprenez-leur à se souvenir de Tommy. Le brave Williams, qui, l'instant d'auparavant, avait paru résigné à supporter sa disgrâce avec un courage inflexible, fondit alors en larmes, et sanglota plus haut que sa femme et que ses enfans. Je ne sais s'il n'eût pas étouffé dans ses embrassemens son généreux bienfaiteur, si Tommy, qui commençait à ne pouvoir plus soutenir toute l'ivresse de sa joie, ne se fût dérobé adroitement de la maison. Henri, le voyant sortir, suivit ses traces; et avant que la pauvre famille se fût aperçue de ce qu'ils étaient devenus, ils étaient déjà loin dans la campagne.

Lorsque Tommy rentra chez M. Barlow, celui-ci le reçut avec les plus vivres marques d'affection. Comme il ne voulait ne devoir qu'à un mouvement naturel la confidence de son secret. il se contenta de l'interroger sur la santé de ses parens. Tommy, de son côté, se borna à la satisfaire sur cet article. M. Barlow, pour le mettre à son aise, lui demanda s'il avait oublié l'histoire du Turc reconnaissant. Tommy lui répondit qu'il ne s'en était jamais si bien souvenu, et qu'il serait charmé d'en apprendre la fin. Henri, avec un sourire, courut aussitôt chercher le livre; et Tommy se mit à lire tout haut la suite de cette histoire intéressante.

CONTINUATION

De l'Histoire du Turc reconnaissant.

Aussitôt que Hamet eut achevé son récit, Contarini, touché d'un si bel exemple de piété filiale, le combla des louanges que lui inspirait son admiration, et finit par le presser de soulager son cœur, en acceptant la moitié de sa fortune. Le Turc magnanime refusa cette offre sans orgueil, et dit au Vénitien que ce qu'il avait entrepris n'était que de simple devoir de l'humanité. D'ailleurs, ajouta-t-il, la liberté que vous m'aviez procurée vous donnait des droits sur ma vie; et, en la perdant à vous servir, je n'aurais fait que m'acquitter envers vous. Puisque la Providence a daigné me la conserver, c'est une récompense assez douce pour moi de vous avoir prouvé que Hamet n'est point ingrat, et d'avoir pu contribuer à la conservation de ce que vous avez de plus cher.

Quoique le désintéressment de Hamet le portât à affaiblir lui-même le mérite de son action, Contarini, qui en sentait bien toute la grandeur, redoubla si vivement ses instances auprès du sauveur de son fils, qu'il parvint à lui faire accepter une partie du prix que sa générosité naturelle voulait mettre à un si grand bienfait. Après l'avoir pressé vainement de s'établir à Venise pour y passer sa vie au sein de l'amitié, il le délivra une seconde fois de la servitude, et fréta exprès un vaisseau pour le renvoyer dans son pays. Les trois amis s'embrassèrent avec tous les transports que la plus vive reconnaissance pouvait leur inspirer. Il fallut enfin se quitter au milieu des larmes, après des adieux qu'ils croyaient devoir être éternels.

Plusieurs années s'écoulèrent sans qu'il arrivât à Venise aucune nouvelle de Hamet. Pendant cet intervalle, le jeune Francisco parvint à l'âge d'homme; et, comme il avait acquis tous les talens qui servent à orner l'esprit, ces avantages, réunis à d'excellentes qualités naturelles, lui avaient concilié l'estime et l'amitié de tous ses concitoyens.

Il arriva dans ce temps que des affaires importantes l'obligèrent d'aller avec son père dans une ville maritime du voisinage. Séduits par l'espérance de faire un trajet plus court et plus facile par la voie de la mer, ils s'embarquèrent sur un vaisseau vénitien, destiné pour le même port où ils avaient dessein de se rendre. Ils mirent à la voile avec un vent favorable; et tout semblait promettre le voyage le plus heureux, lorsqu'à la moitié de leur course, ils aperçurent un vaisseau turc, qui cinglait vers eux à pleines voiles. Comme leur ennemi les surpassait de beaucoup en vitesse, ils virent bientôt qu'il leur était impossible d'échapper à sa poursuite. La plus grande partie de l'équipage, frappé de consternation, ne songeait qu'à se rendre sans combat : mais le jeune Francisco, tirant son épée, reprocha vivement à ses compatriotes leur lâcheté, et les anima si bien par ses encouragemens, qu'ils résolurent d'opposer à l'attaque une défense désespérée. Le vaisseau turc les approcha d'abord dans un terrible silence, puis tout-à-coup on entendit le bruit épouvantable de l'artillerie. Les cieux étaient obscurcis d'une épaisse fumée, mêlée d'éclats de feux passagers. Trois fois les Turcs, en poussant des cris horribles, s'élancèrent sur le tillac du vaisseau vénitien; et trois fois ils furent repoussés par la résistance vigoureuse que la valeur du brave Francisco inspirait à tous ses compagnons. Bientôt la perte des Turcs fut si grande, qu'ils se virent réduits à suspendre un combat trop désavantageux. Ils semblaient même se disposer à prendre une autre course. Les Vénitiens virent avec la plus grande joie les apprêts de leur retraite. Ils se félicitaient déjà d'être sortis d'un si grand péril, grâce à la fermeté de Francisco. Soudain il parut aux extrémités de l'horizon deux autres vaisseaux, qui marchaient vers eux avec une vitesse incroyable. De quel effroi tous les cœurs furent glacés, lorsqu'en observant de plus près ces vaisseaux, ils reconnurent le fatal pavillon de leurs ennemis, et qu'ils se virent dans l'impossibilité de résister ou de prendre la fuite? Il fallut bientôt céder à des forces si supérieures; et dans un instant ils tombèrent au pouvoir des pirates, qui les tenaient enveloppés, et qui s'élançaient de tous côtés sur eux avec la violence et la rage de bêtes féroces.

Tout ce qui restait vivant du brave équipage vénitien fut étroitement renfermé dans la cale du vaisseau, jusqu'à son arrivée sur la côte de Barbarie. Alors tous les prisonniers furent chargés de chaînes, et exposés dans le marché public, pour être vendus en esclaves. Ils eurent la douleur de se voir tour-à-tour marchandés, suivant leur âge, leur taille et leur force apparente, par des hommes qui faisaient métier de les acheter pour les revendre avec profit. Enfin un Turc s'approcha, qui, par la noblesse de son maintien et la richesse de ses habits, semblait être d'un rang supérieur. Après avoir tourné de tristes regards sur ces malheureux avec une expression de pitié, il arrêta la vue sur le jeune Francisco; et, s'adressant au capitaine, il lui demanda quel était le prix de ce captif. Je ne le céderai pas, répondit le capitaine, à moins de cinq cents pièces d'or. — Voilà qui est bien extraordinaire. Je vous en ai vu vendre qui le surpassent de beaucoup en vigueur, pour moins de la cinquième partie de cette somme. — Cela peut être; mais il faut qu'il me dédommage un peu de la perte qu'il m'a causée, ou qu'il passe le reste de sa vie à la rame. — Quelle perte peut-il vous avoir causée de plus que les autres, que vous avez vendus à si bon marché? —

C'est lui qui animait les chrétiens à cette résistance opiniâtre qui m'a coûté la vie d'un si grand nombre de mes plus braves matelots. Trois fois nous nous sommes élancés sur son navire avec une furie à laquelle il semblait que rien ne devait résister, et trois fois il nous a repoussés avec une vigueur si déterminée, que nous avons été obligés de nous retirer sans gloire, laissant à chaque charge vingt de nos gens sans vie. C'est pourquoi, je vous le répète, je veux en avoir le prix que je vous ai demandé, si exorbitant qu'il paraisse, ou je satisferai ma vengeance, en le voyant sécher toute sa vie de désespoir sur les bords de ma galère.

A ce discours, le Turc examina le jeune Francisco avec une nouvelle attention. Celui-ci, de son côté, qui jusqu'alors avait tenu les yeux fixés vers la terre dans un morne silence, les releva en ce moment; mais à peine eut-il envisagé la personne qui parlait au capitaine, qu'il poussa un grand cri, et laissa échapper le nom de Hamet. Le Turc, saisi d'une émotion aussi vive, n'eut besoin que d'un seul regard; et, se jetant dans les bras de Francisco, il le pressa contre son sein avec les transports d'un père qui retrouve son fils qu'il a perdu depuis long-temps. Il serait inutile de répéter ici toutes les expressions tendres que la joie et l'amitié dictèrent au sensible Hamet; mais en apprenant que son ancien bienfaiteur était au nombre de ces malheureux esclaves exposés sur la place publique, il cacha pour un moment sa tête sous le pan de sa robe, et parut comme un homme accablé de surprise et

......Il poussa un grand cri, et laissa échapper le nom de Hamet.

de douleur. Bientôt, reprenant ses esprits, il éleva les bras vers le ciel, et bénit la Providence, qui allait le rendre à son tour l'instrument de la délivrance de son libérateur.

Il courut aussitôt à l'endroit du marché où le vieux Contarini attendait son destin dans le silence du désespoir. Le voir, le reconnaître, lui prodiguer les noms les plus tendres et les plus vives caresses, tout cela fut l'ouvrage d'un instant. Il brisa lui-même ses chaînes, et le conduisit lui et son fils dans une magnifique maison qu'il occupait dans la ville. Dès qu'ils furent revenus de leurs premiers transports, et qu'ils eurent le loisir de s'instruire de leur mutuelle fortune, Hamet apprit aux deux Vénitiens que, sorti d'esclavage, et rendu à son pays par leur générosité, il avait pris du service dans les armées turques, et qu'ayant eu le bonheur de s'y distinguer dans plusieurs occasions, il avait été par degrés élevé à la dignité de pacha de Tunis. Depuis que j'occupe ce poste, ajouta-t-il, je n'ai rien de plus agréable que de pouvoir alléger l'infortune des malheureux chrétiens. Lorsqu'il arrive ici un vaisseau chargé de quelques-unes de ces victimes, je cours aussitôt au marché pour racheter un aussi grand nombre de captifs que peut me le permettre ma fortune. Le Tout-Puissant me montre aujourd'hui qu'il a daigné approuver les soins que j'ai pris de chercher à m'acquitter du devoir sacré de la reconnaissance pour ma rédemption, puisqu'il a mis en mon pouvoir de servir les dignes amis à qui j'en suis redevable.

S.-

Pendant les dix jours que le vieux Contarini, et son fils passèrent dans la maison de Hamet, il mit tout en usage pour leur faire perdre par mille amusemens le souvenir de leurs disgrâces; mais, lorsqu'il s'aperçut qu'ils désiraient de retourner dans leur patrie, il leur dit qu'il ne voulait pas les tenir plus long-temps privés d'un bien si cher, et qu'ils étaient maîtres de s'embarquer le lendemain sur un vaisseau prêt à faire voile pour Venise. Après les avoir tenus long-temps dans ses bras, et les avoir baignés de ses larmes, il leur donna un détachement de ses propres gardes pour les conduire à bord du vaisseau. Quelle fut leur joie, en y entrant, de le reconnaître pour celui où ils avaient été faits prisonniers, et de retrouver autour d'eux tous les compagnons de leur infortune, rachetés par la générosité de Hamet, et remis en possession de tout ce qu'ils avaient perdu! Ils levèrent l'ancre en bénissant leur digne ami; et, après une traversée fort heureuse, ils arrivèrent dans leur pays, où ils vécurent plusieurs années, se rappelant sans cesse la vicissitude des choses humaines, et dignes de se faire aimer et respecter de tout le monde par l'attention la plus touchante à remplir envers leurs semblables tous les devoirs de l'humanité.

M. Barlow et ses élèves étant allés un jour se promener sur le grand chemin, ils aperçurent de loin trois hommes qui paraissaient mener chacun par une corde une grande bête noire et toute velue. Ils étaient suivis d'une foule d'enfans et de femmes que la nouveauté du spectacle attirait après eux. En approchant de plus près, M. Barlow reconnut les trois bêtes pour trois ours apprivoisés, et leurs conducteurs pour des Savoyards, qui gagnaient leur vie à les montrer au peuple. Sur le dos de chacun de ces formidables animaux était assis un singe qui, par ses étranges contorsions, excitait les rires de toute l'assemblée.

Tommy, qui n'avait pas vu d'ours de sa vie, fut charmé de pouvoir satisfaire sa curiosité. Il le fut bien davantage, lorsqu'au premier mot de commandement l'animal se leva sur ses pieds de derrière et se mit à danser d'un pas lourd, mais mesuré, au son du fifre et du tambour. Après s'être amusés un moment de ce spectacle, ils continuèrent leur route; et Tommy demanda à M. Barlow si l'ours s'apprivoisait aisément, et s'il était fort dangereux lorsqu'il était encore sauvage. Cet animal, répondit M. Barlow, n'est pas aussi redoutable ni aussi destructeur que le lion et le tigre. Il est cependant très-féroce; et il dévore les femmes et le enfans, et même les hommes, lorsqu'il les surprend sans armes pour lui résister. Il se plaît en général dans les pays froids; et l'on a remarqué que plus le climat est rigoureux, et plus il acquiert de force et contracte de férocité. Vous devez vous souvenir d'avoir vu dans l'histoire de ces pauvres Russes qui furent obligés de vivre si long-temps sur les côtes du Spitzberg, qu'ils furent souvent en danger d'être dévorés par les ours dont ce pays abonde. Dans les plages affreuses du nord, qui sont perpétuellement couvertes de neige, on trouve une espèce d'ours blanc dont la force et la furie sont incroyables. On voit souvent ces animaux gravir sur d'énormes bancs de glaces qui flottent le long des côtes, et se nourrir de poissons et d'autres animaux qui vivent également sur la terre et dans la mer. Il me souvient d'avoir lu qu'une ourse de cette espèce vint un jour surprendre quelques matelots occupés à faire cuire leur dîner sur le rivage. Vous jugez bien que les matelots ne furent pas extrêmement flattés de cette visite; et leur premier soin fut de se jeter dans la chaloupe qui les avaient portés, pour regagner le navire. L'ourse se saisit de la viande qu'ils avaient abandonnée, et la mit devant ses petits, qui la suivaient, n'en prenant qu'une très-petite portion pour elle-même. Mais à peine commençaient-ils à la manger, que les matelots indignés de la perte de leurs provisions ajustèrent, du bord de leur vaisseau, leur mousquets vers les jeunes ours, et les tuèrent tous deux. Ils blessèrent aussi la mère, mais pas assez dangereusement pour lui ôter la force de se traîner. Vous auriez été ému de compassion, en voyant la tendresse de cette pauvre bête pour ses petits. Quoique le sang coulât à grands flots de sa blessure, et qu'elle eût à peine la force de se soutenir, elle leur porta le morceau de viande qu'elle tenait à la gueule, et le mit devant eux. Voyant qu'ils ne faisaient aucun mouvement pour le prendre, elle mit ses pates sur l'un, puis sur l'autre, et tâcha de les relever, en poussant de pitoyables hurlemens. Elle se traîna ensuite à quelque distance, en regardant toujours en arrière, et jetant des cris plaintifs pour engager ses petits à la suivre. Comme ils restaient toujours immobiles, elle retourna vers eux, flaira toutes les parties de leur corps, et lécha leurs plaies. Elle s'écarta une seconde fois, en se retournant à chaque pas, et les appelant; puis elle revint encore auprès d'eux, tourna autour de l'un et de l'autre, les toucha de sa pate, mêlant aux tendresses qu'elle leur prodiguait des murmures douloureux. Enfin, lorsqu'elle se fut bien assurée qu'ils étaient sans vie, elle leva sa tête vers le vaisseau, et se mit à pousser d'horribles hurlemens, comme si elle eût appelé la vengeance sur les meurtriers de sa famille. Mais les matelots, qui venaient de recharger leurs mousquets, les tournèrent alors contre elle, et lui firent de si cruelles blessures, qu'elle alla tomber expirante entre ses deux nourrissons. Cependant, au milieu de ses douleurs, elle ne paraissait sensible qu'à leur état; et elle mourut en léchant leurs plaies.

Hélas! s'écria le bon Henri, comment est-il possible que les hommes soient si barbares envers des animaux? Il est trop vrai, répondit M. Barlow, qu'ils se permettent souvent dans leurs jeux des cruautés atroces; mais, dans le cas dont nous venons de parler, il faut croire que la crainte du péril rendit les matelots plus impitoyables qu'ils ne l'auraient été sans cette circonstance. Ils avaient peut-être couru souvent le danger d'être dévorés: ils venaient de s'y trouver encore dans le moment. Cette considération acheva d'enflammer leur haine contre leurs ennemis naturels, et les porta à la satisfaire. Mais ne serait-ce pas assez, répliqua Henri, de porter les armes pour se défendre, si l'on en veut à votre vie, sans détruire, hors de nécessité, d'autres créatures qui ne vous attaquent pas? Cela serait mieux, sans doute, repartit M. Barlow. Il est d'une âme généreuse d'épargner son ennemi plutôt que de le détruire; et j'espère que ce sera toujours votre premier sentiment.

Leur entretien fut interrompu en cet endroit par les cris d'une troupe d'enfans et de femmes, qui fuyaient de toutes parts avec les plus vives marques de terreur. Ils tournèrent les yeux de ce côté; ils virent que l'un des ours avait rompu sa chaîne, et courait à grand pas, en remplissant l'air de ses hurlemens. M. Barlow, qui était d'un courage intrépide, et qui avait par bonheur un gros bâton à la main, dit à ses élèves de ne pas bouger de place, et s'avança aussitôt au-devant de l'ours, qui s'arrêta soudain au milieu de sa course, prêt à s'élancer sur lui, pour le punir d'avoir eu l'audace de s'ingérer dans ses affaires : mais M. Barlow ne lui en donna pas le temps. Il le frappa le premier de quelques rudes coups; et, le menaçant d'une voix forte et sévère, il saisit le bout de sa chaîne avec autant de hardiesse que de dextérité. Étonné de cette brusque manœuvre, l'animal se soumit paisiblement au vainqueur. Son maître étant aussitôt accouru, M. Barlow remit le prisonnier entre ses mains, en lui recommandant d'être à l'avenir plus attentif à garder une créature si dangereuse.

Pendant le cours de cette scène, il venait de s'en passer une autre du même genre. Le singe qui était porté sur le dos de l'ours, et qui avait été jeté à terre lorsque celui-ci avait rompu sa chaîne, imagina de profiter d'une si belle occasion pour se remettre en liberté. Il avait déjà pris sa course, et se sauvait à toutes jambes, en faisant mille cabrioles sur la route. Malheureusement pour lui, Tommy venait d'être témoin de la bravoure de M. Barlow. Animé par une noble émulation, il résolut de disputer à son maître l'honneur de cette mémorable journée. Il courut donc aussitôt se poster devant le fuyard; et, lui fermant le passage, il saisit la corde qu'il traînait après lui. Le singe n'était pas d'humeur à se rendre sans combat. Il s'élança brusquement sur le bras de son adversaire, et le mordit. Il croyait, par ce moyen, lui faire lâcher prise, ignorant sans doute combien Tommy avait pris de courage depuis ses derniers démêlés avec la truie et le jars : aussi cet assaut lui fut-il inutile. Tommy, loin de se laisser effrayer par ses premières morsures, l'empêcha bien d'y revenir en le frappant de la baguette qu'il tenait à la main. Le singe, voyant alors qu'il avait affaire à un antagoniste si aguerri, se désista de ses projets, et souffrit que le petit héros victorieux l'amenât en triomphe pour reprendre sa place sur le dos de son ami l'ours.

Cette escarmouche s'était passée dans un moment où M. Barlow était trop occupé pour en voir les premières circonstances. Tommy, réservé sur sa propre gloire, ne s'occupa qu'à féliciter son maître sur la défaite de son ennemi, et lui demanda s'il ne croyait pas qu'il fût dangereux d'apprivoiser un si terrible animal. M. Barlow lui dit que cette entreprise n'était pas sans dangers, mais qu'il y en avait cependant beaucoup moins que l'imagination ne se le figurait peut-être. Il n'est presque point d'animaux, ajouta-t-il, auxquels on n'en puisse imposer par une contenance intrépide; au lieu que l'on accroît leur audace par des signes de faiblesse et de terreur. J'étais déjà porté à le croire, dit Henri; car j'ai souvent observé le manége des chiens qui se rencontrent pour la première fois. Ils s'approchent ordinairement avec précaution, comme s'ils avaient peur l'un de l'autre, ou qu'ils voulussent tâter mutuellement leur courage. Si l'un des deux s'enfuit, l'autre le poursuit avec un air d'insolence; mais, dès que le premier se retourne, le second s'enfuit à son tour. Cet instinct, reprit M. Barlow, n'est pas borné aux chiens seulement. Presque toutes les bêtes sauvages sont sujettes à recevoir de soudaines impressions de terreur. C'est pourquoi les hommes qui se trouvent sans armes au milieu des forêts écartent souvent les animaux les plus féroces qu'ils rencontrent sur leur chemin en allant droit à eux d'un pas ferme, et en poussant de grands cris. Mais, pour en revenir à notre ours, ce qui m'a prescrit la manière dont je devais me conduire à son égard, c'est l'éducation qu'il a reçue depuis qu'il a quitté sa tannière. Tommy n'avait pu s'empêcher de sourire au mot d'éducation. M. Barlow, s'en étant aperçu, continua ainsi : Ne croyez pas, je vous prie, que j'aie employé cette expression au hasard. Toutes les fois qu'on instruit un animal à faire une chose qui ne lui est pas naturelle, c'est proprement lui donner une éducation. N'avez-vous jamais vu de jeunes poulains bondir d'un air sauvage sur la prairie?

TOMMY.

Pardonnez-moi, monsieur; je me suis arrêté souvent pour les regarder.

M. BARLOW.

Et pensez-vous que dans cet état il fût aisé de monter sur leur dos, et de les conduire?

TOMMY.

Oh! point du tout, monsieur. J'imagine, au contraire, qu'en se cabrant comme ils font, ils auraient bientôt jeté leur homme à bas.

M. BARLOW.

Cependant votre petit cheval vous reçoit souvent sur son dos, et vous porte sans accident chez votre père.

TOMMY.

C'est qu'il y est accoutumé.

M. BARLOW.

Mais il ne l'a pas toujours été, sans doute. Il n'y a pas bien long-temps que c'était un poulain, aussi sauvage que ceux que vous avez vu bondir sur la prairie.

TOMMY.

Il est vrai, monsieur.

M. BARLOW.

Et vous n'auriez pas osé le monter alors?

TOMMY.

Je m'en serais bien gardé. Il se fût bien vite débarrassé de moi.

M. BARLOW.

Et comment donc a-t-il été possible de le soumettre au point qu'il vous reçoive docilement sur sa croupe, et qu'il obéisse à tous les mouvemens que vous voulez lui donner?

TOMMY.

Je ne sais pas, monsieur, à moins qu'on n'en soit venu à bout lorsqu'on a pris soin de le nourrir.

M. BARLOW.

C'est bien un des moyens dont on a fait usage; mais ce n'est pas le seul. On habitue d'abord le poulain, qui suit naturellement sa mère, à se rendre avec elle dans l'écurie. Alors on le caresse, et on lui présente sa nourriture dans la main, jusqu'à ce qu'il devienne un peu familier, et qu'il souffre qu'on l'approche. On saisit bientôt cette occasion pour lui passer une corde au cou, pour l'accoutumer ensuite à rester paisiblement dans l'écurie, et à se laisser attacher au râtelier. On procède ainsi par degrés d'une instruction à une autre, tant qu'à la fin il apprend à supporter le frein et la selle, et à soumettre ses caprices aux volontés du cavalier qui le monte. Voilà ce qu'on peut appeler proprement l'éducation d'un animal, puisque, par ce moyen, il est obligé de contracter des habitudes qu'il n'aurait jamais prises s'il eût été abandonné à lui-même. Je savais que l'ours n'avait été réduit qu'à force de coups à se laisser conduire par une chaîne, et à se montrer en spectacle. Je savais qu'il avait dû souvent trembler au son de la voix humaine; et je me suis fondé sur la force de ces impressions pour le faire soumettre sans résistance à l'autorité que je voulais prendre sur lui. Vous voyez que je ne me suis pas trompé dans mon opinion, et que j'ai heureusement prévenu les accidens qui allaient sans doute arriver à quelqu'un de ces enfans ou de ces femmes.

Pendant que M. Barlow parlait ainsi, il s'aperçut que le bras de Tommy était ensanglanté; et, lui en ayant demandé la raison, Henri s'empressa de prévenir son ami pour raconter les détails glorieux de son aventure avec le singe. M. Barlow examina la blessure, qu'il trouva n'être pas bien profonde. Il dit à Tommy qu'il était bien fâché de cet accident, mais qu'il le croyait trop ferme pour s'en laisser abattre. Tommy l'assura qu'il n'y songeait plus : et, pour l'en persuader, il lui fit mille différentes questions sur la nature des singes, auxquelles M. Barlow répondit de la manière suivante.

Le singe est un animal très-extraordinaire, qui approche beaucoup de l'homme dans plusieurs parties de sa conformation, ainsi que vous l'avez peut-être observé. On ne le trouve que dans les pays chauds; et il est certaines contrées de l'Amérique où les forêts sont peuplées de troupes innombrables de ces animaux. Le singe est très-adroit, et ses pates de devant ressemblent assez à nos mains. Il ne s'en sert pas seulement pour marcher, mais encore pour grimper sur les arbres, et pour empoigner ses alimens. Il se nourrit principalement des fruits sauvages qui naissent dans les forêts qu'il habite. Aussi c'est sur les arbres qu'il fait son séjour ordinaire, parce qu'il y trouve à la fois son habitation et sa subsistance.

Les singes se hasardent aussi quelquefois à sortir de leurs forêts, pour aller en troupe piller les jardins du voisinage. On assure qu'ils mettent dans ces expéditions autant de précaution et de vigilance qu'on pourrait en attendre des hommes eux-mêmes. Ils ont soin de poster quelques-uns d'entre eux en faction, pour défendre le reste de la troupe de toute surprise. Si l'une des sentinelles voit quelqu'un approcher du jardin, elle donne l'alarme par un cri particulier, et nos brigands s'échappent aussitôt de tous côtés.

Je ne suis point du tout surpris de ce que vous nous apprenez-là, monsieur, dit Henri ; car j'ai observé que, lorsqu'un vol de corneilles s'abat sur un champ, il y en a toujours deux ou trois qui vont se percher sur l'arbre le plus élevé. Dès qu'elles voient quelqu'un s'avancer vers leurs compagnes, elles les intruisent soudain par leur croassement, et toute la troupe prend soudain la volée.

Ce n'est pas tout, reprit M. Barlow : on prétend que les singes emploient aussi une autre méthode fort ingénieuse dans leur piraterie. Lorsqu'ils veulent aller à la picorée, ils forment une ligne prolongée depuis leur forêt jusqu'au jardin qu'ils ont le projet de dévaster, en se plaçant à une petite distance l'un de l'autre. Alors ceux qui sont grimpés sur les arbres en cueillent le fruit, et le jettent à leurs compagnons qui sont au-dessous : Ceux-ci le jettent à leurs voisins, qui, à leur tour, le jettent aux plus proches; et ainsi, de pates en pates, le fruit arrive en un moment jusque dans la forêt, où est établi le magasin général des provisions.

Les singes, lorsqu'on les prend très-jeunes, se laissent aisément apprivoiser; mais, ils conservent toujours une grande disposition à malfaire. Ils possèdent surtout un tallent merveilleux pour imiter ce qu'ils voient faire aux hommes. On raconte, à ce sujet, quelques histoires vraiment risibles. Je me contenterai de vous en rapporter une.

Un singe qui venait familièrement dans la chambre de son maître, ayait eu souvent l'occasion d'assister à sa toilette, et de lui voir faire la barbe. Il lui prit là-dessus fantaisie de se faire barbier. S'étant un jour saisi de l'éponge qui était autour d'une écritoire, il attendit au passage un petit chat blanc, qui demeurait dans la même maison; et, le pressant étroitement contre son corps avec une pate, il le porta jusqu'au plus haut de l'escalier. Les domestiques, attirés par les cris du pauvre minet, montèrent pour s'instruire du sujet de ses plaintes. Quelle fut leur surprise de voir le singe gravement assis sur son dos, tenant le chat en respect sous une de ses pates de devant, et de l'autre lui frottant le museau avec l'éponge imprégnée d'encre, comme il avait vu le barbier faire à son maître avec la savonnette! Toutes les fois que le petit chat risquait un mouvement pour s'échapper, le singe lui donnait un coup de pate, en faisant les grimaces les plus risibles; puis il étreignait l'éponge sur son museau, et lui en frottait les moustaches, pour recommencer son opération.

Cet entretien amusant les avait ramenés jusqu'à la porte de M. Barlow. Ils y trouvèrent un domestique de M. Merton, et un cheval pour conduire Tommy chez son père, qui voulait lui faire passer le reste du jour au château. Il fut reçu de ses parens avec les plus tendres caresses. Mais, quoiqu'il leur fît un long détail de ses occupations et de ses plaisirs, il ne leur dit pas un seul mot sur l'argent qu'il avait donné à la pauvre famille.

Le lendemain, c'était un dimanche, M. et madame Merton allèrent avec leur fils à l'église. A peine y étaient-ils entrés, qu'il se répandit dans l'assemblée un bourdonnement général, et que tous les regards se tournèrent à la fois vers le petit garçon. M. et madame Merton en furent frappés; mais ils crurent devoir attendre, pour s'éclaircir, que le service fût achevé. Alors, comme ils sortaient ensemble en se donnant la main, M. Merton demanda à son fils quel pouvait être le sujet de l'attention générale qu'il avait excitée dans l'église. Tommy n'eut pas le temps de répondre; car une femme très-proprement vêtue vint avec ses enfans se jeter à ses pieds, en le nommant son ange tutélaire, et en priant à haute voix le ciel de répandre sur lui toutes les bénédictions qu'il méritait par sa bienfaisance. M. et madame Merton furent quelques instans sans rien comprendre à cette scène extraordinaire. Mais, lorsque enfin ils apprirent le secret de la générosité de leur fils, ils n'en parurent guère moins affectés que la personne même qui en avait été l'objet. Ils répandirent des larmes de tendresse sur Tommy, et l'embrassèrent avec transport, sans faire attention à la foule dont ils étaient environnés. Enfin, revenus un peu à eux-mêmes, ils prirent congé de la pauvre femme, et s'empressèrent de remonter dans leurs voitures, saisis d'un sentiment délicieux, qu'il est plus aisé de concevoir que de décrire.

Il y avait près de six mois écoulés depuis que Tommy était entré dans la maison de M. Barlow. Combien il était changé depuis ce temps! Ce n'était plus cet enfant orgueilleux et pusillanime, qui se croyait fait pour dominer sur les autres, et qui n'était capable d'aucun empire sur lui-même. Son esprit commençait à prendre une idée plus juste des choses; sa raison s'était agrandie, ses sentimens s'étaient ennoblis, et toutes les parties de son corps avaient acquis en même temps une nouvelle vigueur.

L'hiver commençait alors à régner avec une rigueur extraordinaire. Les ruisseaux s'étaient convertis en masses solides de glaces. La terre, couverte de frimas, offrait à peine une maigre subsistance à ses habitans. Les petits oiseaux, qui se plaisaient, il y avait peu de jours, à sautiller dans la verdure, en répétant leurs jolies chansonnettes, semblaient déplorer en silence les horreurs de la saison. Tommy fut un jour bien étonné, en entrant dans sa chambre, d'y voir un petit oiseau qui voltigeait dans tous les coins, sans avoir cependant l'air de s'effaroucher de sa présence. Il courut aussitôt appeler M. Barlow, qui, après avoir regardé son nouvel hôte, lui dit qu'on nommait cet oiseau *rouge-gorge*, qu'il était naturellement plus familier avec les hommes, et plus disposé à cultiver leur société qu'aucun autre oiseau. La pauvre petite créature, ajouta-t-il, manque aujourd'hui de subsistance, parce que la terre est couverte de neige; et c'est la faim qui lui inspire cette hardiesse extraordinaire. En ce cas, monsieur, dit Tommy, si vous voulez me le permettre, je vais chercher un morceau de pain, et je me chargerai du soin de le nourir. Je le veux bien, répondit M. Barlow; mais commencez par ouvrir la fenêtre pour qu'il voie que vous n'avez pas intention de le retenir prisonnier. Tommy courut aussitôt chercher du pain ; et, à son retour, il ouvrit la fenêtre, après avoir jeté quelques miettes de pain sur le plancher. Il eut la satisfaction de voir son joli hôte sautiller légèrement autour de lui, et faire, avec confiance, le plus joyeux repas. L'oiseau, s'envolant ensuite hors de la chambre, alla se percher sur un arbre voisin, et se mit à chanter, comme s'il eût voulu payer Tommy de l'hospitalité qu'il lui avait donnée.

Tommy fut enchanté d'avoir formé cette nouvelle connaissance. Depuis ce jour il ne manqua jamais de tenir sa fenêtre ouverte et de jeter des miettes de pain sur le plancher. L'oiseau, de son côté, ne manquait jamais de venir et de se régaler hardiment sous la protection de son bienfaiteur. Cette douce intimité s'accrut bientôt à tel point, que le petit oiseau allait se percher sur l'épaule de Tommy et manger dans sa main, en répétant sa plus jolie chanson. Tommy en était si transporté, qu'il appelait souvent Henri et M. Barlow pour les rendre témoins des caresses de son favori; et il aurait, je crois, oublié son déjeûner plutôt que de manquer à lui en réserver une partie.

Mais, hélas! que les félicités de ce monde sont passagères! Tommy était monté un jour pour donner la ration ordinaire à son petit ami. De quel spectacle il fut frappé en ouvrant la porte de sa chambre! Il vit le pauvre oiseau étendu tout sanglant sur le plancher et rendant le dernier soupir. Un gros chat, qui profita de l'occasion de la porte ouverte pour s'esquiver, lui apprit quel était l'auteur de ce meurtre. Il descendit aussitôt, les larmes aux yeux, pour raconter à M. Barlow la mort déplorable de son favori, et solliciter sa vengeance contre le matou. M. Barlow prit beaucoup de part à son affliction, et lui demanda quelle peine il voulait infliger au meurtrier.

TOMMY.

Quelle peine, monsieur? Ah! il n'en est point d'assez rigoureuse contre ce méchant animal. Il faut que je le tue comme il a tué le pauvre oiseau.

M. BARLOW.

Mais pensez-vous qu'il se soit porté à cette action par quelque sentiment d'animosité contre l'oiseau ou contre vous?

Tommy réfléchit un moment, et répondit qu'il

ne soupçonnait pas le chat d'avoir eu contre l'un ni l'autre aucune inimitié particulière.

M. BARLOW.

Il me semble donc que vous auriez tort de vouloir le traiter comme un ennemi. Mais, dites-moi, je vous prie, n'avez-vous jamais observé à quoi le porte son instinct à la vue d'un oiseau, d'un rat, d'une souris ou de quelque autre petit animal?

TOMMY.

J'ai vu qu'il les poursuit pour les prendre; et que, lorsqu'il les attrape, il les dévore avec avidité.

M. BARLOW.

Et l'avez-vous jamais corrigé pour s'être comporté de cette manière? Avez-vous jamais essayé de lui faire prendre d'autres habitudes?

TOMMY.

Non, monsieur; il est bien vrai que j'ai vu Henri, lorsque le chat avait pris une souris et qu'il la tourmentait, la ravir de ses griffes et la remettre en liberté; mais moi, je ne l'ai jamais fait.

M. BARLOW.

En ce cas, vous êtes plus blâmable que le chat lui-même. Vous avez observé qu'il était naturel à tous ceux de son espèce de détruire les souris et les oiseaux, lorsqu'ils peuvent les atteindre; et cependant vous n'avez pris aucune peine pour mettre votre favori à l'abri de ce danger. Tout au contraire, en l'accoutumant à venir dans votre chambre, et à se croire en sûreté sous votre protection, vous l'avez livré à une mort violente, qu'il aurait sans doute évitée s'il fût resté dans son état sauvage. N'aurait-il pas été plus sage d'apprendre au chat à ne plus faire sa proie des petits oiseaux, qu'il ne serait juste de lui donner la mort pour une action que vous ne l'avez jamais instruit à regarder comme une chose défendue ?

TOMMY.

Est-ce que cela aurait été possible ?

M. BARLOW.

Très-possible, sans doute ; et je me flatte de vous le faire voir par l'expérience.

TOMMY.

Ah ! pourquoi ne l'ai-je pas su plus tôt ! Mais, monsieur, à quoi bon laisser vivre un méchant animal qui ne se nourrit que de sang ?

M. BARLOW.

Parce que, si vous vouliez exterminer toutes les créatures qui font leur proie des autres, vous en laisseriez peut-être bien peu de vivantes.

TOMMY.

Oh ! mon pauvre petit oiseau que ce vilain chat m'a tué, je suis bien sûr qu'il n'a jamais été coupable d'une méchanceté pareille.

M. BARLOW.

Je n'en répondrais pas avec autant d'assurance que vous. Allons voir dans les champs de quoi se nourrissent ceux de son espèce : nous serons en état d'en parler avec plus de certitude.

M. Barlow mena Tommy se promener dans la campagne, et ils ne tardèrent pas à voir un rouge-gorge qui furetait dans la neige, et qui prit bientôt quelque chose avec son bec.

M. BARLOW.

Ah! ah! qu'est-ce donc qu'il tient ainsi?

TOMMY.

Oh! monsieur, c'est un gros ver de terre. Voyez, voyez comme il l'avale. Je n'aurais jamais cru qu'un si joli petit oiseau pût être si cruel.

M. BARLOW.

Et croyez-vous qu'il se doute du tourment qu'il vient de faire souffrir à cet insecte?

TOMMY.

Non, monsieur, je ne le crois pas.

M. BARLOW.

Vous voyez donc que ce qui serait une cruauté en vous, qui êtes doué d'intelligence et de réflexion, n'en est pas une en lui. La nature lui a donné du goût pour les insectes; et il obéit aveuglément à son instinct, de la même manière que le bœuf obéit au sien en se nourrissant de gazon, et l'âne en mangeant des chardons et des épines.

TOMMY.

Le chat ne savait donc pas qu'il commettait une cruauté lorsqu'il a mis en pièces le pauvre oiseau?

M. BARLOW.

Pas plus que l'oiseau que nous venons de voir ne croyait en commettre une en dévorant l'insecte. La nourriture naturelle des chats, ce sont les rats, les souris et les oiseaux qu'ils peuvent saisir par violence ou surprendre par ruse. Il était impossible que le mien connût le prix que vous attachiez à votre rouge-gorge. Ainsi, en le prenant, il n'avait pas plus intention de vous offenser que s'il eût pris une souris.

TOMMY.

Mais, en ce cas, si j'apprivoisais un autre oiseau, il le tuerait comme il a tué le premier?

M. BARLOW.

Peut-être ne serait-il pas difficile de prévenir ce malheur. J'ai ouï dire à des gens qui vendent des oiseaux qu'il est un moyen d'empêcher les chats de les manger.

TOMMY.

Ah! monsieur, si vous le savez, hâtez-vous, je vous en conjure, de me l'apprendre.

M. BARLOW.

Vous pourriez l'oublier. Attendons que l'occasion se présente d'en faire l'épreuve.

TOMMY.

Nous verrons, monsieur le matou, si l'on ne saura pas vous guérir de votre gourmandise.

M. BARLOW.

Vous avez raison. Il vaut toujours mieux corriger les mœurs d'un animal que de le détruire. D'ailleurs j'ai une affection particulière pour ce chat, parce que je l'ai eu tout petit, et que j'ai su le rendre presque aussi caressant et aussi familier qu'un bon chien. Il vient tous les matins gratter à la porte de ma chambre, et il miaule tout doucement jusqu'à ce que je l'aie fait entrer. Pendant nos repas, il s'assied, comme vous le savez, à un coin de table, avec autant de gravité qu'un convive de cérémonie, sans jamais s'aviser de toucher au moindre plat. Vous-même, je vous ai vu souvent le caresser avec une grande affection, tandis qu'il relevait son dos et remuait sa queue pour vous montrer qu'il était sensible à vos amitiés.

Quelques jours après cet entretien, un autre rouge-gorge, qui souffrait aussi de la rigueur du temps, vint chercher un asile dans la maison. Tommy, qui se rappelait le sort déplorable du premier, ne voulut pas lier connaissance avec celui-ci et l'encourager à aucune familiarité avant d'avoir appris le secret de prévenir les insultes du chat. Il courut aussitôt avertir M. Barlow, qui s'empressa de remplir la promesse qu'il lui avait faite. Pour cet effet, il attira l'oiseau dans une cage de fil de laiton; et, dès qu'il y fut entré, il ferma la porte pour l'empêcher d'en sortir. Il prit ensuite un petit gril de fer dont on se servait dans la cuisine pour faire cuire la viande sur les charbons; il le fit chauffer jusqu'à ce qu'il fût près de rougir, et le plaça debout à terre, tout près de la cage, après l'avoir entouré de meubles, de manière qu'on n'en pût approcher que par ce côté. Il fit alors venir le chat; et, après s'être assuré qu'il avait bien remarqué l'oiseau, dont le chat s'imaginait déjà faire sa proie, il sortit de la chambre avec les deux enfans, pour laisser le matou plus libre dans ses opérations. Ils avaient eu soin de ne pas fermer entièrement la porte, afin de pouvoir regarder à travers l'ouverture ce qui allait se passer. Ils virent alors le chat fixer des yeux enflammés sur la cage, et s'en approcher dans un profond silence, pliant son corps sur ses jambes et touchant le plancher de son ventre. Puis, lorsqu'il se crut à une distance convenable, il s'élança d'un saut impétueux, qui aurait été probablement funeste au prisonnier, si le gril, placé devant sa cage, n'eût rendu inutile par sa résistance la violence de l'assaut. Ce n'est pas tout. Les barres en avaient été si bien chauffées, que le chat, en bondissant contre elles, se brûla les pates et le museau. Il se retira du champ de bataille en poussant des miaulemens désespérés : et telle fut la force de cette leçon, qu'il ne lui arriva jamais, depuis une aventure si mémorable, de chercher encore à manger les oiseaux.

La rigueur du froid augmentant de jour en jour, tous les animaux sauvages se virent forcés, par la faim, d'approcher de plus près des habitations des hommes pour y trouver quelque nourriture. Les lièvres même, les plus craintifs des animaux venaient par troupes rôder autour du jardin, cherchant le peu d'herbages que les soins des jardiniers avaient sauvé des ravages de la gelée. Ils les eurent bientôt dévorés; et, la faim les pressant toujours de plus en plus, ils commencèrent à ronger l'écorce des arbres pour satisfaire à leurs besoins. Tommy, se promenant un jour dans ses plantations, eut le chagrin de voir que ses plus beaux arbres, qu'il avait plantés de ses propres mains, et dont il s'était promis de si beaux fruits, avaient été dépouillés jusqu'à la racine. Il fut si désolé de voir toutes ses espérances détruites, qu'il courut, les larmes aux yeux, vers M. Barlow, pour lui demander justice des avides déprédateurs.

Je suis bien fâché du tort qu'ils vous causent, dit M. Barlow; mais il est maintenant trop tard pour l'empêcher. Hélas! oui, répondit Tommy; mais il faut fusiller tous ces brigands, pour les punir du dégât qu'ils ont fait. Il y a peu de temps, répliqua M. Barlow, que vous avez fait grâce au chat, quoiqu'il vous eût pris votre oiseau; et maintenant vous voulez détruire les lièvres pour quelques pieds d'arbres qu'ils vous ont rongés. Tommy parut un peu confondu par cette réflexion; puis il dit : Encore si ce n'étaient pas les miens! Je vous suis obligé de la préférence, répondit M. Barlow. Au moins, reprit Tommy, si ce n'étaient pas des arbres à fruit! Eh! mon ami, répliqua M. Barlow, comment pouvez-vous exiger d'un lièvre qu'il distingue un ormeau d'un abricotier, ou qu'il s'attache à mes arbres plutôt qu'aux vôtres? Si vous aviez voulu les mettre à l'abri de ses atteintes, il fallait les entourer de ronces piquantes, comme j'ai mis un gril brûlant devant votre oiseau. Mais mon cher Tommy, c'est à votre cœur que je m'adresse. Dans une disette aussi cruelle que les animaux la souffrent à présent, ne croyez-vous pas qu'il serait généreux de leur pardonner ce que le besoin leur a fait faire malgré eux-mêmes. M. Barlow prit alors les deux amis par la main, et les mena dans un champ de navets. A peine y étaient-ils entrés, qu'il s'en éleva un vol d'alouettes si nombreux, qu'il obscurcissait presque les airs. Voyez, dit M. Barlow, ces oiseaux m'ont à peine laissé un brin de verdure. Cependant je serais bien fâché de vouloir leur faire du mal pour le dommage qu'ils me causent. Jetez les yeux autour de vous dans toute l'étendue de l'horizon; vous ne voyez qu'un triste désert, qui ne présente plus aucune subsistance aux pauvres animaux. Eh bien! refuserai-je de faire en leur faveur quelque léger sacrifice de ma richesse? Non, non, que le ciel m'en préserve de cette ingratitude! Ce sont ces mêmes oiseaux qui, dans un temps doux, ont égayé mes promenades par leurs joyeuses chansons. Ils me le rendront bien encore, lorsque le printemps sera venu.

Tommy fut vivement touché de ces paroles attendrissantes; et, se jetant au cou de M. Barlow: Non, monsieur, lui dit-il, je n'ai plus de regret à mes pertes. Mais, hélas! que l'hiver est une saison cruelle! Elle n'est bonne qu'à faire souffrir toutes les créatures. Je voudrais que ce fût toujours l'été.

M. BARLOW.

Prenons garde, mon enfant, à ne nous pas laisser égarer par nos désirs. Il est quelques pays où l'été règne pendant toute l'année. Mais les habitans de ces climats se plaignent des chaleurs insupportables qu'ils éprouvent, encore plus que vous ne vous plaignez ici du froid. Avec quel plaisir ils verraient l'hiver s'approcher, lorsqu'ils sont accablés sous les pesantes chaleurs d'un soleil dévorant!

TOMMY.

En ce cas, j'aimerais à vivre dans un pays où il ne fît jamais ni trop froid ni trop chaud.

M. BARLOW.

Une pareille température est difficile à trouver; et, si elle règne en quelque endroit, c'est dans une si petite portion de la terre, qu'elle ne pourrait contenir un grand nombre d'habitans.

TOMMY.

Je penserais alors qu'elle devrait être si peuplée, qu'on aurait de la peine à s'y remuer; car chacun doit désirer naturellement d'y passer sa vie.

M. BARLOW.

J'en conviens avec vous. Cependant les peuples qui vivent sous les plus beaux climats sont quelquefois moins attachés à leur pays que les habitans des plus tristes régions. L'habitude enchaîne les hommes au genre de vie qu'ils mènent depuis l'enfance, et les rend également satisfaits de la place où ils ont reçu le jour. Il est un pays que l'on nomme la Laponie, qui s'étend beaucoup plus avant vers le nord qu'aucune autre partie de l'Angleterre, et dont la surface est couverte de neige pendant presque toute l'année : eh bien ! les malheureux qui l'habitent ne voudraient pas changer leur triste séjour contre aucune autre partie de l'univers.

TOMMY.

Et comment font-ils pour vivre dans un pays si affreux ?

M. BARLOW.

Vous auriez de la peine à l'imaginer. Le sol ne pouvant produire aucune espèce de moisson, ils sont absolument étrangers à l'usage du pain. Ils n'ont point d'arbres qui leur donnent de fruits, et ils ne connaissent ni moutons, ni chèvres, ni vaches, ni cochons.

TOMMY.

Mais enfin qu'ont-ils pour subsister ?

M. BARLOW.

Ils ont une espèce de cerf plus grand qu'aucun de ceux que vous auriez pu voir dans les parcs de nos grands seigneurs. Ces animaux, que l'on nomme *rennes*, se laissent apprivoiser ; et on les instruit à vivre en troupeaux et à obéir à leurs maîtres. Dans le court espace de temps que dure l'été de ce pays, ils vont paître dans les vallées, où l'herbe vient fort épaisse et d'une grande hauteur. Pendant l'hiver, lorsque la terre est couverte de neige, ils fouillent avec le pied, jusqu'à ce qu'ils aient trouvé une espèce de mousse, qui croît par-dessous, et dont ils se nourrissent. Les rennes ne fournissent pas seulement des alimens à leurs maîtres, ils leur donnent encore de quoi se vêtir et se tenir plus chaudement dans leurs habitations. Une partie du lait de ces animaux sert au Lapon pour vivre dans l'été. Il réserve le reste dans des vaisseaux de bois pour lui servir pendant l'hiver. Ce lait, exposé à la gelée, devient si dur, que, lorsqu'on veut en faire usage, on est obligé de le briser à coup de hache. Il arrive souvent que la neige est si épaisse, que les pauvres rennes peuvent à peine trouver même de la mousse. Alors le maître est dans la nécessité de les tuer, et de se nourrir de leur chair. Il emploie leurs peaux à se faire de bons habits, à lui et à sa famille, ou il les étend à terre l'une sur l'autre pour y dormir plus mollement.

Les maisons, en Laponie, ne sont que des huttes faites avec des perches qu'on enfonce de biais dans la terre, et que l'on réunit au sommet, en y laissant néanmoins un vide pour y donner passage à la fumée. Cette légère charpente est couverte de peaux d'animaux, ou de toile grossière, ou même d'écorce d'arbre et de gazon. On ménage, du côté du midi, une petite ouverture, à travers laquelle on se glisse en rampant, soit pour entrer dans la hutte, soit pour en sortir : le milieu est occupée par un large foyer. Des hommes qui sont si faciles à contenter ignorent absolument l'usage de la plupart des choses que l'on croit ici nécessaires. Chacun d'eux fait pour soi-même ce que lui demandent ses besoins réels. Ils ne se nourrissent que d'oiseaux, de poissons, de lait, et de la chair de rennes, ou des ours qu'ils peuvent tuer à la chasse. Ils dépouillent l'écorce du sapin, qui est presque le seul arbre qui croisse sur leurs tristes montagnes; ils en ôtent ensuite la pellicule intérieure, et la font bouillir pour la manger avec leurs viandes enfumées. Le plus grand bonheur de ce peuple est de se conserver libre, et de vivre sans frein : aussi ne restent-ils pas toujours fixés dans le même endroit. Ils enlèvent aisément leurs maisons, et en chargent les pièces sur leurs traîneaux, avec le peu de meubles qu'ils possèdent, pour aller s'établir dans quelque autre partie de la contrée.

TOMMY.

Ne m'avez-vous pas dit, monsieur, qu'ils n'ont ni chevaux ni bœufs? Ils tirent donc leurs traîneaux eux-mêmes?

M. BARLOW.

Non, mon ami. Les rennes sont si dociles, qu'ils se laissent attacher aux traîneaux, et les tirent avec une vitesse surprenante sur la neige endurcie par la gelée; ils courent environ six lieues par heure : c'est de cette manière que vivent les Lapons, avec la facilité de changer de séjour aussi souvent qu'ils en ont fantaisie. Dans le printemps, ils mènent paître leurs rennes sur les montagnes. Dès que l'hiver s'approche, ils descendent avec eux dans les vallées, où ils sont mieux protégés contre la violence des vents. Au reste, ils n'ont ni villes, ni villages, ni champs cultivés, ni routes frayées, ni auberges pour les voyageurs, ni magasins, ni boutiques pour se procurer les commodités de la vie. Toute la face de la contrée ne présente qu'un horrible désert. De quelque côté qu'on tourne la vue, on ne découvre que de hautes montagnes, couvertes de neige, et couronnées de brouillards. On n'y voit aucune autre espèce d'arbres que de noirs sapins et de tristes bouleaux. Ces montagnes fournissent une retraite à des milliers d'ours affamés, qui sont continuellement à courir pour chercher leur proie parmi les troupeaux de rennes; en sorte que les Lapons sont obligés de se tenir sans cesse en garde pour leur propre défense. Ils attachent à leurs pieds de longues planches, pour pouvoir se soutenir sur la neige sans enfoncer; et, malgré ce poids, ils sont si agiles, qu'ils atteignent les ours à la course, et les tuent avec des flèches qu'ils savent fabriquer. Quelquefois ils surprennent ces animaux dans les cavernes où ils se réfugient pendant l'hiver. Alors ils les attaquent avec des piques; et, quoique le plus grand d'entre eux ne soit guère plus haut que vous, ils sortent ordinairement victorieux du combat. Lorsqu'un Lapon a tué un ours, il le porte en triomphe sur son traîneau, jusqu'à la porte de sa hutte; il le dépèce, en fait bouillir les morceaux dans un pot de fer, et il invite ses amis à partager son repas. C'est le seul apprêt qu'ils connaissent pour leur cuisine; et ils trouvent leur chair très-délicate. Ils mettent la graisse à part pour la faire fondre, et la boire toute chaude. Assis autour de leur foyer, ils s'amusent à raconter l'histoire de leurs exploits à la chasse ou à la pêche, jusqu'à ce que le repas soit fini. Quoiqu'ils mènent une vie si grossière, ils sont naturellement bons, francs et hospitaliers. Si un étranger vient leur demander un asile, ils le reçoivent avec bonté, et le régalent du mieux qu'il leur est possible, sans vouloir rien prendre en paiement, si ce n'est un peu de tabac qu'ils aiment beaucoup à fumer.

TOMMY.

Les pauvres gens! que je les plains de mener une vie si malheureuse! Mais, monsieur, avec la misère qu'ils souffrent, et l'exercice violent qu'ils se donnent, ils doivent être toujours malades.

M. BARLOW.

Avez-vous observé que ceux qui mangent et boivent le mieux, et qui supportent le moins de fatigues, soient les plus exempts de maladies?

TOMMY.

Non, pas toujours, monsieur. Je me souviens de deux ou trois gentilshommes que j'ai vu dîner chez mon père, qui mangeaient une quantité de viande extraordinaire, et qui buvaient, à chaque instant, de grands verres de vin et de liqueur; et ces pauvres gens ont perdu l'usage de presque tous leurs membres. Leurs jambes enflées sont presque aussi grosses que mon corps : leurs pieds sont si délicats, qu'ils ne peuvent les poser à terre : et leurs genoux si roides, qu'ils ont de la peine à les plier. Il ne faut pas moins de deux ou trois de leurs gens pour les tirer de leur carrosse, et ils ne sauraient se soutenir sans béquilles. Cependant je ne les ai jamais entendus parler d'autre chose que de manger et de boire.

M. BARLOW.

Et vous souvenez-vous d'avoir vu des paysans perdre aussi l'usage de leurs membres par la même maladie?

TOMMY.

Non, monsieur, je n'en ai jamais vu.

M. BARLOW.

Ainsi donc la fatigue et une nourriture légère ne sont peut-être pas aussi contraires à la santé que vous l'auriez imaginé. Ce genre de vie pourrait bien n'être pas aussi malsain que l'intempérance à laquelle on voit les personnes les plus riches se livrer ordinairement. J'ai lu, il n'y a pas long-temps, une histoire sur ce sujet, que je vais vous dire, si vous le voulez.

TOMMY.

Si je le veux, monsieur! Oh! oui, sans doute. Vous savez bien que je ne demande pas mieux.

M. Barlow se mit alors à raconter l'histoire qui suit.

LE GOUTTEUX.

Dans l'une des principales villes d'Italie vivait le seigneur Anticornaro, à qui ses pères avaient transmis un immense héritage, et qui, se croyant exempté, par sa richesse, du besoin de cultiver son esprit et d'exercer les forces de son corps, avait pris l'habitude de passer la journée entière à manger. Tout l'exercice de sa pensée se bornait au soin d'imaginer ce qui pourrait ajouter au luxe de sa table, et comment il trouverait le moyen de se procurer les friandises les plus recherchées. L'Italie produit d'excellens vins : mais ce n'était pas assez pour notre gourmand. Il avait des correspondans en diverses parties de la France et de l'Espagne, pour lui acheter les vins les plus précieux de ces contrées. Il entretenait aussi des agens dans toutes les villes maritimes, qui étaient chargés de lui envoyer chaque jour les poissons les plus délicats. Les principaux pourvoyeurs de la ville étaient en compte ouvert avec lui pour lui fournir le gibier le plus fin et le plus rare. Il avait encore un homme dans sa maison pour lui donner des avis sur sa pâtisserie et ses desserts.

Aussitôt après son déjeûner, il avait coutume de se retirer dans sa bibliothèque. N'allez pas croire pour cela qu'il lui arrivât jamais d'ouvrir un livre pour s'instruire ou pour s'amuser. Assis gravement sur un fauteuil, il se faisait passer une serviette sous le menton, et citait devant lui son chef de cuisine. Celui-ci venait aussitôt, suivi de deux estafiers, qui portaient chacun un vaste bassin d'argent, où étaient arrangées plusieurs coupes, remplies de toutes les sauces qu'on avait pu imaginer. Le seigneur Anticornaro trempait avec la plus grande solennité un morceau de pain dans chaque sauce, et décidait de celles qu'on devait lui servir à son repas, avec une attention aussi sérieuse que s'il eût signé des édits pour l'administration d'un grand royaume. Lorsque cette importante affaire était ainsi terminée, il se jetait sur un sopha pour se délasser d'un si grand travail, et se rafraîchir, par le sommeil, jusqu'à l'heure du dîner. N'attendez point que j'entreprenne ici la peinture de ses repas. Il serait aussi difficile de vous décrire la variété surprenante de poissons, de viandes et de pâtisseries qu'on étalait devant lui, que de vous peindre la gloutonnerie avec laquelle il mangeait de tout, irritant son appétit par les sauces les plus fortes et les liqueurs les plus échauffantes, jusqu'à ce qu'enfin il fût obligé de s'interrompre, non parce que ses besoins étaient satisfaits, mais par l'impossibilité absolue de faire entrer encore quelque chose dans son estomac.

Il avait long-temps mené ce genre de vie sans en avoir éprouvé que des incommodités passagères; mais à la fin il devint d'une rotondité si énorme, qu'à peine pouvait-il se mouvoir. Lorsqu'il était couché, son ventre paraissait élevé comme une montagne. Ses joues retombaient jusque sur ses épaules; et ses jambes, malgré l'air de colonnes qu'elles avaient par leur grosseur, semblaient être trop faibles pour supporter le poids immense de son corps. Ajoutez à cela qu'il était tourmenté par des indigestions continuelles et par des crampes insupportables, qui se terminèrent bientôt par de violens accès de goutte. Les douleurs, il est vrai, se calmèrent un peu au bout de quelques jours; et le malheureux glouton, s'en croyant délivré, revint à ses premières habitudes d'intempérance; mais l'intervalle de son repos fut plus court qu'il ne pensait. Les attaques du mal devinrent si fréquentes et si vives, qu'il se vit à la fin privé de l'usage de presque tous ses membres. Dans cette malheureuse situation, il résolut d'aller consulter un médecin qui demeurait dans la même ville, et qui avait la réputation de faire des cures admirables.

Docteur, lui dit-il en l'abordant, vous voyez l'état misérable auquel je suis réduit.

LE MÉDECIN.

Je le vois en effet, monsieur, et je suppose que vous y avez contribué par quelques excès.

ANTICORNARO.

Des excès, docteur; je crois que bien peu de personnes ont moins de reproches à se faire que moi sur cet article. Il est vrai que je fais de bons repas, mais je ne me suis jamais enivré de liqueurs fortes.

LE MÉDECIN.

C'est donc que vous passez trop de temps à dormir?

ANTICORNARO.

Plût au ciel que je fusse avec le sommeil aussi bien que vous le pensez! A la vérité, je passe dans mon lit environ douze heures de la journée, parce que je trouve l'air piquant du matin extrêmement contraire à ma constitution. Mais je suis si troublé par des vents et des chaleurs d'entrailles, qu'à peine puis-je fermer l'œil de toute la nuit : ou, si je m'assoupis un moment, je sens des oppressions qui m'étouffent, et je me réveille avec des sueurs froides, comme si j'étais à l'agonie.

LE MÉDECIN.

Voilà des symptômes très-alarmans. Je suis surpris que des nuits si agitées n'aient pas déjà enflammé votre bile, et consumé votre sang.

ANTICORNARO.

Je n'y résisterais pas, sans doute, si je ne cherchais à me procurer du sommeil deux ou trois fois par jour; ce qui me met en état de parer à ces insomnies.

LE MÉDECIN.

Et vous donnez-vous de l'exercice? Je crains que votre état ne vous permette pas d'en faire beaucoup.

ANTICORNARO.

Pardonnez-moi, monsieur. Je n'ai jamais manqué d'aller me promener dans mon carrosse une ou deux fois par semaine. Mais, dans ma situation actuelle, il ne m'est pas possible de le faire. Outre que le plus léger mouvement met en désordre toute ma machine, je me sens des lassitudes et des tiraillemens si insupportables dans les jambes, qu'il me semble, à tout moment, qu'elles vont me quitter.

LE MÉDECIN.

Je dois vous dire, monsieur, que votre situation est bien fâcheuse, mais elle n'est pas absolument désespérée; et si vous avez le courage de vous imposer quelques privations sur votre nourriture et sur votre sommeil, je ne doute pas que vous n'en receviez un grand soulagement.

ANTICORNARO.

Hélas! docteur, je vois que vous connaissez bien peu la délicatesse de ma constitution, puisque vous me prescrivez un régime qui m'aurait bientôt emporté. Le matin, lorsque je me lève, je me trouve dans un état de défaillance, comme si toutes les facultés de la vie allaient s'éteindre en moi. Mon estomac est affadi de nausées. J'ai dans toute la tête des douleurs sourdes et des étourdissemens. En un mot, je sens une telle faiblesse dans mes esprits, que, sans le secours de deux ou trois cordiaux ou d'un bon restaurant, je ne serais pas en état d'achever la matinée. Non, docteur, j'ai une si grande confiance dans votre savoir, qu'il n'est ni pilule ni médecine que je ne prenne sur votre ordonnance; mais, pour changer la moindre chose à mon régime, cela est impossible.

LE MÉDECIN.

C'est-à-dire que vous désirez la santé, sans vouloir rien faire pour la recouvrer. Vous vous imaginez sans doute que toutes les suites d'un genre de vie si destructeur peuvent être réparées par un julep, ou par une décoction de séné. Comme je ne puis vous guérir à ces conditions, je me reprocherais de vous laisser un moment dans l'erreur. Votre guérison est hors du pouvoir de la médecine; et vous ne pouvez l'obtenir que par vos propres moyens.

ANTICORNARO.

Qu'il est affreux de se voir ainsi condamner dans la fleur de sa vie! insensible et cruel docteur, ne voulez-vous rien entreprendre pour me soulager?

LE MÉDECIN.

Je vous ai dit, monsieur, tout ce que je pouvais vous dire. Il me reste cependant à vous apprendre que j'ai un de mes confrères à Padoue, qui est l'homme de l'Italie le plus habile pour la guérison de la goutte. Si vous pensez qu'il vaille la peine de le consulter, je vous donnerai pour lui une lettre de recommandation; mais il faudra faire vous-même la route, attendu qu'il ne se déplace jamais, quand ce serait pour un prince.

Ici finit l'entretien; car le seigneur Anticornaro, qui s'effrayait de la seule pensée d'un voyage, prit brusquement congé du docteur, et retourna chez lui tout découragé. Ses maux ne firent que s'accroître de jour en jour; et, comme l'idée du médecin de Padoue n'était pas sortie un instant de son esprit, il prit enfin la résolution décidée de recourir à lui. Pour cet effet, il se fit faire une litière d'une forme alors nouvelle, dans laquelle il pouvait s'étendre pour dormir, ou s'asseoir à son aise pour manger. Le chemin n'était pas de plus d'une journée de marche ordinaire; mais, pour éviter la fatigue, il crut devoir y employer quatre jours. Sa litière était suivie d'un voiture chargée de toutes les provisions qui peuvent servir à la bonne chère. Le cortége était fermé par une foule de cuisiniers et de marmitons, afin que rien ne pût manquer à sa table pendant la route. Après un voyage très-ennuyeux, il entra le quatrième jour dans Padoue; et, s'étant informé de la demeure du docteur Ramozzini, il se fit conduire à sa porte. Descendu de sa litière sur les épaules d'une demi-douzaine de ses gens, il fut introduit dans un petit salon, d'où l'on voyait une salle spacieuse, où étaient vingt à trente pauvres à dîner. Le docteur se promenait autour de la table, en invitant gaîment ses convives à manger de bon appétit. Mon ami, disait-il à un homme extrêmement pâle, il faut que vous mangiez encore cette tranche de bœuf, ou votre estomac ne se rétablira jamais. Tenez, mon cher, disait-il à un autre, buvez ce verre de bière; elle arrive tout nouvellement d'Angleterre : c'est un spécifique excellent contre les fièvres nerveuses. Et vous, dit-il à un troisième, comment va votre jambe ? Beaucoup mieux, monsieur, répondit celui-ci, depuis que vous avez la charité de me recevoir à votre table. Fort bien, reprit le doceur, vous serez guéri dans quinze jours, si vous continuez de vous bien nourrir. Dieu soit loué, se dit tout bas le seigneur Anticornaro, qui avait entendu ces entretiens avec un plaisir infini, j'ai enfin trouvé un médecin raisonnable ! Celui-ci ne me fera pas mourir d'inanition, sous prétexte de me guérir, comme ce maudit charlatan, aux griffes duquel j'ai si heureusement échappé. A la fin, le docteur congédia sa compagnie, qui se retira en le comblant de louanges et de bénédictions. Il s'approcha alors du seigneur Anticornaro, qu'il reçut avec beaucoup de civilité ; et, après avoir lu sa lettre de recommandation, il lui dit : Monsieur, la lettre de mon savant ami m'a pleinement instruit des particularités de votre maladie. Elle est effectivement difficile à guérir ; mais je pense qu'il ne faut pas entièrement désespérer d'un parfait rétablissement. Si vous voulez vous confier à mes soins, j'emploierai toutes les ressources de mon art : mais j'y mets une condition indispensable ; c'est que vous renverrez dès aujourd'hui tous vos domestiques, et que vous vous engagerez solennellement à suivre mes ordonnances, au moins pour un mois. Sans cette soumission, je ne voudrais pas entreprendre la cure, même d'un monarque. Docteur, répondit Anticornaro, les personnes de votre profession que j'ai consultées ne devraient pas, je l'avoue, me prévenir beaucoup en votre faveur ; et j'hésiterais à souscrire à une pareille proposition de la part de tout autre que vous. Vous êtes le maître, monsieur, répliqua le docteur. Employez-moi, ou ne m'employez pas, cela est entièrement à votre disposition. Mais, comme je suis au-dessus de toute vue mercénaire, je ne hasarde point la gloire d'un art aussi noble que le mien sans une espérance raisonnable de succès. Et quel succès pourrais-je me promettre contre une maladie aussi obstinée, si vous ne vouliez pas répondre à mes efforts pour la combattre? En effet, dit le seigneur Anticornaro, ce que vous dites est si sensé, et ce que j'ai vu de votre conduite m'inspire tant de confiance, que je veux bien vous donner sur-le-champ des preuves de la docilité la plus étendue. Il fit aussitôt venir ses domestiques, et leur ordonna de s'en retourner dans sa ville, et de ne revenir qu'au bout d'un mois entier. Lorsqu'ils furent partis, le médecin lui demanda comment il se trouvait de son voyage. Beaucoup mieux que je n'aurais osé l'espérer, répondit-il; je me sens même plus d'appétit qu'à l'ordinaire. C'est pourquoi je désirerais, avec votre permission, que l'on avançât un peu l'heure du souper. Très-volontiers, dit le docteur; à huit heures du soir tout sera prêt pour votre repas. Dans cet intervalle, vous trouverez bon que j'aille visiter mes malades.

Les premiers instans de l'absence du médecin furent employés par le seigneur Anticornaro à repaître également son imagination de l'excellent souper qu'il allait faire. Sûrement, se disait-il à lui-même, si le docteur Ramozzini traite les pauvres d'une manière si charitable, il n'épargnera rien pour régaler un homme de mon importance. J'ai ouï dire que l'on mange dans cette ville d'excellentes truites et des ortolans délicieux. Je ne doute pas que le docteur n'ait un très-bon cuisinier, et je n'aurai pas à me repentir d'avoir renvoyé les miens. Il s'amusa quelque temps de ces idées. Mais bientôt son appétit devenant de plus en plus affriandé par son imagination, il perdit toute patience; et, ayant appelé un domestique de la maison, il demanda ce qu'on pourrait lui donner de meilleur pour distraire son estomac jusqu'à l'heure du souper. Monsieur, lui répondit le domestique, je voudrais de tout mon cœur pouvoir vous obéir; mais mon maître, bien qu'il soit le plus généreux des hommes, a une attention si scrupuleuse pour les malades qu'il traite dans sa maison, qu'il ne veut pas qu'on leur serve rien à manger hors de sa présence. Ainsi donc, je vous supplie de vouloir bien l'attendre. En moins de deux heures le souper sera prêt; et vous pourrez alors vous dédommager amplement de ce retard. Le seigneur Anticornaro fut en conséquence obligé de passer encore deux heures sans rien prendre; effort d'abstinence qu'il ne lui était pas arrivé de faire depuis vingt ans. Il se plaignit avec amertume de la lenteur des heures, et se dépita cent fois contre sa montre, qui n'en avançait pas le cours. Enfin le docteur rentra ponctuellement à l'heure qu'il avait annoncée; et l'on s'empressa de dresser la table : ce qui fut fait avec beaucoup d'appareil. On y servit six grands plats de porcelaine, tous bien couverts. A cet aspect le seigneur Anticornaro tressaillit de joie; mais, au moment où il allait déployer sa serviette, le docteur lui dit : Doucement, monsieur, s'il vous plaît. Avant de donner carrière à votre appétit, il est bon de vous prévenir que, suivant la méthode que j'ai cru devoir employer pour vaincre l'opiniâtreté de votre maladie, vos alimens et votre boisson sont mêlés de drogues médicinales, telles que votre état le requiert. Ce n'est pas qu'elles doivent vous inspirer aucun dégoût; car je vous défie de les distinguer par aucun de vos sens. Mais, comme leurs effets sont également prompts et efficaces, je dois vous recommander de manger avec une extrême modération. En achevant ces paroles, il ordonna que les plats fussent découverts. Quelle fut la surprise du seigneur Anticornaro, de n'y voir autre chose que des olives, des figues sèches, des dattes, quelques pommes cuites, des œufs bouillis, et un vieux morceau de fromage. Ciel et terre! s'écria-t-il à cette fatale vue, est-ce donc ce pauvre souper que vous avez fait préparer pour moi avec un préambule si magnifique? Croyez-vous qu'un homme de ma sorte puisse se contenter de ce triste repas, qui satisferait à peine les misérables mendians que j'ai vus dîner dans votre salle? Daignez, je vous en supplie, m'excuser, monsieur, répondit le médecin; c'est l'extrême attention que j'ai pour votre santé qui me force de vous traiter avec cette incivilité apparente. Votre sang est échauffé par l'exercice extraordinaire que vous avez fait dans votre voyage; et si j'allais follement condescendre à vos désirs dévorans, une fièvre maligne pourrait être pour vous le prix de ma faiblesse. Mais demain, comme vous serez un peu plus reposé, je pourrai vous traiter d'une manière moins indigne de vous. Le seigneur Anticornaro, voyant qu'il n'y avait pas d'autre parti à prendre, se consola du moins par l'espérance qu'on lui faisait entrevoir, et se soumit à attendre avec patience le régal du lendemain. En attendant, il prit des dattes, des figues, des olives, et mangea un morceau de fromage avec du pain. Mais, lorsqu'il voulut boire, ne voyant que de l'eau sur la table, il pria le domestique de lui apporter du vin. Non, non, Fabricio, s'écria le docteur, gardez-vous bien d'en apporter, si vous estimez la vie de cet illustre gentilhomme. Monsieur, ajouta-t-il en se tournant vers lui, c'est avec un regret inexprimable que je suis forcé de contrarier votre goût. Mais le vin serait aujourd'hui pour vous un poison mortel. Ayez la bonté de vouloir bien vous contenter, pour ce soir seulement, d'un grand verre de cette excellente eau minérale. Le seigneur Anticornaro fut encore obligé de se soumettre ; et il but son verre d'eau avec les plus étranges contorsions. Lorsque le souper fut desservi, le docteur, qui avait l'esprit extrêmement cultivé, tâcha de réjouir son hôte par une conversation aussi instructive qu'agréable, qui dura environ une heure. Alors il lui proposa de se retirer pour prendre un peu de repos. Le seigneur Anticornaro accepta joyeusement cette invitation, attendu qu'il se trouvait un peu fatigué du voyage, et qu'il se sentait de grandes dispositions au sommeil. Le docteur lui souhaita une bonne nuit, et ordonna à un valet de chambre de le conduire dans son appartement. On avait eu soin de le préparer de manière que rien n'y ressentît la mollesse. Il n'y avait ni fauteuil, ni bergère, ni sopha; quelques chaises fort propres composaient tout l'ameublement. Pour ce qui est du lit, il eût été difficile de le rendre plus simple. Ce n'était qu'un matelas de crin avec un sommier de paille; l'un et l'autre à peu près aussi mollets que le plancher. A peine le seigneur Anticornaro eut-il parcouru tout cela d'un coup-d'œil, qu'il entra dans un violent accès de colère. Insolent, dit-il à son guide, ton maître aurait-il l'audace de me confiner dans un si misérable chenil? Conduis-moi tout de suite dans un autre appartement. Monsieur, lui répondit humblement le valet de chambre, je suis sûr de ne m'être pas du tout mépris sur les ordres de mon maître, et je vous dois trop de respect pour penser à lui désobéir en un seul point qui intéresse votre santé. En disant ces mots, il sortit de la chambre; et, tirant la porte sur lui, il laissa le seigneur Anticornaro se livrer à ses méditations. Elles ne furent pas d'abord très-riantes. Cependant, comme il n'y avait aucun moyen de les égayer, il ôta ses habits, et se jeta sur sa modeste couchette, où il s'assoupit bientôt, en roulant dans son esprit des projets de vengeance contre le docteur et toute sa maison.

Il dormit, malgré lui, d'un si profond sommeil, qu'il ne se réveilla que vers le milieu de la matinée.

Alors le médecin entra dans sa chambre, et s'informa civilement de l'état de sa santé. Le repos de la nuit ayant calmé ses esprits, il fut assez sensible aux tendres politesses du docteur pour modérer les mouvemens d'indignation qu'il avait ressentis la veille. Il se contenta de laisser échapper quelques plaintes sur la nudité de son habitation. Monsieur, lui répondit le médecin, n'êtes-vous pas convenu solennellement de vous soumettre en tout à mes ordonnances? Pouvez-vous imaginer que j'aie d'autres vues que le rétablissement de votre santé? Il n'est pas possible que vous puissiez démêler, dans chaque détail, les motifs de ma conduite, quoiqu'elle soit fondée en tous ces points sur les principes de la théorie la plus lumineuse, et sur les plus sûrs résultats d'une longue expérience. Quoi qu'il en soit, je dois vous informer que j'ai su donner jusqu'à votre lit une vertu curative; et vous devez être forcé d'en convenir, après le doux repos que vous avez goûté cette nuit. Mon art ne s'étend point à communiquer des propriétés aussi salutaires à la soie et au duvet. C'est pourquoi j'ai été obligé, contre mon inclination, de vous coucher un peu durement. Mais, à cette heure, si vous le trouvez bon, il est temps de vous lever. Il sonna aussitôt ses domestiques; et le seigneur Anticornaro se laissa habiller tranquillement. On vint bientôt l'avertir que le déjeûner était prêt. Il s'attendait à faire un excellent repas; mais son inexorable surveillant ne voulut lui permettre de manger qu'un morceau de pain, et de boire qu'une écuelle d'eau de gruau; ce qu'il établit, malgré les contradictions de son hôte, sur les plus doctes fondemens de la science médicale.

A la fin de ce frugal déjeûner, le docteur dit à son malade qu'il était temps de commencer l'exécution du projet qu'il avait conçu, pour le rétablir dans le parfait usage de ses membres. A ces mots, il le conduisit dans un petit cabinet, où il le pria d'essayer de se tenir debout. Cela me serait bien impossible, répondit le seigneur Anticornaro; il y a trois ans que je ne puis me servir de cette jambe. Eh bien! lui répliqua le docteur, gardez vos béquilles, et appuyez-vous contre le mur pour vous soutenir. Après bien des façons, le seigneur Anticornaro se mit dans la posture qu'on venait de lui prescrire. Aux béquilles près, on l'aurait pris pour un jeune soldat que l'on façonne aux premiers exercices des armes. Le docteur, le voyant bien affermi dans cette position, lui fit une inclination profonde, et sortit brusquement, en tirant la porte après lui. Le seigneur Anticornaro, comme on l'imagine sans doute, ne savait que penser d'une pareille cérémonie. Mais il fut bien plus surpris lorsqu'il sentit les barres de fer, dont il n'avait pas encore vu que le parquet de la chambre était formé, s'échauffer insensiblement sous ses pieds. Il se mit aussitôt à pousser des cris, tantôt appelant d'une voix suppliante le docteur et ses domestiques, tantôt les menaçant de tout son courroux. Ses prières et ses menaces furent également inutiles. Personne ne vint à son secours. La chaleur qu'il ressentait le força bientôt de se tenir sur un pied, pour donner à l'autre

SANDFORD ET MERTON. Page 58.

Lorsque le docteur jugea qu'il s'était donné
assez de mouvement, il lui envoya un bon fauteuil.

le temps de se refroidir. Ce fut ensuite le tour de celui-ci de rendre le même service au premier. Mais, comme l'ardeur devenait à chaque instant plus vive, le même pied ne pouvait rester un moment sur les barreaux de fer échauffés. Aussi le seigneur Anticornaro n'eut d'autre ressource que d'aller sautant tout autour de la chambre, tantôt sur le pied droit, tantôt sur le pied gauche; puis enfin de bondir comme ces enfans qui sautent légèrement sur la terre, tandis qu'une corde agitée par deux de leurs camarades s'élève en tournant au-dessus de leurs têtes, et vient passer sous leurs pieds. On n'aurait jamais pu croire que c'était le même homme qui, l'instant auparavant, ne pouvait faire aucun pas sans béquilles : aussi je me fais un devoir de publier à sa louange qu'il fit son petit manége avec mille fois plus d'agilité qu'il n'aurait osé l'espérer lui-même. Le fruit de cet exercice fut de donner à ses muscles et à ses nerfs un jeu liant et souple, qu'ils n'avaient pas eu depuis un grand nombre d'années, et de lui procurer en même temps une transpiration abondante. Lorsque le docteur jugea qu'il s'était donné assez de mouvement, il lui envoya un bon fauteuil pour se remettre de sa fatigue, et il laissa refroidir, par degrés, le parquet, comme il l'avait fait échauffer. Ce fut alors que le seigneur Anticornaro commença, pour la première fois, à goûter les douceurs du repos qui suit une violente agitation. À l'heure du dîner, lorsque le docteur parut devant lui, il se répandit en excuses sur les libertés qu'il avait prises avec sa personne. Le seigneur Anticornaro ne reçut point ses excuses sans quelque dépit. Quoi qu'il en soit, sa colère fut un peu adoucie par l'odeur d'un poulet rôti qu'on servit devant son couvert. L'exercice de la matinée et l'abstinence de la veille lui firent trouver un goût friand à tout ce qu'il mangeait. Il obtint même la permission de mettre un peu de vin dans son eau. Le docteur lui accordait chaque jour quelque chose de plus. Toutes ces condescendances étaient cependant pour lui si peu de chose, que le mois lui semblait s'écouler avec la lenteur d'une année. A peine le vit-il expiré, que ses domestiques étant revenus pour prendre ses ordres, il se jeta soudain dans sa litière, et partit brusquement sans prendre congé du docteur ni d'aucun des gens de sa maison. Lorsqu'il venait à réfléchir sur le traitement mesquin qu'il avait reçu, sur ces exercices forcés, sur ces jeûnes involontaires, enfin sur toutes les mortifications qu'il lui avait fallu souffrir, il ne pouvait s'empêcher de croire que ce ne fût une moquerie du premier médecin, qui l'avait envoyé avec une lettre chez celui de Padoue. Plein d'un sentiment de vengeance, il se rendit chez lui, dès son arrivée, pour l'accabler des plus violens reproches. Le médecin eut de la peine à le reconnaître, quoique son absence eût été de si courte durée. Il avait perdu la moitié de son énorme grosseur. Son teint était devenu plus clair et plus reposé. Pour ses béquilles, il les avait laissées à Padoue, comme un meuble inutile. Lorsqu'il eut exhalé toutes les injures que lui inspirait son ressentiment, le médecin lui répondit d'un air froid : Je ne sais, monsieur, de quel droit vous venez me débiter toutes vos invectives, puisque c'est de votre propre mouvement que vous vous êtes confié aux soins du docteur Ramozzini.

ANTICORNARO.

Il n'est que trop vrai. Mais pourquoi me donniez-vous une si haute idée de ses lumières et de sa probité ?

LE MÉDECIN.

Il vous a donc trompé sur l'un ou l'autre point ? Et vous vous trouvez plus mal que lorsque vous vous êtes mis entre ses mains ?

ANTICORNARO.

Ce n'est pas ce que je veux dire. Mes digestions se font certainement beaucoup mieux, je dors d'un sommeil plus tranquille, et je puis marcher presque aussi lestement que dans ma première jeunesse.

LE MÉDECIN.

Et vous êtes venu sérieusement vous plaindre à moi d'un homme qui, en si peu de temps, a su opérer tous ces prodiges en votre faveur ? Êtes-vous fâché qu'il vous ait fait prendre un degré nouveau de force et de santé, que vous n'aviez pas le moindre sujet de vous promettre, et qu'il vous ait mis au point de commencer une vie saine et robuste, si vous savez vous conduire avec plus de sagesse que vous n'avez fait jusqu'à ce jour ? Il me semble que voilà des griefs d'une espèce bien nouvelle. C'est du moins la première fois que j'en ai entendu de pareils.

Le seigneur Anticornaro, qui ne s'était point encore avisé de réfléchir sur tous ces avantages, ne put s'empêcher de laisser paraître un peu de confusion ; et le docteur reprit ainsi son discours : La seule personne que vous deviez accuser, c'est vous-même, qui vous êtes laissé imprudemment aveugler par vos préventions. En entrant chez le docteur Ramozzini, vous avez vu une troupe de malheureux faire un bon repas à sa table. Ce digne homme, aussi généreux que savant, est le père de tous ceux qu'il voit souffrir autour de lui. Il sait que la plupart des maladies des pauvres ne proviennent que d'une mauvaise nourriture et de l'excès du travail ; il leur prescrit du repos, et leur donne avec bonté des alimens plus sains. Les riches, au contraire, ne sont le plus souvent malades que par leur intempérance et leur mollesse ; c'est pourquoi il est nécessaire d'employer pour eux un traitement tout opposé, et de leur ordonner les privations et l'exercice. Si l'on vous a un peu traité comme un enfant, c'est que vous en aviez l'obstination et l'inexpérience. D'ailleurs ce n'était que pour votre avantage. On n'a médicamenté ni vos alimens ni votre boisson. Vos meubles, ni votre lit n'avaient point reçu de vertus curatives. Tout le changement prodigieux qui s'est fait en votre constitution, vous ne le devez qu'au soin que l'on a pris de vous imposer un régime plus sage, et de réveiller vos facultés assoupies. Quant à cette heureuse supercherie dont il a fallu se servir, vous n'avez à vous plaindre que de votre folle imagination, qui vous a persuadé qu'un médecin devait régler ses ordonnances sur les fantaisies et les vues bornées de son malade. Le docteur

Ramozzini s'était engagé à faire usage de tous les secrets de son art pour vous guérir. S'il n'en a employé que de simples et de naturels, c'est une preuve de sa sagesse et de son habileté. D'après votre aveu même, l'effet en a été assez heureux pour qu'en le payant de la moitié de votre fortune vous soyez encore en reste avec lui.

Le seigneur Anticornaro, qui ne manquait ni de sens ni de générosité, sentit toute la force de ce discours. Il fit au docteur les plus belles excuses sur ses emportemens, et dépêcha aussitôt un courrier vers le docteur Ramozzini, avec des présens magnifiques, et une lettre qui lui exprimait la plus vive reconnaissance. Il se trouva si heureux du rétablissement de ses forces et de sa santé, qu'il ne retomba plus dans ses anciennes habitudes d'intempérance et de mollesse. Par un exercice constant et une conduite réglée, il sut se préserver de toute maladie fâcheuse, et parvint jusqu'à un âge très-avancé.

Oh! que voilà une drôle d'histoire! s'écria Tommy dès qu'elle fut achevée, qu'il me tarde de pouvoir la conter à quelqu'un de ces gentilshommes goutteux qui viennent à la maison! Ce serait fort mal de votre part, lui répondit M. Barlow, à moins qu'on ne vous la demandât expressément. Ces messieurs ne peuvent pas ignorer que tous les excès auxquels ils se livrent ne servent qu'à augmenter leur mal. Ainsi votre histoire ne leur apprendrait rien de nouveau à ce sujet. Mais il serait indécent à un petit garçon, comme vous l'êtes, de se donner les airs de vouloir instruire les autres, tandis qu'il a si grand besoin d'instruction pour lui-même. Contentons-nous de voir par cette histoire, qui peut s'appliquer à la moitié des gens riches dans presque tous les pays, que l'abus des jouissances est encore plus dangereux pour la santé que leur privation. Quant aux Lapons, sur lesquels vous étiez si fort en peine, ils parviennent en général à une très-longue vieillesse, sans aucune de ces maladies fréquentes auxquelles nous sommes sujets. L'infirmité la plus commune parmi eux est l'affaiblissement et même l'extinction de la vue; ce que l'on attribue à l'aspect éblouissant de la neige et à l'âcreté de la fumée dont ils sont constamment enveloppés dans leurs huttes. Vous pourrez apprendre encore d'autres détails intéressans sur ce peuple lorsque vous serez en état de lire les récits de nos voyageurs.

Quelques jours après cet entretien, lorsque la neige fut un peu balayée de la surface de la terre, quoique le froid n'eût presque rien perdu de sa rigueur, les deux petits garçons sortirent ensemble l'après-midi pour aller faire une promenade dans la campagne. Ils marchaient d'un pas si leste, qu'au bout d'une heure ou d'une heure et demie... Mais, *chut*. Entamons ici le récit de leurs aventures. Elles sont bien assez intéressantes pour mériter de vous les raconter sur-le-champ.

Nous avons laissé nos deux amis marchant d'un pied léger dans la campagne, et ne songeant guère au chemin qu'ils avaient fait, ni à celui qu'ils devaient faire pour s'en retourner. Enfin, le soleil, qui disparut bientôt à leurs yeux en s'abaissant derrière une petite éminence, les avertit qu'il fallait reprendre la route du logis. Ils suivirent ce conseil de fort bonne grâce; mais, en traversant une forêt, ils prirent un sentier pour l'autre, et ils ne s'aperçurent qu'ils étaient égarés qu'après avoir brouillé entièrement leur chemin, en cherchant de tous côtés à le démêler. Pour comble de détresse, le vent commença tout-à-coup à souffler avec furie du côté du nord; et une neige épaisse, qu'il poussait en tourbillons, obligea bientôt nos deux petits voyageurs à se réfugier sous les arbres, quoiqu'ils fussent dépouillés de feuillage. Par bonheur, en tournant les yeux autour de lui, Henri aperçut un vieux ormé, dont le tronc, creusé par les ans, semblait s'offrir tout exprès pour leur donner asile. Ils parvinrent à s'y glisser l'un après l'autre, et ils s'y trouvèrent assez chaudement, tandis que le vent, sifflant entre les branches fracassées, ébranlait la masse entière de l'arbre qui les renfermait, et que la neige, tombant à gros flocons autour d'eux, semblait menacer la terre de l'ensevelir. Tommy, qui n'avait jamais éprouvé les rigueurs de l'hiver sous le ciel brûlant de la Jamaïque, supporta quelque temps cette épreuve avec beaucoup de courage, et sans laisser échapper une plainte. Mais bientôt, le froid et la faim le tourmentant à l'envi, il se tourna tristement vers son camarade, et lui demanda d'une voix piteuse ce qu'ils allaient devenir.

HENRI.

Je pense que nous n'avons autre chose à faire que

d'attendre ici que le temps se soit un peu éclairci; alors nous tenterons de retrouver notre chemin.

TOMMY.

Mais si le temps ne s'éclaircit pas?

HENRI.

Dans ce cas, il faudra nous résoudre à marcher à travers la neige, ou bien rester claquemurés dans ce trou, qui nous met si bien à l'abri.

TOMMY.

Tu ne songes donc pas combien il serait terrible de nous trouver seuls dans une forêt pendant toute l'année?

HENRI.

J'y songe aussi bien que toi. Mais quand il n'y a rien de mieux à faire?

TOMMY.

Oh! c'est que j'ai tant de froid et de faim! Si nous avions seulement un peu de feu pour nous réchauffer!

HENRI.

S'il ne tient qu'à cela, j'ai ouï dire que les sauvages font du feu quand ils veulent, en frottant deux morceaux de bois l'un contre l'autre jusqu'à ce qu'ils s'enflamment. Il n'y a qu'à essayer. Mais, non, attends; il me vient une meilleure idée. J'ai un couteau dans ma poche, qui me fera très-bien le service d'un briquet, en le frappant du dos contre un caillou. Laisse-moi faire.

Henri sortit alors de l'arbre pour chercher un

caillou ; ce qui était assez difficile, à cause de l'épaisseur de la neige dont la terre était couverte. Il eut enfin le bonheur d'en trouver deux au lieu d'un. Il en prit un dans chaque main ; et, les frappant l'un contre l'autre de toute sa force, il parvint à briser le plus cassant en plusieurs morceaux. Il choisit celui de tous qui avait le tranchant le plus mince, et dit à Tommy en souriant qu'il allait bâcler son affaire. Tiens, ajouta-t-il d'un ton gai, tu vas voir. Il se mit à battre le morceau de caillou du dos de son couteau : Pink ! pink ! pink ! et voilà aussitôt un torrent d'étincelles qu'il fit jaillir. Il ne s'agit plus maintenant, continua-t-il, que de trouver, faute d'amadou, quelque chose qui puisse s'allumer à ces étincelles. Il ramassa les feuilles les plus sèches qu'il put trouver, avec des morceaux de bois mort, et il en fit un bûcher. Mais, hélas ! ni le bois ni les feuilles n'étaient d'une nature assez inflammable. Il eut beau se fatiguer à faire tomber sur eux des milliers d'étincelles brillantes, elles s'éteignaient sans rien allumer. Tommy, à qui l'air décidé de son camarade avait inspiré quelque confiance, fut abattu par son mauvais succès. L'effroi commença par degrés à pénétrer dans son âme. O ciel ! qu'allons-nous faire, s'écria-t-il d'un ton de désespoir ! Je ne vois rien de mieux à présent, répondit Henri, que de tâcher de retrouver notre chemin vers la maison. La neige ne tombe plus avec tant de violence, et le ciel commence à reprendre quelque sérénité. Allons, allons. Tommy, en grelottant, abandonna le creux de l'arbre ; et,

Henri l'ayant pris par la main, ils se mirent à marcher tous deux. Le crépuscule du soir, prêt à s'éteindre, n'éclairait que faiblement leurs pas. Tous les sentiers de la forêt se dérobaient à leurs yeux sous la couche épaisse de neige dont elle était chargée : le souffle perçant du nord engourdissait leurs membres ; et presque à chaque pas ils enfonçaient dans la neige jusqu'aux génoux. Malgré tous les encouragemens de Henri, le pauvre Tommy allait succomber de faiblesse, lorsqu'ils aperçurent au loin un reste mourant de flamme qui s'élevait et s'abaissait tour-à-tour. Cette vue ranima un peu le courage abattu de Tommy ; ils marchèrent avec plus de vitesse, et ils arrivèrent enfin auprès de quelques branches enflammées, que des bergers ou des voyageurs venaient sans doute de quitter. Vois-tu, s'écria Henri, quelle heureuse rencontre ! Voilà un feu tout dressé qui n'a besoin que d'un peu de bois pour se ranimer et pour nous dégourdir. Il se mit aussitôt à rassembler les charbons ; et, ayant jeté par-dessus quelques branches sèches qu'il ramassa, ils virent s'élever une flamme vive et brillante, qui porta dans tous leurs sens la chaleur et la joie. Tommy ne tarda pas long-temps à reprendre sa philosophie, et il dit à son ami qu'il n'aurait jamais pensé que des branches de bois pourri eussent pu être d'une si grande conséquence pour son bien-être. Je le crois bien, répondit Henri ; tu as été élevé de manière à ne jamais sentir ce que c'était que de manquer de quelque chose. Il n'en est pas ainsi de la plupart des gens de la campagne. J'ai vu de pauvres familles qui n'ont ni feu pour se chauffer, ni d'habits pour se couvrir, et qui même ne savent quelquefois en se levant où prendre du pain pour leur journée. Penses-tu dans quelle déplorable situation ces malheureux doivent se trouver? Cependant ils sont si accoutumés à une vie dure, qu'il ne leur échappe pas dans toute une année la moitié des lamentations que tu viens de faire en un quart-d'heure. Mais, répliqua Tommy un peu déconcerté par cette observation, on ne doit pas s'attendre que des gens comme il faut soient en état de supporter ce que les pauvres supportent.

HENRI.

Pourquoi non, s'ils sont des hommes comme eux? Il me semble que tes gens comme il faut sont précisément comme il ne faudrait pas être. J'ai souvent observé que les gentilshommes et les dames de notre voisinage, qui sont doublés de fourrures de la tête aux pieds, ne laissent pas que de frissonner au moindre souffle de l'air, comme s'ils avaient la fièvre, tandis que les enfans des pauvres, jusqu'aux plus petits, courent pieds nus sur la glace, et se divertissent à faire des boules de neige.

TOMMY.

Effectivement, tu m'y fais penser. La dernière fois que j'allai chez mon papa, je vis en entrant des gens assis autour d'un feu que l'on avait fait aussi grand qu'il était possible, se plaindre pourtant de de la rigueur du froid; et je venais de voir des laboureurs qui avaient quitté leur veste pour travailler.

HENRI.

C'est que l'exercice vaut mieux pour se réchauffer que le meilleur charbon de terre. Cette chaleur ne coûte pas si cher, et dure plus long-temps.

TOMMY.

Il faudrait donc, à t'en croire, que les gentilshommes prissent une bêche et allassent cultiver les champs?

HENRI.

Peut-être n'en feraient-ils que mieux, au lieu de s'ennuyer dans leurs châteaux. Mais laissons-les se conduire à leur fantaisie. Je ne te demande qu'une chose. Crois-tu qu'il soit bon à un gentilhomme d'avoir un corps sain et vigoureux?

TOMMY.

Sans doute.

HENRI.

Il faut donc qu'il s'endurcisse un peu au travail, s'il ne veut être fluet et maladif comme une femme.

TOMMY.

Est-ce qu'on ne peut être fort sans travailler?

HENRI.

Je m'en rapporte là-dessus à toi-même. Tu as vu quelquefois chez ton père des enfans de gentilhomme. Y en a-t-il un seul aussi robuste que le moindre fils de fermier, qui est accoutumé de bonne heure à manier la bêche et la charrue?

TOMMY.

Il n'y a rien de si vrai; car je sens, pour ma part, que je suis devenu beaucoup plus fort depuis que j'ai appris à travailler dans le jardin de M. Barlow.

Pendant qu'ils s'entretenaient de cette manière, ils virent un petit paysan chargé de ramée, qui s'avançait vers eux en chantant. Du plus loin que Henri put distinguer ses traits à la lueur de la flamme, il le reconnut, et s'écria : Sur ma parole, Tommy, voici le petit garçon à qui tu as donné tes habits cet été. Il demeure sans doute dans le voisinage, et son père ou lui voudront bien nous remettre dans notre chemin. Le petit garçon étant alors arrivé tout près d'eux, Henri lui demanda s'il pourrait les conduire hors de la forêt. Oui, sûrement, répondit-il; mais qui aurait jamais penser trouver ici le jeune M. Merton dans une si vilaine nuit? Venez, venez avec moi. Nous irons d'abord dans la cabane de mon père pour vous réchauffer à notre feu. Pendant ce temps j'irai chez M. Barlow lui dire de ne pas être inquiet sur votre compte. Tommy accepta avec transport cette proposition. Le petit garçon les conduisit hors de la foret; et, au bout d'un quart d'heure de marche, ils arrivèrent à la porte d'une chétive cabane, qui était à côté du grand chemin. Ils virent, en entrant, une femme occupée à filer au rouet. La fille aînée faisait cuire de la bouillie sur le feu. Le père, assis près d'une table au coin de la cheminée, lisait attentivement dans un livre, sans être détourné par trois ou quatre marmots à demi nus, qui se roulaient à ses pieds en jouant avec un chat. Mon père, dit le petit garçon, du seuil de la porte, en jetant à bas son fagot de ramée, voici le jeune M. Merton, qui nous a fait tant de bien cet été, avec son ami M. Sandford. Ils ont perdu leur chemin dans le bois, et ils ont essuyé toute la neige qui est tombée depuis une heure. Pendant ce discours, le vieux paysan avait ôté ses lunettes, et posé son livre sur la table, en regardant, la bouche béante, les deux enfans. Il se leva aussitôt, alla les prendre par la main, et les pria de s'asseoir à sa place, tandis que la bonne femme, jetant sur le feu le fagot que venait d'apporter son fils, leur dit avec bonté : Allons, mes petits amis, vous êtes transis de froid, chauffez-vous. Hélas! c'est tout ce que j'ai de meilleur à vous donner. Je voudrais bien avoir quelque chose à vous offrir pour manger; mais j'ai peur que vous ne puissiez trouver du goût à notre pain. Il est si sec et si noir! En vérité, ma bonne femme, lui répondit Tommy, je me sens un si grand appétit, qu'il n'est rien, je crois, que je ne puisse manger avec plaisir. Eh bien! donc, répliqua la bonne femme, il me reste un morceau de lard des grandes fêtes, je vais le faire cuire sur les charbons; et, si vous voulez en faire votre souper, je vous le verrai manger avec bien de la joie.

Tandis que la bonne femme s'empressait de faire les préparatifs du repas, il lui échappait de profonds soupirs. Ah! s'écria-t-elle, sans cette malheureuse fièvre qui a travaillé mon pauvre homme tout cet été, nous aurions été un peu mieux en état de vous recevoir. Hélas! quand j'y pense nous nous sommes vus bien à plaindre.

Tiens, ma femme, crois-moi, lui répondit son mari, ne parlons plus des maux passés. Ne songeons qu'à nous réjouir de ce que nous sommes plus heureux à présent. Il est vrai que deux de ces enfans et moi, nous avons été malades cette année, mais, par la grâce de Dieu, n'en sommes-nous pas réchappés? La Providence n'a-t-elle pas envoyé à notre secours le digne M. Barlow, et ce brave petit Sandford, qui est venu nous porter de quoi vivre dans le temps où nous étions près de mourir de faim? N'ai-je pas eu du travail pendant tout l'automne? et même à présent, tandis que tant de malheureux, qui valent mieux que moi, ne savent où donner de la tête faute d'ouvrage, n'ai-je pas six bons schellings à gagner par semaine?

Six schellings, interrompit Tommy avec surprise! Quoi! c'est là tout ce que vous avez pour nourrir votre femme et vos enfans pendant la semaine entière?

LE PAUVRE HOMME.

Je vous demande pardon, mon cher petit monsieur; ma femme gagne, par-ci par-là, dans la semaine, un schelling ou un schelling et demi, à travailler à la journée. Ma fille aînée commence à faire aussi quelque chose de sa quenouille; mais cela ne va pas loin, parce qu'il faut qu'elle soigne les enfans.

TOMMY.

Cela ne fait donc que sept à huit schellings pour huit jours. Eh bien! le croiriez-vous? J'ai vu de nos dames en donner presque autant pour entendre chanter pendant une heure, ou pour faire friser leurs cheveux. Je connais même une petite demoiselle, dont le père donne une demi-guinée par leçon à un danseur, pour lui apprendre à cabrioler autour de la chambre.

LE PAUVRE HOMME.

Oh! que voulez-vous? Ce sont des gentilshommes dont vous me parlez. Ils sont riches, et ils ont le droit de faire ce qu'ils veulent de leur argent; mais nous, pauvres gens que nous sommes, c'est notre devoir de travailler rudement toute la journée, et encore de remercier Dieu le soir de ce que notre condition n'est pas plus mauvaise.

TOMMY.

Et comment pouvez-vous le remercier de vivre dans une cabane comme celle-ci, et de gagner à peine dans une semaine ce que les autres dépensent dans une heure?

LE PAUVRE HOMME.

Eh! mon cher petit monsieur, n'est-ce pas un acte de sa bonté, que nous ayons encore une maison pour nous mettre à l'abri du mauvais temps, des habits pour nous vêtir, et un morceau de pain pour vivre? Tenez, sans chercher plus loin, nous vîmes passer hier devant notre porte deux hommes qui avaient failli périr dans une tempête, et qui avaient perdu sur leur vaisseau tout ce qu'ils possédaient. L'un des deux avait à peine des vêtemens pour se couvrir; il tremblait dans tous ses membres d'une grosse fièvre. L'autre avait les pieds à demi gelés, pour avoir dormi la nuit sur la neige. Ne suis-je pas plus heureux que ces pauvres gens, et que mille autres, peut-être, qui, dans ce moment, sont ballotés par les vagues, et jetés sur des rochers, ou qui languissent dans les prisons sous le poids de leurs dettes et de leur misère, ou qui vont errans dans les campagnes, sans abri pour les défendre des rigueurs de la saison? Ne pouvais-je pas me laisser entraîner à commettre de mauvaises actions, comme tant de malheureux qui n'y ont été poussés que par le besoin, et me rendre enfin coupable de quelque crime qui m'aurait conduit à une mort honteuse? Voyez, après cela, si je ne dois pas être reconnaissant envers le ciel de toutes ces bénédictions qu'il a répandues sur ma tête, malgré mon indignité.

Tommy qui, jusqu'alors avait joui des biens de la vie, sans élever sa pensée vers l'Être suprême de qui il les avait reçus, fut vivement frappé de la piété de cet homme vertueux; mais, au moment où il se disposait à lui répondre, la bonne femme, qui avait étendu sur la table une nappe grossière, mais fort propre, et qui venait de servir dans un plat de terre son morceau de lard fumant, s'avança d'un air gracieux vers nos deux amis pour les engager à faire leurs repas. Il se rendirent à cette invitation avec d'autant plus d'empressement, qu'ils n'avaient rien mangé depuis l'heure de leur dîner. C'était un plaisir ravissant pour leur bonne hôtesse de les voir s'escrimer à l'envi l'un de l'autre pour faire honneur à son banquet. Pour le maître de la cabane, lorsqu'il les vit si bien occupés, il alla prendre son chapeau, et il s'achemina tout de suite vers la maison de M. Barlow, dans le dessein de lui porter des nouvelles de ses chers élèves.

Leur longue absence le tenait, depuis une heure,

dans les plus vives inquiétudes. Non content d'envoyer de tous côtés ces gens à leur rencontre, il venait de se mettre en quête lui-même ; en sorte que le pauvre homme le trouva à moitié chemin de la maison. Il s'empressa de le tranquilliser ; et, l'emmenant avec lui, ils arrivèrent tout justement comme Tommy Merton et son camarade achevaient d'expédier l'un des meilleurs repas qu'ils eussent faits de leur vie. Les deux petits garçons se levèrent aussitôt pour voler dans les bras de leur ami. Ils le remercièrent de son empressement, et lui firent mille excuses sur les inquiétudes qu'ils lui avaient causées. M. Barlow les embrassa avec la plus vive tendresse ; et, sans leur faire de reproches, il leur conseilla d'être plus prudens à l'avenir, et de ne pas pousser si loin leurs promenades. Après avoir rendu grâce aux pauvres gens du bon accueil qu'ils avaient fait à ses élèves, il prit ceux-ci par la main, et ils se mirent tous trois en marche à la clarté des étoiles.

Pendant la route M. Barlow renouvela ses conseils à nos petits étourdis, et leur peignit vivement les dangers auxquels ils s'étaient exposés. Il est arrivé, leur dit-il, à plusieurs personnes d'être surprises, dans votre situation, par une chute de neige imprévue, de perdre leur route, et de se précipiter dans des fossés profonds, où ils ont été ensevelis par la neige, et gelés au point d'en mourir. O ciel ! s'écria Tommy, quel risque nous avons couru. Mais, dites-moi, je vous prie, monsieur, est-ce que la mort est toujours inévitable en pareil cas ? Vous devez assez sentir, lui répondit M. Barlow, s'il est facile d'en échapper. Il y a cependant quelques exemples de personnes qui ont passé quelques jours ensevelies sous la neige, et qui ont été retirées vivantes. Demain je vous ferai lire une histoire remarquable à ce sujet.

Tommy qui aimait les histoires à la folie, remercia M. Barlow de l'espérance qu'il lui donnait d'en apprendre bientôt une nouvelle. Il en continua plus gaîment sa marche. Mais dans un moment de silence qui venait de se glisser, je ne sais comment à travers leur entretien, ayant par hasard élevé ses yeux vers le ciel, il fut frappé de la clarté brillante dont il vit étinceler tous les astres. Oh! monsieur, s'écria-t-il, voyez, je vous prie, comme les étoiles sont belles ce soir! il me semble aussi que je n'en ai jamais tant vu de ma vie. Je défierais bien de les compter. Oui-dà? lui répondit M. Barlow. Et si je vous disais qu'on est venu à bout de compter non-seulement toutes celles que vous voyez, mais des milliers d'autres encore qui sont invisibles à vos regards.

TOMMY.

Comment cela serait-il possible? Elles sont répandues de tous les côtés dans une si grande profusion! Là, voyons, par quel bout s'y prendre! Je ne vois ni fin ni commencement. C'est comme si je vous proposais de compter les flocons de neige qui sont tombés ce soir tandis que nous étions dans la forêt. M. Barlow sourit à cette comparaison; et il dit à Tommy qu'il pensait que son camarade serait en état de lui rendre un meilleur compte des étoiles, quoiqu'il ne sût pas encore les nombrer toutes. Henri, ajouta-t-il, ne pourriez-vous pas nous montrer quelques constellations.

HENRI.

Oui, monsieur, je crois m'en rappeler quelques-unes que vous avez eu la bonté de me faire connaître.

TOMMY.

Mais d'abord, monsieur, qu'est-ce qu'une constellation, je vous prie?

M. BARLOW.

Je vais tâcher de vous le faire entendre. Ceux qui commencèrent les premiers à observer les cieux, comme vous le faites maintenant, y distinguèrent certains groupes d'étoiles, remarquables par leur éclat ou par leur proximité, et ils leur donnèrent un nom particulier, afin de pouvoir les reconnaître plus aisément eux-mêmes, ou les indiquer aux autres. Chacun de ces groupes d'étoiles ainsi réunies, est ce qu'on nomme une constellation. Venez, Henri, vous êtes un petit fermier; vous devez connaître le chariot. Ayez la bonté de vous le faire voir. Henri leva la tête; et, au premier regard qu'il jeta vers les cieux : Le voilà, dit-il, et il montra du doigt vers le nord sept étoiles brillantes. Vous avez raison, c'est lui-même, répondit M. Barlow. Quatre de ces étoiles ont rappelé au peuple l'image des quatre roues d'un chariot; et les trois autres, celle d'un attelage de trois chevaux. Voilà l'origine du nom qu'ils ont donné à cette constellation. Maintenant,

Tommy, regardez-la bien attentivement, et voyez ensuite si, dans tout le ciel, vous pourrez trouver sept autres étoiles qui ressemblent à celles-ci par leur position.

TOMMY.

Non, monsieur, j'ai beau regarder, je n'en vois point qui leur ressemblent.

M. BARLOW.

Vous pourrez donc les retrouver sans peine lorsqu'il vous plaira ?

TOMMY.

Il faut essayer. Je vais en détourner mes yeux et regarder d'un autre côté. Bon! je les ai tout-à-fait perdues. Il s'agit maintenant de les rattraper. Voyons (*Il cherche des yeux*). Oh! le voici. Je les tiens, je crois. N'est-ce pas là le chariot, monsieur ?

M. BARLOW.

Oui, c'est bien lui. En vous rappelant ces étoiles, il ne vous sera pas difficile de trouver celles qui sont dans leur voisinage, d'apprendre aussi leurs noms, et d'aller ensuite successivement de l'une à l'autre, jusqu'à ce que vous soyez bien familiarisé avec toute la surface des cieux.

TOMMY.

Voilà qui est fort amusant, je vous assure. La première fois que j'irai à la maison, je veux montrer à maman le chariot. Je suis sûr qu'elle ne le connaît pas plus que je ne le connaissais tout à l'heure. Mais passons à d'autres constellations, je vous prie. Il me tarde d'en connaître un grand nombre.

M. BARLOW.

Je le veux bien, mon ami. Tenez, regardez d'abord ces deux étoiles, qui sont comme les deux roues de derrière du chariot. Portez ensuite doucement la vue vers le plus haut des cieux. Ne voyez-vous pas avant d'y arriver, une étoile assez brillante qui semble former une ligne presque droite avec les deux autres dont nous venons de parler !

TOMMY.

Oui, monsieur, je la distingue à merveille.

M. BARLOW.

C'est ce qu'on nomme l'étoile polaire. Elle ne change jamais de position; et, en la regardant en face, vous êtes toujours sûr d'être tourné vers le nord.

TOMMY.

Ainsi donc, quand je suis vis-à-vis d'elle, je tourne le dos au sud.

M. BARLOW.

C'est fort bien raisonner. Je vois, d'après cela, que vous ne serez pas plus embarrassé pour trouver l'est et l'ouest.

TOMMY.

L'est, n'est-ce pas où le soleil se lève ?

M. BARLOW.

Oui, mon ami; mais vous n'avez pas à présent de soleil pour vous diriger.

TOMMY.

Ah! tant pis. Me voilà tout dérouté par la nuit.

M. BARLOW.

Et vous, Henri, est-ce que vous ne pourriez pas vous passer du soleil.

HENRI.

Je crois me rappeler, monsieur, qu'en tournant le visage au nord, on a l'est à sa droite, et l'ouest à sa gauche.

M. BARLOW.

Votre mémoire vous sert à merveille. Je parierais bien que, si Tommy l'avait su une fois comme vous, il s'en serait souvenu.

TOMMY.

Oh! j'en ai maintenant pour la vie, monsieur, je vous en réponds. Il est singulier qu'une seule chose suffise pour vous en faire connaître trois autres. Je n'aurai plus besoin que de chercher au nord l'étoile polaire pour trouver tout de suite l'est, l'ouest et le sud. Mais vous disiez tout à l'heure que l'étoile polaire ne change jamais de position; est-ce que les autres étoiles en changent.

M. BARLOW.

C'est une question à laquelle je veux vous apprendre à répondre vous-même. Tâchez de bien retenir l'état où le ciel se trouve en ce moment. Nous verrons dans un autre si les étoiles se seront déplacées.

TOMMY.

Oh! je pourrais oublier facilement leur position. Si, pour m'en souvenir, je la marquais sur un morceau de papier?

M. BARLOW.

Et comment vous y prendre?

TOMMY.

Il ne faudrait que faire une marque pour chaque étoile du chariot. Je placerais ces marques justement comme je vois les étoiles disposées dans les cieux. Alors je vous prierais de m'écrire leur nom, et cela me ferait un petit commencement de chemin pour gagner de proche en proche les autres, et parcourir de cette manière tous les cieux.

M. BARLOW.

Voilà un moyen fort bien imaginé, je vous assure. Mais vous savez qu'une feuille de papier est plate. Est-ce que les cieux vous paraissent aussi aplatis ?

TOMMY.

Non, monsieur ; au contraire. Le ciel semble s'élever de tous côtés au-dessus de la terre, comme le dôme d'une grande église.

M. BARLOW.

Mais, si vous aviez un corps d'une forme arrondie, une grosse boule, par exemple, ne vous semble-t-il pas qu'elle répondrait mieux à la forme du ciel, et que vous pourriez y placer vos étoiles avec plus d'exactitude ?

TOMMY.

Oui, monsieur, en effet, cela irait beaucoup mieux. Oh ! que je voudrais avoir une grosse boule blanche.

M. BARLOW.

Eh bien ! je me charge de vous en procurer une telle que vous la désirez.

TOMMY.

Oh! monsieur, je vous remercie. Il me tarde de l'avoir pour vous y montrer bientôt un ciel de ma façon. Mais, dites-moi, je vous prie, à quoi sert-il de connaître les étoiles? Ce n'est qu'un amusement, j'imagine.

M. BARLOW.

Quand le spectacle du ciel n'aurait pas d'autre avantage, ne serait-ce pas toujours un grand plaisir de contempler ces astres brillans qui étincellent au-dessus de nos têtes? Nous faisons quelquefois de grandes courses pour voir défiler une longue suite de voitures, ou pour passer en revue des gens qui vont se pavaner dans les promenades avec de beaux habits. Nous allons visiter avec curiosité des appartemens décorés de beaux meubles et de belles tapisseries; et cependant qu'est-ce que tout cela auprès de la splendeur de ces corps lumineux qui décorent la surface du firmament dans la sérénité d'une belle nuit?

TOMMY.

Oh! vous avez raison, monsieur. Ce beau salon de milord Wimple, que tant de gens vont admirer, n'est qu'une pauvre écurie en comparaison des cieux.

M. BARLOW.

Eh bien! ce n'est rien encore. Vous apprendrez un jour quel nombre infini d'avantages l'homme a su retirer de la connaissance des étoiles. Je ne veux à présent vous en citer qu'un seul; et c'est votre ami qui vous l'apprendra. Henri, auriez-vous la complaisance de lui faire l'histoire de vos courses désastreuses pendant cette nuit où vous vous étiez égaré ?

HENRI.

Je le veux bien, monsieur. Il nous reste encore assez de chemin à faire pour que j'aie le temps de vous les raconter avant d'arriver à la maison.

TOMMY.

Oh ! voyons, voyons, je te prie.

HENRI.

Tu sauras, mon ami, que j'ai un oncle qui demeure à trois milles d'ici, au-delà de ce grand marais où nous sommes allés nous promener quelquefois. Mon père m'envoyait souvent en message chez lui. Un soir j'y arrivai si tard, qu'il m'était impossible, avec mes petites jambes, de retourner à la maison avant qu'il fût nuit : c'était dans le mois d'octobre. Mon oncle voulut me retenir à coucher; mais la commission de mon père était pressante. Je ne me donnai pas même le temps de me reposer, et je repartis. Je ne faisais que d'entrer dans cette grande bruyère, qui est à la sortie du village, lorsque la nuit devint tout-à-coup de la plus profonde obscurité.

TOMMY.

Et tu n'eus pas de frayeur de te trouver tout seul dans un endroit si affreux ?

TOMMY.

Mais non. Je pensai que ce qui pouvait m'arriver de plus fâcheux, était d'être obligé de passer la nuit à la belle étoile; et, lorsque le matin serait revenu, je n'aurais pas eu besoin de m'habiller pour reprendre mon chemin. Je continuai donc de marcher. Mais à peine fus-je parvenu vers le milieu de la bruyère, qu'il s'éleva un vent épouvantable, qui de toute sa force me soufflait droit au visage. Il fut bientôt suivi d'une pluie si épaisse, qu'il me parut impossible d'aller plus avant. Je quittai le sentier battu, et j'allai me réfugier sous des buissons, où je me mis un peu à l'abri de la tempête, en m'étendant sur le ventre. Au bout d'une heure, la pluie cessa de tomber avec autant de violence. Je me levai, et je tâchai de retrouver mes pas : mais par malheur ils étaient trop bien perdus, et je m'égarai.

TOMMY.

Oh! que je me serais trouvé à plaindre à ta place!

HENRI.

Je marchai encore long-temps; mais je n'en fus pas plus avancé. Je n'avais pas une seule marque pour me reconnaître, attendu que la commune est si étendue et si dépourvue, soit d'arbres, soit de maisons, que l'on peut y marcher des milles entiers sans découvrir autre chose que de la bruyère, des joncs et des épines. Tantôt je me déchirais les jambes à travers les ronces, tantôt je tombais dans des mares pleines d'eau, où je me serais noyé sans doute, si je n'avais pas su nager. Harassé de fatigue, j'allais m'étendre à terre, pour y passer le reste de la nuit, lorsqu'en tournant les yeux de tous les côtés, j'aperçus, à une certaine distance, une lumière, que je pris pour la chandelle d'une lanterne que quelqu'un portait à travers le marais.

TOMMY.

Ah! c'est bon. Voilà qui me donne pour toi quelque espérance.

Tu vas voir, répondit Henri en souriant; j'hésitai d'abord si j'irais vers cette lumière, mais je pensai ensuite qu'un enfant comme moi ne valait pas la peine que personne au monde cherchât à lui faire du mal; et puis il n'y avait pas d'apparence qu'un homme qui serait dehors pour quelque mauvais dessein s'avisât de porter une lanterne : ensorte que je résolus d'aller hardiment vers lui pour lui demander mon chemin.

TOMMY.

Eh bien! cet homme-là eut-il la bonté de te tirer d'embarras?

HENRI.

Écoute donc jusqu'au bout. Je commençais à marcher précipitamment à sa rencontre, lorsque je vis la lumière, que j'avais d'abord observée à ma droite, passer un peu à ma gauche, et venir ensuite directement vers moi. Cela me parut assez étrange. Cependant je continuai toujours ma poursuite; et précisément lorsque je me flattais de la joindre, je tombai jusqu'aux oreilles dans un trou plein de boue.

TOMMY.

Voilà une chute qui vient bien à contre-temps.

HENRI.

Je m'en tirai tant bien que mal, et je me crus encore fort heureux de me trouver du même côté que la lumière. Je me remis de plus belle à la suivre, mais avec aussi peu de succès qu'auparavant. J'avais déjà fait plus de quatre milles à travers la commune, et je ne savais pas plus où j'étais que si j'eusse été transporté dans un pays inconnu. Je n'avais point d'espérance de retrouver mon chemin, à moins d'atteindre la lanterne; et, quoique je ne pusse pas concevoir que la personne qui la portait se doutât que je fusse si près d'elle, elle paraissait manœuvrer comme si elle eût été déterminée à m'éviter. Quoi qu'il en soit, je me décidai à faire une dernière tentative. C'est pourquoi je courus de toutes mes forces, en criant à la personne que je croyais devant moi, pour la prier d'arrêter.

TOMMY.

Enfin, s'arrêta-t-elle?

HENRI.

Tant s'en faut. La lumière, que j'avais vue se mouvoir jusqu'alors assez lentement, se mit à s'agiter comme une désespérée, et à s'enfuir en dansant devant moi; en sorte qu'au lieu de l'atteindre, je m'en vis bientôt plus loin que jamais. Par malheur, je trouvai encore un autre fossé bourbeux que j'eus toutes les peines du monde à traverser. Frappé de surprise en arrivant sur l'autre bord, et ne concevant pas qu'aucune créature humaine eût pu passer aussi légèrement sur un fossé plein d'eau, je résolus de ne pas suivre plus long-temps la lumière. J'étais couvert de boue sur mes habits, trempé de sueur au-dessous, épuisé de fatigue; et tourmenté par l'inquiétude où je pensais que mon père devait être sur mon compte : je m'arrêtai un moment pour reprendre haleine. Les nuages s'étaient un peu éclaircis. La lune et les étoiles jetaient une faible lueur. Je regardai autour de moi, et je ne découvris qu'une campagne déserte, sans aucun arbre pour me mettre à l'abri. Je prêtai l'oreille, dans l'espoir d'entendre la sonnette de quelques troupeaux, ou les aboiemens de quelques chiens. Je n'entendis que les sifflemens aigus du vent, dont le souffle était si perçant et si froid, qu'il me gelait jusqu'au cœur. Dans cette situation déplorable, je réfléchis un moment sur le parti que j'avais à prendre. En levant les yeux par hasard vers le ciel, le premier objet qui me frappa fut cette même constellation du chariot. Au-dessus, je distinguai l'étoile polaire, qui étincelait de tous ses feux. Il me vint aussitôt une pensée dans l'esprit. Je me souvins qu'en marchant dans la route qui conduisait à la maison de mon oncle, j'avais toujours observé cette étoile directement en face devant moi. C'est pourquoi j'aimaginai qu'en lui tournant exactement le dos et en avançant dans cette direction, elle me conduirait vers la maison de mon père. Je n'eus pas plutôt fait ce petit raisonnement, que j'en suivis la conséquence. Persuadé maintenant que j'avais pour me diriger un meilleur guide que cette maudite lanterne, j'oubliai ma fatigue, et je me mis à courir aussi lestement que si je n'eusse fait que de commencer à me mettre en marche. Je ne fus point trompé dans mon calcul; car, quoiqu'il me fût impossible de trouver des chemins frayés, cependant, en prenant le plus grand soin d'aller toujours dans la même ligne, je me tenais sûr de ne pas me fourvoyer. La lune me fournit assez de lumière pour éviter les fossés et les trous que l'on trouve à chaque pas dans ce sauvage marais. Après y avoir marché environ trois milles, j'entendis aboyer un chien; ce qui me donna une nouvelle vigueur. Un peu plus loin je trouvai le bout de la commune, et des barrières que je reconnus; en sorte qu'il ne me fut pas alors difficile d'enfiler tout droit mon chemin vers la maison, après avoir presque désespéré de la retrouver.

TOMMY.

Je vois à présent combien la connaissance de l'étoile polaire te fut d'un grand secours. Me voilà décidé à lier connaissance avec toutes les étoiles du ciel. Mais as-tu jamais su ce que c'était que cette lumière qui dansait devant toi d'une manière si étrange?

HENRI.

Lorsque j'eus raconté l'aventure à mon père, il me dit que c'était ce que l'on appelle *Jacques à la lanterne*, ou *des feux follets*. M. Barlow, depuis ce temps, a bien voulu m'apprendre que, malgré leur air brillant, ce ne sont que des vapeurs qui s'élèvent de la terre dans les endroits humides et marécageux, et que je n'étais pas la première personne qui les avait prises pour des lanternes, et qu'elles avaient conduite au fond de quelque fossé.

A l'instant même où Henri venait d'achever son histoire, ils arrivèrent à la maison de M. Barlow.

Après avoir passé quelque temps à se reposer et à s'entretenir des évènemens de la soirée, les petits garçons montèrent dans leur chambre pour se mettre au lit. M. Barlow, assis au coin de son feu, s'occupait depuis une demi-heure à lire les papiers publics, lorsqu'à sa grande surprise il vit Tommy sans habits, et tout hors d'haleine, qui se précipita dans la chambre en criant : Oh! monsieur, venez, venez; je viens de le voir. Il marche, il marche. Qui est-ce qui marche? lui dit M. Barlow. — C'est le chariot qui s'en va. — Quel chariot? — Celui des étoiles. Avant de me coucher, il m'est venu dans l'esprit d'aller à travers la vitre regarder le firmament. Toutes les sept étoiles ont fait un grand chemin, je vous en réponds. Elles sont montées presqu'au sommet du ciel. Effectivement, dit M. Barlow en regardant par la fenêtre; mais il ne fallait pas venir m'en avertir comme un fou. Les philosophes sont un peu plus graves. C'en est assez pour aujourd'hui. Une autre fois nous reprendrons cette matière.

Le lendemain au matin, Tommy n'eut rien de plus pressé que de rappeler à M. Barlow l'histoire qu'il lui avait promise de ces pauvres malheureux ensevelis sous la neige. M. Barlow lui donna le livre où elle était rapportée. Mais d'abord, lui dit-il, il est nécessaire de vous donner quelques explications sur cet accident. Le pays où il est arrivé est plein de rochers et de montagnes si élevées, que la neige, dont leurs sommets sont couverts, n'y fond jamais. Jamais? dit Tommy. Quoi! monsieur, pas même dans l'été ? — Nòn, mon ami, pas même dans l'été. Les vallées qui séparent ces montagnes sont habitées par un peuple actif et industrieux. Après avoir travaillé tout l'été et une partie l'automne, il se renferme à l'approche de l'hiver, dans ses cabanes, dont il a su se rendre le séjour agréable par toutes sortes de commodités. Les chemins, dans cette saison, deviennent absolument impraticables. La neige et la glace forment la seule perspective de la contrée. Au printemps, lorsque l'air commence à s'échauffer, la surface de la neige fond sur la pente des montagnes, et forme des torrens qui se précipitent avec une fureur que rien ne peut arrêter. De là il arrive fréquemment qu'ils entraînent des masses de neige si prodigieuses, qu'elles vont ensevelir dans leur chute les bestiaux, les maisons, et même des villages entiers.

(1) C'est dans le voisinage de ces montagnes, nommées les Alpes, que, le 19 mars 1755, un hameau fut entièrement renversé par l'éboulement de deux énormes masses de neige, qui roulèrent de la montagne voisine.

Tous les habitans étaient alors dans leurs maisons, à la réserve du nommé Joseph Rochia, homme âgé de cinquante ans, et de son fils âgé de quinze, qui était auparavant sur le toit de leur maison, pour débarrasser la neige qui s'y était amassée, et qui était tombée trois jours de suite sans interruption. Un prêtre, qui se rendait à l'église, les ayant ren-

---

(1) Ce morceau est tiré du journal étranger, octobre 1757.

contrés hors de chez eux, les avertit qu'il venait de voir tomber un grand monceau de neige fort près de leur maison. Rochia se crut perdu; et, persuadé qu'il allait en tomber encore bien davantage, il prit la fuite avec son fils, sans même s'embarrasser où il allait. A peine avait-il fait trente ou quarante pas, que son fils tomba, ce qui lui fit tourner la tête; il courut pour le relever, et vit alors qu'une montagne de neige venait d'ensevelir toutes les maisons du village. La douleur qu'il ressentit, en considérant qu'il perdait sa femme, sa sœur, deux de ses enfans, et tous ses effets, le fit tomber sans connaissance; mais, ayant recouvré ses sens, il se sauva, avec son fils, chez un ami qui les reçut.

Vingt-deux personnes furent enterrées sous cette montagne de neige qui avait soixante pieds de haut. Plusieurs habitans du voisinage y accoururent pour voir s'il n'y aurait pas moyen de sauver quelqu'un; mais on perdit bientôt l'espérance de pouvoir donner le moindre secours à ces malheureux.

Cinq jours après, Rochia, revenu de sa première frayeur, et se trouvant en état de travailler, voulut encore, aidé de son fils et de deux de ses beaux-frères, faire de nouvelles tentatives. Il fit quelques ouvertures dans la neige, sans pouvoir retrouver sa maison ni son écurie. Le mois d'avril ayant été fort chaud, la neige commença à fondre; de sorte que le pauvre Rochia se remit encore à travailler, dans l'espérance de retirer ses effets, et de donner la sépulture à sa famille. Il ouvrit la neige, et y jeta de la terre; ce qui aida à la faire fondre. Depuis le 24 avril la neige diminuait à vue d'œil. Rochia, dont les espérances redoublaient, rompit avec une barre de ferre la glace qui était épaisse de six pieds. Il y enfonça une grande perche, et crut sentir les maisons; mais la nuit étant venue, il remit le reste de son travail au lendemain.

Cette même nuit, son beau-frère, qui demeurait à Demont, rêva que sa sœur était en vie, et qu'elle lui demandait du secours (1). Frappé de ce songe, il se leva de grand matin, le 25 avril, et revint le raconter à son frère. Ils se joignirent aussitôt pour travailler, et découvrirent enfin la maison. N'y trouvant point de corps morts, ils cherchèrent l'étable qui en était éloignée de deux cent quarante pas. A peine y furent-ils arrivés, qu'il entendirent ces cris : Assistez-moi, mon cher frère : c'était la femme de Rochia. Elle n'appelait que son frère, parce qu'elle croyait son mari péri sous la neige. Enfin, ils parvinrent à tirer de son tombeau cette famille infortunée. La sœur dit à son frère d'une voix agonisante : J'ai toujours mis ma confiance en Dieu, ensuite en vous, persuadée que vous ne m'abandonneriez pas. Cette femme avait alors quarante-cinq ans, sa sœur trente-cinq, et sa fille treize. On pense bien qu'elles n'avaient pas la force de marcher, et qu'il fallut les porter : elles ressemblaient à des ombres. On les mit sur-le-champ au lit. On leur donna pour toute nour-

---

(1) Quoique ce rêve ait été réalisé, on juge bien que cela n'entraîne aucune preuve en faveur des songes. Rien de plus naturel qu'un frère, fortement occupé de la perte de sa sœur, fasse un tel rêve.

riture du gruau de sègle et du beurre. Quelques jours après, le gouverneur de Demont vint les voir. La mère ne pouvait se tenir debout, ni faire usage de ses pieds, soit à cause du froid qu'elle avait souffert, soit à cause de la posture incommode où elle avait été si long-temps. Sa sœur dont on avait baigné les jambes dans du vin chaud, marchait un peu, quoique avec peine : sa fille était entièrement rétablie.

Le gouverneur les ayant questionnées sur tout ce qui leur était arrivé pendant leur sépulture, voici les particularités qu'elles lui racontèrent.

Le 19 mars, au matin, ces trois personnes étaient dans l'étable. Il y avait de plus un fils de Rochia, âgé de six ans. L'étable renfermait aussi un âne, cinq ou six volailles, et six chèvres, dont une avait mis bas, la veille, deux petits chevraux morts-nés. La famille était venue à l'étable pour porter du gruau de sègle à cette chèvre, et s'y tenait à l'abri, dans un coin, pour se garantir du froid, en attendant que l'on sonnât le service. La femme, étant sortie de l'étable pour allumer du feu dans la maison, aperçut une masse de neige, venant du côté de l'est. Aussitôt elle revint sur ces pas, rentra dans l'étable, en ferma la porte, et dit à sa sœur ce qu'elle venait de voir. En moins de trois minutes, elles entendirent craquer le toit de l'étable, dont une partie s'affaissais. En conséquence, elles s'avisèrent de se mettre dans le râtelier, qui, étant soutenu par un bon pilier, résista à l'effort de la neige. Elles voulurent attacher l'âne à la mangeoire : l'animal à force de se débattre et de ruer, se détacha. Il renversa le gruau que l'on avait apporté pour la chèvre; mais le vaisseau dans lequel il était leur fut fort utile pour y fondre de la neige qui leur servait de boisson. On tint conseil pour savoir ce qu'il y avait à faire, et pour examiner ce qu'on avait de vivres. La belle-sœur de Rochia trouva dans sa poche quinze châtaignes. Les enfans dirent qu'ils avaient déjeûné, et qu'ils n'avaient besoin de rien le reste du jour. On se ressouvint qu'il y avait dans un coin de l'étable vingt ou trente pains, ce ne fut qu'un surcroît de regret pour ces pauvres femmes, que la neige empêchait d'y atteindre. Elles appelèrent à leur secours le plus haut qu'elles purent, et ne furent entendues de personne. La femme et sa sœur mangèrent chacune deux châtaignes, et burent de la neige fondue. L'âne continuait à se débattre, et les chèvres bêlaient beaucoup; mais on ne les entendit bientôt plus. Il s'en sauva cependant deux, qui étaient près de la mangeoire. L'une d'elles fournissait du lait, et c'est ce qui leur sauva la vie à tous: l'autre était pleine, c'est de quoi les femmes s'aperçurent, et, sur leur calcul, elles jugèrent qu'elle mettrait bas vers le milieu d'avril.

Toute cette famille ne vit pas un seul rayon de lumière dans tout le temps qu'elle fut sous la neige. Pendant environ vingt jours, elles eurent quelque notion du jour et de la nuit: elles en jugeaient par le cri des volailles, qui leur servait à marquer le point du jour. Les volailles étant mortes au bout de ce temps, elles furent privées de cette consolation.

Le second jour, ne pouvant résister à la faim, on

mangea le reste des châtaignes, et on but tout le lait que fournit la chèvre, et qui les premiers jours, se montait environ à deux livres, après quoi la mesure en diminua par degrés. Dès le troisième jour, les femmes, privées de toutes provisions, sentirent de quelle importance il était pour elles de nourrir les chèvres. Par bonheur, il y avait au-dessus de la mangeoire un petit grenier à foin. Elles en tirèrent tout ce qu'elles purent atteindre ; et, quand cela ne leur fut plus possible, elles firent monter les chèvres sur leurs épaules; ce fut ainsi qu'elles se procurèrent ce foin.

Le sixième jour, le petit garçon commença à se plaindre des maux d'estomac. Sa maladie dura six jours, au bout desquels il pria sa mère, qui l'avait toujours tenu sur ses genoux, de le coucher tout du long de la mangeoire, ce qu'elle fit. A peine y fut-il, qu'elle s'aperçut qu'il était froid, et il expira en s'écriant : Oh, mon père dans la neige! oh, mon père! mon père! Il n'arriva point d'autre accident pendant plusieurs jours. Un évènement très-considérable fut la délivrance de la chèvre; ce qui leur apprit qu'elles étaient au milieu du mois d'avril. Par là leur provision redoubla encore. Cette précieuse chèvre venait à elles quand on l'appelait, et elle léchait avec affection ses chères maîtresses, qui la chérissaient encore plus particulièrement.

Pendant tout ce temps, elles souffrirent peu la faim. Après les cinq ou six premiers jours, leurs plus grandes peines étaient la froideur de la neige fondue qui tombait sur elles, la puanteur des corps de l'âne, des chèvres et des volailles, la vermine qui les assaillit, et surtout la posture gênante dans laquelle elles furent obligées de rester ; car le lieu où elles étaient enterrées n'avait que douze pieds de long, huit de large, et cinq de haut ; et la mangeoire dans laquelle elles étaient accroupies contre le mur n'avait que trois pieds quatre pouces de large.

La mère assura n'avoir jamais dormi pendant tout ce temps. Sa sœur et sa fille dirent avoir dormi comme à leur ordinaire.

Depuis qu'elles furent exhumées, leur appétit fut long-temps à revenir. Le peu qu'elles mangeaient, à l'exception des bouillons et du gruau, leur restait sur l'estomac. L'usage modéré du vin était l'aliment dont elles se trouvaient le mieux.

Oh ! monsieur, s'écria Tommy lorsque l'histoire fut achevée, quel vilain pays cela doit être ! Quoi ! se voir exposé tous les jours à être enseveli sous la neige ! Je suis étonné qu'il se trouve des gens assez fous pour demeurer dans le voisinage de ces montagnes.

M. BARLOW.

Leurs habitans ont une opinion bien différente de la vôtre. Ils préfèrent leur patrie à tous les pays de l'univers. Ils sont ordinairement grands voyageurs ; et la plupart vont exercer toutes sortes de professions dans les divers États de l'Europe. Mais leur plus vif désir est de retourner, avant leur mort, vers ces montagnes chéries, où ils ont reçu le jour, et où ils ont passé leur enfance.

TOMMY.

Comment cela est-il possible ? J'ai souvent entendu à la maison de jeunes dames et de jeunes demoiselles, lorsqu'elles parlaient des endroits où elles aimeraient à vivres, dire hautement qu'elles haïssaient la compagne, quoiqu'elles y fussent nées, et qu'elles y eussent encore leur famille. A les en croire, il était impossible de vivre ailleurs que dans les grandes villes, et il n'y avait que des gens abrutis et sauvages qui puissent aimer la vie des champs.

M. BARLOW.

Vous voyez cependant qu'il y a une infinité de personnnes sensées, qui, loin de se dégoûter de ce séjour, n'ont jamais eu le désir d'en changer. Qu'en dites-vous, Henri ! Seriez-vous content de quitter la campagne pour aller vivre dans quelque grande ville ?

HENRI.

Non, en vérité, monsieur; que le ciel m'en préserve ! Il me faudrait renoncer à tout ce que j'aime dans le monde. Quoi ! me séparer de mon père et de ma mère, qui ont eu tant de soin et de tendresse pour moi, et de vous aussi, monsieur, qui avez voulu prendre tant de peine à m'instruire ! Ah ! je suis bien sûr que je ne trouverai nulle autre part d'aussi bons amis, aussi long-temps que je vive. Et quel est celui qui souhaiterait de vivre sans avoir de bons amis ? Non, non, il n'y a pas un buisson dans la ferme de mon père que je n'aime mieux que toutes les villes dont j'ai entendu parler.

TOMMY.

Mais en as-tu jamais vu?

HENRI.

Oui, sûrement. Ne suis-je pas allé une fois à Exeter? Comment peut-on se plaire dans ce triste séjour? les maisons sont si élevées, qu'on les croirait bâties l'une sur l'autre, comme notre colombier sur notre écurie. Il y a des petits passages étroits, habités par les pauvres, qui sont bordés de maisons si serrées entre elles, que le jour semble avoir de la peine à y descendre; et tout cela a un air si sale, si dégoûtant et si mal sain, que mon cœur se soulevait seulement d'y jeter les yeux. En me promenant le long des plus belles rues je m'amusais à regarder dans les boutiques. Que penses-tu que j'y vis?

TOMMY.

Eh! quoi donc?

HENRI.

De grands fainéans, aussi robustes que nos valets de charrue, qui, la tête bien poudrée, s'occupaient à nouer des rubans, et à faire des bonnets pour les femmes. Cela me parut si drôle, que je ne pus m'empêcher d'éclater de rire. Le soir, la dame chez qui je logeais me mena dans une grande salle, où il y avait, je crois, autant de chandelles allumées que nous vîmes hier d'étoiles dans le ciel. Il me semblait qu'on le fît exprès pour vous ôter la vue, sous le prétexte de vous éclairer. Il y avait un grand nombre de beaux messieurs et de belles dames, qui, pour danser, s'étaient chargés de riches habits, comme si l'on n'était pas cent fois plus leste avec de simples vêtemens. Tandis qu'ils se trémoussaient comme des maniaques, pour avoir l'air de se donner du plaisir, il y avait à la porte de la salle une foule de femmes et d'enfans couverts de haillons, qui grélottaient de froid, et qui demandaient un morceau de pain d'une voix suppliante, mais personne ne leur en donnait, et ne semblait même les apercevoir; ce qui me fit penser qu'il aurait bien mieux valu que ces beaux messieurs et ces belles dames n'eussent pas tant de lumières pour les éblouir, et des habits si riches pour les écraser, et que les pauvres eussent au moins de quoi se nourrir, et se défendre de la rigeur du froid.

TOMMY.

Il faut bien que les gentilshommes soient mieux vêtus que les gens du peuple.

HENRI.

A la bonne heure, pourvu que cela ne les rende pas insolens. Mais ils ne manquent guère de le devenir; et je suis assez bien payé pour le croire.

TOMMY.

Comment donc, s'il te plaît?

HENRI.

Oh! je vais te le dire, puisque tu me le demandes. J'étais encore à Exeter, et je me promenais tout seul dans les rues. Je vis venir à moi deux enfans superbement vêtus, et qui avaient un air aussi fier que tu l'avais lorsque tu vins ici. Je me détournai un peu de mon chemin pour les laisser passer; car mon père m'a instruit à marquer certains égards pour ceux qui sont au-dessus de nous. Mes deux petits insolens trouvèrent sans doute que ce n'en était pas assez. Quoiqu'ils eussent de la place de reste, ils me donnèrent en passant une si violente secousse, que j'allai tomber dans le ruisseau, où je me crottai de la tête aux pieds.

TOMMY.

Et ils ne te demandèrent pas pardon de l'accident?

HENRI.

Oh! il n'y avait pas d'accident; ils l'avaient bien fait tout exprès : car, en me voyant tomber, ils poussèrent de grands éclats de rire, et m'appelèrent le petit lourdaud. Sur quoi je leur répondis que, si j'étais un petit lourdaud, ce n'était pas à eux à me le dire, et que je ne souffrirais pas que l'on m'insultât. Ils vinrent à moi, croyant me faire peur. Je les attendis. L'un d'eux osa me donner un coup sur la figure. Il ne m'en fallut pas davantage. Je me jetai sur eux, et nous commençâmes tous les trois à nous peloter.

TOMMY.

Comment donc! ils se mirent tous les deux contre toi! C'était bien lâche.

HENRI.

Cela ne m'embarrassait guère. J'étais en état de leur tenir tête, et je leur en avais même donné des preuves assez frappantes, lorsqu'il survint un grand gaillard, qui paraissait être leur domestique, et qui se mit en devoir de tomber sur moi. Par bonheur, il passait en même temps un homme de la campagne, d'une taille haute et vigoureuse, qui dit au domestique qu'il l'assommerait s'il faisait un seul mouvement. Il ajouta qu'il avait été témoin de la querelle ; que je n'avais aucun tort ; qu'il fallait me laisser démêler ma fusée, et que je m'en acquittais assez bien pour ne me pas déranger. En conséquence, je continuai de gourmer mes deux champions, jusqu'à ce qu'ils demandassent eux-mêmes à finir le combat : car, quoiqu'ils fussent si querelleurs, ils ne savaient guère se battre. Ainsi je les laissai aller tout honteux, en leur conseillant de ne plus s'attaquer à l'avenir à de pauvres enfans qui ne faisaient rien pour les offenser.

TOMMY.

Et tu n'en entendis plus parler ?

HENRI.

Non, du tout : Je revins à la maison le lendemain, et je ne fus jamais si content. Lorsque j'arrivai au sommet de cette haute colline, d'où l'on découvre la maison de mon père, je me mis à pleurer de joie. La campagne avait un air si riant ; les oiseaux sur les arbres, et les troupeaux dans les prairies, paraissaient si heureux, que cela me rendait heureux moi-même. A chaque pas que je faisais, je trouvais des hommes et des femmes de ma connaissance, ou de petits garçons avec qui j'étais accoutumé de jouer. Ah ! voici Henri de retour, disait l'un. Comment te portes-tu ? me disait l'autre. Celui-ci, d'un air amical, me tendait la main, celui-là se jetait tendrement à mon cou. D'aussi loin qu'il me vit, notre grand chien vint me poser les pates sur les épaules pour me lécher. Il n'y eut pas même jusqu'à nos vaches, lorsque je les allai caresser, qui ne parussent bien aises de ce que j'étais revenu.

M. BARLOW.

Vous voyez, Tommy, par ce récit, qu'on peut aimer la campagne et y être heureux. Quant à ces belles dames, dont vous me parliez tout à l'heure, ce qu'il y a de plus vrai dans ce qu'elles disent, c'est qu'en aucun endroit elles ne sauraient vivre contentes. Comme elles n'ont appris ni à cultiver leur esprit, ni à s'occuper d'un travail utile, il ne leur reste à chercher le bonheur que dans la parure et dans l'oisiveté. Élevées avec trop de délicatesse pour supporter le moindre exercice, le seul changement de saison suffit pour déranger leur triste santé. Avec de pareilles dispositions, il n'est pas étonnant qu'elles se déplaisent à la campagne, où elles ne trouvent ni occupation ni amusement. Elles ne souhaitent d'être à la ville que pour y trouver d'autres personnes aussi frivoles et aussi désœuvrées qu'elles-mêmes, et y consumer leur temps en de vains entretiens sur les objets les plus futiles.

TOMMY.

Oh! vous avez bien raison, monsieur, je fis cette observation l'autre jour au château. Il venait de nous arriver quelques dames de Londres. Elles passèrent des heures entières à nous entretenir de la manière de se coiffer et de s'habiller, et d'une grande assemblée, appelée le Ranclagh, où elles allaient pour rencontrer leurs amis.

M. BARLOW.

Je crois, par exemple, que Henri n'ira jamais en cet endroit pour y chercher les siens.

HENRI.

Non, en vérité, monsieur. Je ne sais ce que c'est que le Ranelagh; mais tous les amis que j'ai au monde sont dans notre maison et dans la vôtre. Lorsque je suis assis près du feu dans une soirée d'hiver, et que je lis quelque chose à mon père, à ma mère et à mes sœurs, comme je le fais quelquefois, ou que je m'entretiens ici avec vous et avec Tommy sur des sujets instructifs, je n'ai point à désirer d'autres amis et d'autres conversations. Mais dites-moi, je vous prie, ce que c'est que le Ranelagh?

M. BARLOW.

C'est une grande salle ronde, où, durant un certain temps de l'année, un grand nombre de personnes se rendent en voiture, pour s'y promener pendant quelques heures.

HENRI.

Mais, monsieur, Tommy vient de nous dire que ces dames allaient en cet endroit pour y rencontrer leurs amis? Est-ce qu'elles ne cherchent à les voir que dans une grande foule?

M. Barlow sourit à cette question. Il est vrai, répondit-il, que le lieu de l'assemblée est ordinairement si plein, qu'il n'y a guère moyen d'y lier une conversation bien suivie. Les gens ne s'y promènent qu'à la file l'un de l'autre, et ils sont obligés d'y tourner continuellement en cercle, à peu près comme les chevaux dans un moulin. Lorsque des personnes qui se connaissent viennent à bout de se rencontrer, elles ont à peine le temps de se sourire et de se faire un salut; elles se perdent aussitôt de vue dans la foule qui les emporte. Quant à ses meilleurs amis que l'on rencontre, on rougirait de les remarquer, à moins qu'ils ne soient habillés à la mode, et avec un certain éclat.

HENRI.

Voilà qui me paraît bien extraordinaire. Qu'est-ce donc, monsieur, que l'habit d'un homme, pour n'avoir rien à démêler avec l'amitié? Est-ce que je vous en aimerais davantage, si vous portiez les plus beaux habits du monde? Est-ce que j'en respecterais davantage mon père, s'il avait un habit brodé comme le chevalier Tayaut? Au contraire, lorsque je vois des gens si richement vêtus, je ne puis m'empêcher de penser à l'histoire que vous m'avez une fois racontée d'Agésilas, roi de Sparte.

TOMMY.

Oh! quelle est cette histoire, monsieur, je vous prie?

M. BARLOW.

Vous l'entendrez demain. Vous avez assez lu et assez conversé pour aujourd'hui. Il est temps que vous alliez prendre un peu de récréation.

Les petits garçons coururent aussitôt dans le jardin, pour reprendre un travail dont ils s'occupaient depuis plusieurs jours; c'était de faire une boule de neige d'une énorme grosseur. Ils avaient commencé par en faire d'abord une petite pelote;

ils l'avaient ensuite fait rouler en tout sens, jusqu'à ce qu'en amassant continuellement de nouvelle matière avec celle qu'ils y ajoutèrent de leurs mains, elle fût devenue si grosse, qu'ils étaient incapables de la faire rouler plus loin. Tommy conclut que leur entreprise devait en rester là, puisqu'il ne leur était plus possible de remuer cette masse énorme. Oh! s'il ne tient qu'à cela, répondit Henri, je sais bien un moyen de la faire mouvoir. Il courut aussitôt chercher deux gros bâtons d'environ cinq pieds de longueur; et, en ayant donné un à son camarade, il garda l'autre pour lui. Il dit ensuite à Tommy de mettre son bâton entre la terre et la boule, ce qu'il fit également de son côté; et, en relevant en l'air l'autre bout de leurs bâtons, ils firent rouler la boule avec la plus grande facilité. Tommy fut extrêmement satisfait de cet expédient, et il dit à Henri : D'où cela peut-il donc provenir ? Nous ne sommes pas à présent plus forts que nous ne l'étions tout à l'heure, et cependant nous voilà en état de faire rouler sans beaucoup de peine cette grosse masse que nous ne pouvions pas seulement ébranler auparavant. Il est vrai, répondit Henri; mais ce n'est pas à nous qu'en appartient la gloire, c'est à nos bâtons. C'est par ce moyen que les bûcherons remuent de grosses pièces d'arbres, qu'il faudrait autrement laisser dans les forêts. C'est une chose bien étonnante, reprit Tommy. Je n'aurais jamais imaginé que des bâtons eussent donné tant de force à nos bras. Mais, voyons; faisons encore avancer notre boule. Soit, repartit Henri : allons, un grand coup de vigueur. En disant ces mots, ils soulevèrent tous les deux leurs bâtons avec tant de violence, qu'ils les firent rompre au milieu. Il n'y a pas grand mal, dit Tommy. Les bouts sont encore assez bons pour nous servir. Ils voulurent en même temps faire usage de ceux qui étaient restés entre leurs mains; mais, à la grande surprise de Tommy, il ne leur fut pas possible de donner à la boule le moindre mouvement. Eh bien ! dit-il, qu'est-ce donc ? Est-ce qu'il n'y aurait que de longs bâtons qui pussent nous servir? Vraiment oui, répondit Henri. J'aurais pu te le dire avant d'en faire l'essai; mais j'ai voulu te le faire éprouver par toi-même. Plus ce bâton sera long, pourvu qu'il soit assez fort, et plus il sera facile de remuer la boule. Je t'avoue, repartit Tommy, que cela me paraît bien extraordinaire; mais je vois là-bas quelques bûcherons à l'ouvrage; allons les prier de nous couper des bâtons plus longs encore que les premiers, pour en faire l'épreuve. Ils y allèrent en effet; mais, en arrivant, il se présenta un nouveau sujet de surprise à Tommy.

Il y avait une racine de chêne si grosse et si pesante, que le meilleur cheval aurait eu de la peine à la traîner. Elle était en même temps si dure et si noueuse, que la cognée ne pouvait y mordre. Deux vieux bûcherons dirent aux enfans qu'ils seraient obligés de la mettre en pièces pour l'emporter en détail. Tommy, croyant leurs forces trop au-dessous de cette entreprise, ne put s'empêcher de les prendre en pitié, et de dire tout haut que certainement M. Barlow n'était pas instruit de ce qu'ils voulaient faire; et que, s'il le savait, il était trop bon pour ne pas empêcher de pauvres vieillards de s'épuiser de fatigues sur une besogne dont ils ne sauraient venir à bout. Le crois-tu ainsi? lui répondit Henri. Et que dirais-tu donc si tu me voyais, moi, tout faible que je suis, faire cette opération qui t'étonne avec le secours de l'un de ces braves gens? Il prit alors un gros maillet de bois, et se mit à battre de toutes ses forces la grosse souche, sans y faire impression. Tommy, qui, pour cette fois, imagina que son ami allait se prendre dans sa fanfaronnade, se mit à sourire en pliant les épaules, et dit à Henri qu'il briserait plutôt cent maillets que d'enlever un seul éclat de la souche. A la bonne heure, répliqua Henri. Eh bien! essayons au autre moyen. Il posa son maillet, et prit un petit morceau de fer grossier d'environ six pouces de long, que Tommy n'avait pas encore observé, parce qu'il était parmi des morceaux de bois répandus à terre. Ce fer avait environ deux pouces d'épaisseur à l'un de ses bouts, et il allait toujours en s'amincissant par degré jusqu'à l'autre bout, qui était tranchant comme la lame d'un couteau. Henri le ficha par le tranchant dans la souche, et tâcha de l'enfoncer un peu par de petits coups, jusqu'à ce qu'il fût bien affermi. Alors un des deux vieux bûcherons et lui frappèrent alternativement à grands coups de maillets, jusqu'à ce que la racine eût commencé à se fendre en craquant, et que, peu à peu le fer se fût totalement enfoncé dans le bois. Tiens, vois-tu? dit Henri. Ce premier morceau de fer a commencé très-heureusement la besogne; deux ou trois autres vont la finir. Il prit alors un second morceau de fer de la même forme que le premier, seulement un peu plus gros; et, le posant dans la fente que le premier avait faite, il se mit à le frapper, avec le secours de son compagnon, jusqu'à ce qu'il se fût aussi totalement enfoncé dans la souche, qui éclata de nouveau, et laissa voir dans toute sa profondeur une grande crevasse. Il prit encore un troisième morceau de fer, qu'il enfonça de même. Enfin cette grosse masse de bois se partagea en deux moitiés à peu près égales. Eh bien! camarade, s'écria Henri en s'essuyant le front, tu vois que nous en sommes sortis à notre honneur. Allons, il faut à présent que nous portions, toi et moi, l'un de ces morceaux dans le foyer de M. Barlow, pour lui faire un bon feu. — Y penses-tu, Henri? Jamais nous n'aurons la force de soulever un si grand fardeau. C'est tout ce que nous pourrions faire que de le faire avancer avec nos bâtons, comme nous en avons agi pour la boule de neige. — Oh! ne t'en mets pas en peine; il est un autre moyen que nous pourrons employer. Il prit alors une perche d'environ dix pieds de long, et y suspendit le plus gros morceau de la souche avec une corde que lui prêta l'un des bûcherons. Il eut la malice de placer le nœud coulant par lequel la souche était suspendue à la perche plus près d'un bout que de l'autre. Il demanda ensuite à Tommy lequel des deux bouts il voulait choisir. Tommy, sans y faire réflexion, choisit le bout qui se trouvait plus près de lui. C'était justement celui que Henri lui avait destiné dans sa pensée, en plaçant la souche plus près de ce bout que de celui qu'il se réservait. Chacun mit alors le sien sur son épaule ; mais, lorsqu'il fut question d'avancer, Tommy trouva le poids bien pesant. Cependant, comme il vit que Henri marchait d'un pas léger sous sa part du fardeau, qu'il croyait aussi lourde que la sienne, il résolut de ne pas se plaindre. Tandis qu'ils allaient ainsi, M. Barlow les rencontra, et voyant le pauvre Tommy qui pouvait à peine se soutenir sur ses genoux, il lui demanda qui l'avait chargé de cette manière. Tommy répondit que c'était Henri. Ah ! ah ! lui dit M. Barlow en souriant, c'est la première fois que votre ami a voulu vous en imposer : mais il vous en fait porter environ trois fois plus qu'il ne porte lui-même. Henri répondit qu'il avait laissé à Tommy la liberté de choisir, et qu'il l'aurait tout de suite informé de sa méprise, s'il n'avait voulu lui montrer par sa propre expérience quelle était la différence de leur charge. Alors, cédant à Tommy le bout de la perche qu'il avait, et prenant en échange le sien, il lui demanda s'il trouvait son épaule un peu soulagée. Vraiment oui, répondit Tommy. Mais je ne puis en concevoir la raison, puisque nous portons toujours à nous deux le même poids qu'auparavant, et toujours de la même manière. La manière n'est pas entièrement la même, dit M. Barlow ; car, si vous y prenez garde, la souche est à une plus grande distance de votre épaule que de celle de Henri ; au moyen de quoi, il porte maintenant plus que vous, autant que vous portiez plus que lui tout à l'heure. Cela est vraiment extraordinaire, dit Tommy. Je vois tous les jours combien il y a de choses que j'ignore, et qui sont aussi inconnues à maman et à toutes ces belles dames qui viennent à la maison. Fort bien, répondit M. Barlow; mais, si vous avez acquis déjà tant de connaissances utiles, que ne devez-vous pas espérer de savoir dans quelques années de plus? Lorsqu'ils furent rentrés à la maison, M. Barlow fit voir à Tommy un bâton de quatre pieds de longueur, avec un plateau suspendu à chaque bout. Tenez, lui dit-il, je vais placer ce bâton sur le dossier d'une chaise, en sorte qu'il y porte exactement au juste point de son milieu. Vous voyez que les deux plateaux sont dans un parfait équilibre l'un avec l'autre. Ainsi, j'aurai beau mettre différens poids dans chacun, pourvu que ces poids soient égaux de l'un et de l'autre côté, les plateaux se balanceront toujours. Maintenant, au lieu de faire porter le bâton sur le juste point de son milieu, faisons-le porter sur un autre point, et voyons ce qui en arrivera.

M. Barlow posa le bâton de telle manière, qu'en appuyant toujours sur le dossier de la chaise, il y en eût trois pieds d'un côté et un pied seulement de l'autre. Le côté qui était le plus long descendit aussitôt vers la terre. Oh! je m'en doutais, s'écria Tommy. Jamais les plateaux ne resteront en équilibre tant que le bâton ne portera pas sur le juste point de son milieu. Voyons, dit M. Barlow, s'il n'y aurait pas moyen de faire ce que vous jugez impossible. Il ramassa aussitôt le bâton, et le remit au même point où il était avant sa chute. Seulement il plaça dans le plateau un poids d'une livre du côté où le bâton avait trois pieds de longueur au-delà du point d'appui, et un poids de trois livres du côté où le bâton n'avait qu'un pied de longueur au-delà de ce point. Au grand étonnement de Tommy, les deux plateaux se trouvèrent en équilibre, comme si le bâton eût porté sur le point juste de son milieu avec un poids égal dans chaque plateau.

Vous voyez, reprit alors M. Barlow, par toutes les petites expériences que vous avez faites aujourd'hui, combien l'usage des instrumens est précieux pour les hommes. Un enfant, comme vous, peut faire, avec leurs secours ce qu'un homme le plus robuste ne saurait faire avec toute sa force. Mais, puisque nous en sommes sur cette matière, je vais vous faire voir une autre machine qui ne vous surprendra pas moins. Il conduisit alors Tommy dans sa cour, sous les fenêtres du grenier; et, lui montrant un gros sac de blé : Tenez, lui dit-il, faites-moi le plaisir de me transporter ce sac dans mon grenier. Je crains qu'il ne se gâte ici. Vous vous moquez sans doute de moi, monsieur, répondit Tommy. Non, je vous assure, répliqua M. Barlow. Je veux absolument vous devoir ce service; et vous aurez le plaisir de me le rendre. Il attacha soudain le sac de blé à une corde qui descendait d'en haut par une poulie; et, prenant Tommy par la main, il le conduisit dans le grenier, devant une assez grande roue, qui tournait par le moyen d'une manivelle. Il pria Tommy de la faire tourner; ce qu'il fit, quoique avec un peu de peine. C'en est assez, lui dit M. Barlow, au bout de quelques tours, tenez ferme maintenant, et jetez un regard vers la fenêtre. Tommy tourna la vue de ce côté; et à peine put-il en croire ses yeux, lorsqu'il vit paraître ce sac énorme, que Henri d'un coup de main fit débarquer heureusement sur le plancher. Eh bien! Tommy, s'écria M. Barlow, quand je vous disais que vous me feriez le plaisir de transporter ici mon sac de blé, vous ne vouliez pas m'en croire. Oh! monsieur, lui répondit Tommy, combien de belles inventions vous m'avez fait connaître! Il me semble qu'elles n'augmentent pas seulement les forces de mon corps, mais encore celles de mon intelligence. Mais, dites-moi, je vous prie, les hommes ont-ils inventé beaucoup d'autres machines aussi ingénieuses? Je voudrais les connaître toutes, jusqu'à la dernière.

M. BARLOW.

Je ne demande pas mieux, mon cher ami, que de vous procurer cette instruction. Mais j'imagine que vous ne voudriez pas seulement connaître l'usage de ces machines, comme les simples manœuvres, qui ne savent que s'en servir. Il faudrait pouvoir vous rendre raison de leurs forces, et savoir même les calculer.

TOMMY.

Oh! oui, monsieur; c'est bien comme cela que je l'entends.

M. BARLOW.

En ce cas, il est d'autres connaissances qu'il faut

d'abord acquérir. L'arithmétique, par exemple, vous est d'une nécessité indispensable.

TOMMY.

Qu'est-ce donc que l'arithmétique, monsieur, je vous prie?

M. BARLOW.

Il ne serait pas aisé de vous le faire entendre tout d'un coup par de simples paroles. Je vais essayer un autre moyen de vous l'expliquer. Voici une petite poignée de grains que je vais mettre sur la table. Pourriez-vous compter combien il y en a?

TOMMY.

Oui, monsieur; voyons. (*Il compte.*) Il y en a juste vingt-cinq.

M. BARLOW.

Fort bien je vais vous en faire un autre tas. Voyez combien il y de grains dans celui-ci.

TOMMY, *après avoir compté.*

Il y en a quatorze.

M. BARLOW.

S'il y a quatorze grains dans un tas et vingt-cinq dans l'autre, combien de grains y a-t-il dans les deux tas ensemble, ou, si vous l'aimez mieux, combien font vingt-cinq et quatorze?

Tommy fut hors d'état de répondre. M. Barlow proposa la même question à Henri, qui répondit sur-le-champ que les deux tas faisaient trente-neuf grains.

M. BARLOW.

Et, si je mettais les deux tas en un seul, combien de grains y aurait-il?

HENRI.

Cela ferait toujours trente-neuf.

M. BARLOW.

Eh bien! je vais en ôter dix-neuf. Les voici à part de ce côté : combien y en reste-t-il de l'autre?

TOMMY.

Un moment, monsieur, que je les compte.

M. BARLOW.

Vous ne sauriez donc me dire sans compter? Et vous, Henri, voyons; combien en reste-il?

HENRI.

Il en reste vingt, monsieur.

M. BARLOW.

C'est juste. Voilà, Tommy, ce que c'est que l'arithmétique, qui n'est autre chose que l'art de compter. Vous voyez qu'il se pratique d'une manière plus courte et plus aisée que si l'on comptait un à un les objets dont on veut savoir le nombre. Il n'est pas même nécessaire de les avoir sous les yeux. Par exemple, si vous vouliez savoir combien de grains d'orge, à peu près, il y a dans ce sac, vous seriez peut-être occupé plus d'un jour à les compter l'un après l'autre.

TOMMY.

Oh, oui, je le crois. Mais est-ce qu'il y a moyen de savoir le compte des grains sans vider le sac?

M. BARLOW.

Oui, vraiment; et par le secours de l'arithmétique, vous pouvez faire ce compte en quatre ou cinq minutes.

TOMMY.

Voilà une chose qui passe mes idées. Expliquez-moi cela, je vous prie, monsieur.

M. BARLOW.

Très-volontiers, mon ami. Un boisseau de grains pèse cinquante livres. Ce sac contient quatre boisseaux; ainsi il doit peser deux cents livres. Allons plus loin maintenant. Chaque livre contient seize onces. Or, comme il y a deux cents livres, c'est deux cents fois seize onces, ou trois mille deux cents onces. Il n'y a plus qu'à compter le nombre de grains qui se trouvent dans une seule once, il y aurait trois mille deux cents fois ce nombre de grains dans le sac.

TOMMY.

Cela me paraît tout clair à présent. Oh! que je voudrais savoir l'arithmétique! Henri et vous, monsieur, voudriez-vous bien me l'apprendre?

M. BARLOW.

Vous savez que nous sommes toujours prêts à vous montrer le peu que nous savons. Mais, avant de quitter ce sujet, j'ai une petite histoire à vous raconter.

TOMMY.

Oh! monsieur, que vous êtes bon. Une petite histoire encore par-dessus le marché!

M. BARLOW.

Il y avait un gentilhomme, qui aimait passionnément les beaux chevaux, et qui ne marchandait guère sur le prix pour se les procurer. Un maquignon vint le trouver un jour, et lui présenta un si beau cheval, que le gentilhomme fut obligé de convenir qu'il n'en avait jamais vu d'une si belle encolure. Il voulut aussitôt en faire l'essai, et ne lui trouva pas moins de feu, de docilité, de souplesse et de douceur. Des qualités si rares, réunies dans cet animal, le charmèrent à tel point, qu'il en demanda le prix avec empressement. Le maquignon lui répondit qu'il ne pouvait pas le donner à moins de deux cents guinées. Cette somme ayant paru exhorbitante au gentilhomme, le maquignon était prêt à se retirer, lorsque le gentilhomme le rappela, et lui dit: Je ne refuse point de vous donner un prix raisonnable de votre cheval; mais votre demande est trop forte. Voyez s'il n'y aurait pas moyen de nous arranger. Eh bien! monsieur, répliqua le maquignon, qui était un rusé matois, fort habile dans ses comptes, si vous ne voulez pas me donner les deux cents guinées que je vous demande, faisons un autre marché. Mon cheval a, comme vous le savez, six clous à chacun de ses fers, vingt-quatre clous en tout. Je ne vous demande qu'un farding pour le premier clou, deux pour le second, quatre pour le troisième, et ainsi de suite, en doublant toujours pour chaque clou jusqu'au dernier. Le gentilhomme accepta cette proposition avec joie, et dit à ses gens de conduire le cheval dans son écurie.

TOMMY.

Mais, monsieur, vous trouviez le maquignon si rusé? je le trouve bien sot, moi, de demander deux cents guignés pour son cheval, et de le donner ensuite pour quelques fardings.

M. BARLOW.

Le gentilhomme en avait précisément la même idée que vous. Quoi qu'il en soit, le maquignon ajouta : Bien que vous ayez accepté ma dernière proposition, je ne prétends pas, monsieur, vous forcer de tenir à la rigueur votre engagement. Tout ce que je vous demande, c'est que, si vous êtes mécontent de votre marché, vous promettiez de me payer les deux cents guinées que je vous ai d'abord demandées. Le gentilhomme lui en donna sa parole d'honneur; et, ayant fait appeler son intendant, il lui ordonna de faire le compte des fardings : car il était trop bien gentilhomme pour être en état de le faire lui-même. L'intendant alla s'asseoir à son bureau, prit une plume; et, après avoir fait son calcul, il félicita gravement son maître, et lui demanda dans quelle partie des trois royaumes était située la terre qu'il voulait acheter? Avez-vous perdu l'esprit? lui répondit le gentilhomme. Ce n'est pas une terre, c'est un cheval, que j'achète; et voici la personne à qui vous allez tout de suite en payer le prix. — Si quelqu'un a perdu l'esprit dans cette affaire, ce n'est sûrement pas moi, monsieur, répliqua l'intendant. La somme que vous m'avez ordonnné de calculer s'élève à soixante-dix mille quatre cent soixante-dix livres sterling, quelques schellings et quelques sous : et sûrement il n'y pas un homme de sens qui voulût donner ce prit d'un cheval. Le gentilhomme ne pouvoit revenir de sa surprise; et, croyant que son intendant avait commis quelque erreur grossière dans ses calculs, il les fit vérifier. Mais, lorsqu'il eut été convaincu de leur justesse, il s'estima trop heureux de sortir d'embarras en faisant aussitôt compter les deux cents guignées au maquignon, qui se retira fort satisfait d'avoir eu affaire à un gentilhomme.

TOMMY.

C'est une chose inconcevable, qu'un farding, ainsi doublé un petit nombre de fois, puisse produire une somme si prodigieuse. J'y aurais été pris le premier, je l'avoue. Oh! monsieur, c'en est fait, me voilà déterminé à apprendre l'arithmétique, pour n'être pas la dupe des maquignons. Il me semble qu'un gentilhomme doit avoir une bien sotte figure en se voyant attrapé si honteusement.

Les premières leçons d'arithmétique fournirent à Tommy une occupation très-agréable pour les longues soirées de l'hiver. Il s'amusait, avec M. Barlow et avec son ami, à faire mille opérations curieuses sur les nombres. Ses progrès furent si rapides, qu'en fort peu de temps il se vit en état d'additionner, soustraire, multiplier et diviser, avec la plus grande exactitude, telles sommes qu'on lui proposait. Son unique délassement était d'aller observer les étoiles lorsque le ciel n'était couvert d'aucun nuage. M. Barlow, fidèle à sa promesse, lui avait donné un petit globe de carton, traversé d'un fil de fer, et porté sur un pied. Tommy après avoir incliné son globe, de manière qu'un des deux bouts du fil de fer repondît à la direction de l'étoile polaire, commença par y tracer les sept étoiles du chariot dans le même ordre qu'il les voyait briller aux cieux. Le lendemain, ayant observé de l'autre côté de l'étoile polaire une autre constellation, toujours opposée au chariot, il en demanda le nom à M. Barlow, qui lui dit qu'elle s'appelait Cassiopée; et, le même soir, Cassiopée, avec toutes ses étoiles, fut instalée sur son globe. Quelques jours après, ayant porté ses regards vers la partie méridionale du ciel, il y vit briller une constellation si remarquable, qu'elle s'empara de toute son attention. Quatre grandes étoiles semblaient former une figure presque carrée; et, au milieu, il y en avait trois placées fort près l'une de l'autre, sur une ligne droite, mais un peu inclinée. Tommy montra cette constellation à M. Barlow, et le pria de la lui nommer. M. Barlow lui répondit qu'elle s'appelait Orion, et que les trois belles étoiles du milieu étaient appelées le baudrier d'Orion.

Tommy fut tellement enchanté de la grandeur et de la beauté de cette constellation glorieuse, qu'il fut occupé toute la soirée à tracer sa figure, pour la rapporter plus exactement sur son globe. Il rêva d'Orion toute la nuit, mais ses songes ne lui firent pas oublier, le lendemain, de rappeler à M. Barlow l'histoire qu'il avait promis de lui raconter sur Agésilas, roi de Sparte.

AGÉSILAS,

ROI DE SPARTE.

Les Spartiates étaient des hommes fermes et courageux, pleins de mépris pour tout ce qui pouvait leur inspirer le goût de la mollesse. Ils consacraient tout leur temps aux exercices les plus propres à endurcir leur corps à la fatigue, et à fortifier leur âme contre la crainte des dangers et de la douleur. Comme le sort les avait placés au milieu de quelques autres nations qui avaient fréquemment des guerres entre elles et avec eux-mêmes, il était du plus grand intérêt, pour leur sûreté, d'être toujours en état de repousser les insultes de leurs voisins, s'ils entreprenaient de les attaquer. Tous leurs enfans étaient élevés d'une manière dure; et ceux de leurs rois n'étaient pas traités plus délicatement que les autres.

Comment donc ? monsieur, interrompit Tommy! voilà qui brouille toutes mes idées. J'ai souvent entendu dire à maman et à ses amies que j'avais l'air d'un roi lorsque je portais de beaux habits. Ainsi je pensais que les rois n'avaient autre chose à faire que de se promener avec une couronne sur la tête, au milieu de leur cour.

Les rois de Sparte, car il y en avait deux à la fois, croyaient devoir s'occuper d'affaires plus importantes. Destinés à conduire leurs sujets à la guerre, ils ne pouvaient se rendre dignes de commander à de braves guerriers, sans chercher à les surpasser en force, en courage et en grandeur d'âme. Les Spartiates avaient pour alliés des Grecs établis en Asie, et qui se voyaient menacés par les Perses des horreurs de l'esclavage. A la première nouvelle du danger de leurs amis, les Spartiates envoyèrent, pour les secourir, Agésilas, l'un de leurs rois, avec quelques milliers de soldats. Quelque formidable que parût la puissance du roi de Perse, ils jugèrent cette petite armée suffisante pour résister à toutes ses forces. Celui-ci, enorgueilli du faste de ses palais, de l'immensité de ses richesses, et du nombre de ses esclaves, ne pouvait concevoir qu'on eût l'audace d'entreprendre d'arrêter ses projets. Un de ses généraux fit aussitôt marcher son armée contre les Spartiates. Agésilas, qui ne comptait pour rien le nombre de ses ennemis, ordonna à ses soldats de s'avancer, les rangs bien serrés, et en joignant ensemble leurs boucliers, Puis lorsqu'ils furent à la portée des Perses, ils tombèrent sur eux avec tant de furie, qu'ils enfoncèrent leurs bataillons, et les contraignirent, en un moment, de prendre honteusement la fuite.

En cet endroit, Tommy interrompit encore M. Barlow pour lui demander ce que c'était qu'un bouclier. Dans les temps anciens, lui répondit M. Barlow, avant que les hommes connussent les terribles effets de la poudre à canon, ils étaient accoutumés à combattre de près, et corps à corps, avec des épées ou de longues piques. C'est pourquoi ils avaient besoin de se couvrir d'une armure impénétrable au fer de leurs ennemis. La principale de ces armes défensives était le bouclier. On le faisait d'airain, ou de bois couvert d'un cuir épais et de lames de fer. Celui des Spartiates était assez long et assez large pour couvrir un homme presque tout entier. Lorsqu'ils allaient au combat, ils formaient des rangs bien serrés, tenant leur bouclier passé au bras gauche, et debout devant eux, pour se mettre à l'abri des flèches et des javelots. Sur leurs têtes, ils portaient un casque, c'est-à-dire un bonnet de fer ou d'acier, orné de plumes flottantes ou de queues de chevaux. C'est de cette manière que, d'un pas ferme et leurs piques en avant, ils marchaient à la rencontre de leurs ennemis.

Oh! monsieur, s'écria Tommy, que ce devrait être un beau spectacle! Il m'est arrivé quelquefois de voir passer ici des régimens : lorsque je voyais ces troupes marcher d'un air fier, et la tête levée, je pensais au plaisir que j'aurai d'être un jour militaire, quand je serai assez grand. Avez-vous bien considéré, repartit M. Barlow, quelle est la destinée d'un soldat? Oui, monsieur, répondit Tommy, je sais bien qu'il doit se battre quelquefois, et ce n'est pas la meilleure de ses affaires. Ce qui me flattait davantage, c'était de faire l'exercice au son de la musique, et drapeaux déployés, avec un bel habit rouge et des armes brillantes, tandis que les femmes vous regardent, vous applaudissent et vous saluent. Je leur ai souvent entendu dire qu'elles n'aimaient rien tant qu'un soldat. Fort bien, reprit M. Barlow; j'espère que vous en prendrez tout à l'heure des idées plus justes. Mais revenons à notre histoire.

Pharnabaze (c'était le nom du général des Perses), voyant que ses troupes n'étaient pas en état de tenir contre les Spartiates, envoya prier Agésilas de lui accorder une conférence pour traiter avec lui des conditions de la paix. Agésilas y consentit, et fixa l'heure et l'endroi du rendez-vous. Il s'y rendit ponctuellement, accompagné de ses capitaines. Pharnabaze n'étant pas encore arrivé, ils s'assirent tranquillement sur l'herbe; et, comme c'était l'heure de leur repas, ils tirèrent leurs vivres, qui consistaient en pain grossier et en ognons, et commencèrent à manger d'un grand appétit. Au milieu de ces guerriers était assis le roi, qui ne se distinguait de la foule ni par la richesse de ses habits, ni par la délicatesse de ses alimens. Il n'y avait pas un seul homme dans toute l'armée qui supportât avec plus de courage toutes sortes de fatigues, et qui fût plus exact à la discipline militaire. Aussi était-il chéri et révéré de ses soldats, qui auraient rougi de paraître moins braves ou moins patiens que leur chef. Au bout de quelques instans, les premiers serviteurs de Pharnabaze arrivèrent, portant de riches tapis, et des carreaux de duvet qu'ils étendirent à terre pour que leur maître pût s'y reposer mollement. Bientôt survint une seconde troupe, qui s'empressa de dresser une tente magnifique, avec des rideaux de soie, pour défendre Pharnabaze et sa suite des ardeurs du soleil. Enfin on vit paraître un grand nombre de cuisiniers et d'officiers de bouche, avec plusieurs chevaux chargés de toutes les provisions d'un superbe banquet. Pharnabaze arriva le dernier de tous, revêtu, suivant l'usage oriental, d'une longue robe de pourpre, rayonnante d'or et de pierreries, et porté sur un beau cheval aussi richement orné que lui-même. Lorsque, en approchant de plus près, il fut à portée de voir les manières simples du roi de Sparte et des capitaines, il ne put s'empêcher de sourire d'un air de mépris, et de faire des comparaisons dédaigneuses entre leur air négligé et sa magnificence. Tous ceux qui l'environnaient ne manquèrent pas d'applaudir aux railleries piquantes de leur général, excepté un seul homme qui, ayant servi autrefois chez les Grecs, était mieux instruit de la véritable valeur de ce peuple. Cet homme était fort considéré de Pharnabaze pour ses lumières et sa probité. Pharnabaze, observant son silence, le pria de lui déclarer ses sentimens, comme les autres venaient de le faire. Il s'en défendit d'abord; mais enfin, pressé par son général, il lui dit : Puisque que vous m'ordonnez de vous exposer mon opinion, je dois vous avouer, ô Pharnabaze, que tout ce qui vient d'exciter les ris moqueurs de vos courtisans forme le sujet de mes craintes. De notre côté, sans doute, je vois des robes de pourpre, des joyaux d'or et de diamans; mais lorsque j'y cherche des hommes, je n'y trouve que des cuisiniers, des musiciens, des danseurs, et pas un seul guerrier. Du côté des Grecs, je ne vois aucun de ces riches ornemens qui font notre orgueil; mais j'y vois le fer et l'airain qui leur forment des armures impénétrables; j'y vois des hommes élevés à mépriser la fatigue, à braver les dangers, à obéir à leurs chefs, et prêts à mourir à leur poste plutôt que de l'abandonner. Si le combat était entre nous à qui préparerait le mieux un dîner, et à qui nouerait sa chevelure avec plus de grâce, je ne douterais pas que l'avantage ne fût pour notre parti; mais lorsqu'il s'agit d'un prix qu'il faut disputer par la force et par la valeur, je ne puis m'empêcher de craindre que tout l'or de la Perse ne puisse jamais résister au fer de la Grèce. Pharnabaze fut si frappé de la force de ce discours, que dès ce moment il résolut de n'avoir plus rien à démêler avec des hommes si redoutables; et il tourna tous ses soins à conclure une paix qui le préserva lui et son pays d'une destruction infaillible.

Vous voyez par cette histoire, dit M. Barlow, que les beaux habits ne méritent guère l'estime que vous aviez pour eux, puisqu'ils ne peuvent donner à ceux qui les portent ni plus de force, ni plus de courage, et qu'ils ne sauraient les défendre contre les attaques d'un ennemi qui n'a que ses armes pour toute parure. Mais, puisque vous êtes si peu instruit du métier de soldat, je vais vous en donner une connaissance plus détaillée. Au lieu de cette vie brillante, qui paraît avoir séduit si fortement votre imagination, il faut vous apprendre qu'il n'est pas un seul état où l'on soit exposé à souffrir plus d'accidens et de misère. Le soldat est souvent obligé de faire des marches forcées, percé jusqu'aux os par la pluie, ou étouffé par la poussière, engourdi par le froid, ou accablé sous le poids de la chaleur, quelquefois sans alimens pour ranimer ses forces, et sans vêtemens pour se couvrir. Lorsqu'il s'arrête la nuit, le meilleur gîte qu'il puisse espérer est une misérable tente de toile, qui ne le défend guère des injures de l'air, et une poignée de paille qui meurtrit encore ses membres fatigués. Il est même souvent dépourvu de ces tristes ressources, et réduit à coucher sans couverture sur une terre humide, où il contracte des infirmités plus cruelles que le fer de l'ennemi. A chaque instant de la nuit son repos est troublé par de vaines alarmes. Le jour, il faut livrer sans cesse des combats qui l'exposent au hazard de perdre ses membres ou sa vie. Si son parti remporte quelque avantage, c'est pour recommencer à combattre le lendemain avec une nouvelle fureur, jusqu'à ce que la guerre soit terminée. S'il est battu, il voit couler son sang sur le champ de bataille, ou il est fait prisonnier par l'ennemi, pour aller languir dans les horreurs d'une affreuse prison, et y perdre, dans les chagrins et les maladies, de tristes jours que le fer avait épargnés.

Hélas, monsieur, s'écria Henri, quelle affreuse peinture vous nous faites de la destinée de ces braves gens qui se dévouent à défendre leur pays! Il me semble que ceux qui les emploient devraient bien prendre soin d'eux lorsqu'ils sont malades ou estropiés, et hors d'état de pourvoir à leur subsistance.

M. BARLOW.

Ils le devraient, sans doute ; mais la plupart de ceux qui gouvernent les hommes sont bien étrangers à ces sentimens généreux. Après avoir entrepris par orgueil ou par avarice des guerres injustes et cruelles, ils ne regardent les malheureux qui les ont servis que comme des victimes échappées à la guerre, et qu'ils livrent à la misère pour achever de les immoler.

HENRI.

Mais, monsieur, comment les hommes, qui devraient trouver tant de plaisir à s'aimer, ont-ils pu entreprendre une seule guerre? Comment a-t-on pu concevoir l'idée de quitter sa femme et ses enfans pour aller faire à ses semblables tout le mal qui est en son pouvoir?

M. BARLOW.

Vous avez bien raison, mon ami, de vous étonner de cette féroce extravagance. Parmi tous les flots de sang humain qui ont été répandus depuis la naissance du monde, à peine y en a-t-il eu quelques gouttes versées pour une cause juste et naturelle. Il n'en est qu'une seule que la raison puisse autoriser : c'est la défense de son pays. C'est alors qu'il est de son devoir de repousser la force. Chez les Grecs, dont nous venons de parler, tout homme était soldat, et devait toujours se tenir prêt à défendre sa patrie lorsqu'elle était attaquée.

HENRI.

Oh! monsieur, je vous en prie, racontez à Tommy

cette histoire de Léonidas, qui m'a fait tant de plaisir; je suis sûr qu'il sera charmé de l'entendre.

M. Barlow, ayant vu les yeux de Tommy briller de joie à cette proposition, voulut bien lui raconter l'histoire suivante.

LÉONIDAS,

ROI DE SPARTE.

Xerxès régnait sur la Perse. Cet empire, d'une vaste étendue, nourrissait plusieurs millions d'hommes. La terre féconde y produisait toutes les choses nécessaires à la vie, et renfermait encore dans son sein les mines des plus précieux métaux; mais toutes ces richesses étaient loin de satisfaire l'âme orgueilleuse de Xerxès. Persuadé que l'univers entier devait fléchir sous ses caprices, et voyant que les Grecs, fiers de leur liberté, refusaient d'obéir aux ordres insolens qu'il leur envoya, il résolut de faire une expédition contre eux, et de réduire leur pays sous sa domination. Il assembla aussitôt une armée si puissante, qu'il serait impossible de vous en faire le dénombrement. Ces forces redoutables semblaient suffisantes pour faire la conquête de la terre; et toutes les troupes que les Grecs pouvaient leur opposer montaient à peine à la centième partie de celles de leur ennemi. Une si prodigieuse inégalité n'abattit point cependant le courage de ces peuples magnanimes. Ils tinrent des assemblées générales pour délibérer sur leur sûreté commune; et leur noble résolution fut, qu'ayant vécu libres jusqu'à ce moment, ils maintiendraient leur liberté, ou mourraient glorieusement pour sa défense. Dans cet intervalle, Xerxès poussait toujours sa marche, et bientôt il entra sur le territoire de la Grèce. Les Grecs n'avaient pu encore assembler entièrement toutes leurs troupes; c'est pourquoi ils furent frappés de consternation à l'approche d'une armée aussi formidable. Léonidas était alors roi de Sparte. En considérant la situation dangereuse où se trouvait la Grèce, il ne vit qu'un seul moyen de prévenir sa ruine. Pour pénétrer dans son sein, il fallait que l'armée des Perses défilât par un passage rude et montueux, appelé les Thermopyles. Léonidas conçut que, si un petit nombre de braves soldats entreprenait de défendre ce passage étroit, ils retarderaient la marche de leurs ennemis, et donneraient le temps aux Grecs de rassembler toutes leurs forces; mais qui voudrait exécuter une résolution si hardie, et se livrer à un péril dont il y avait si peu d'espoir d'échapper? Il résolut de l'entreprendre lui-même, avec ceux de ses Spartiates qui s'engageraient volontairement à le suivre, et de sacrifier ainsi sa vie pour le salut de sa patrie.

Dans ce dessein, il assembla les principaux citoyens de Sparte, et leur exposa la nécessité de défendre le passage des Termopyles. Tous les Spartiates furent également frappés de l'importance de cette idée; mais personne ne s'offrait pour l'exécuter. Eh bien! s'écria Léonidas, puisque vous approuvez mon dessein, je me charge moi-même de tous ces dangers, avec ceux qui voudront me suivre. Cette proposition généreuse fut reçue avec des transports d'admiration; mais on crut devoir lui représenter la mort certaine qui devait être le prix de son courage. Qu'importe? répondit-il, nous perdrons la vie; mais la Grèce conservera sa liberté. En disant ces mots, il sortit de l'assemblée, et alla se préparer pour l'expédition, avec trois cents Spartiates, qui s'offrirent à partager son noble dévouement. Avant de partir, il voulut prendre congé de sa femme, qui le tint long-temps serré dans ses bras, en l'arrosant de ses larmes. Il tâcha de la consoler par ses caresses, et lui dit que la vie d'un citoyen était peu de chose en comparaison de l'intérêt de la patrie, et que les femmes spartiates devaient être plus occupées de la gloire que de la sûreté de leurs maris. Il embrassa ses enfans, et, recommandant à sa femme de les élever dans les principes où il avait vécu lui-même, il sortit de sa maison, et se mit à la tête de ces braves guerriers qui devaient le suivre. A mesure qu'ils traversaient la ville, tous les habitans accouraient autour d'eux, en les comblant de louanges et de bénédictions. Les jeunes femmes entonnaient des chants de guerre, et semaient des fleurs sur leurs pas. Les jeunes gens étaient jaloux de leur gloire, et se plaignaient de ce qu'un choix si honorable n'était pas tombé sur eux-mêmes, tandis que leurs parens et leurs amis, oubliant le danger de les perdre, ne paraissaient sensibles qu'à l'honneur immortel qu'ils allaient acquérir. A leur passage dans la Grèce, ils furent joints par différens corps de leurs alliés, en sorte que leur troupe se montait à environ six mille hommes lorsqu'ils prirent possession du passage des Termopyles.

Bientôt après Xerxès arrive, suivi de son innombrable armée, composée de toutes les nations soumises à son empire. En apprenant le petit nombre des Grecs, il ne put se persuader qu'ils eussent le projet de s'opposer à son passage. Mais, lorsqu'on lui eut rapporté que c'était en effet leur dessein, il envoya un détachement de ses troupes, avec ordre de prendre les Grecs vivans, et de les amener chargés de chaînes à ses pieds. Ses soldats partirent, pleins de confiance, et attaquèrent les Spartiates avec une grande furie; mais dans un instant ils se virent repoussés, après avoir essuyé une perte considérable, et ils furent obligés de se retirer en désordre. Furieux de cette disgrâce, Xerxès ordonna de renouveler le combat avec des forces plus nombreuses; mais, quoiqu'il y eût employé les meilleures troupes de son armée, il n'en eut pas moins le chagrin de voir son orgueil humilié. Ainsi, toute cette troupe innombrable fut arrêtée dans sa marche par une poignée de soldats si méprisables à ses yeux, qu'elle ne les avait pas d'abord jugés dignes d'une attaque sérieuse; et le monarque orgueilleux aurait été réduit à retourner honteusement sur ses pas, sans la trahison de quelques habitans du pays. Séduits par l'attrait d'une grande récompense, ils s'engagèrent à conduire un corps choisi de Perses sur le sommet des montagnes, par des chemins détournés, dont eux seuls étaient instruits. Ils prirent le temps de la nuit, et allèrent s'établir sur une hauteur qui dominait le camp des Grecs. Aux premiers feux du jour, Léonidas les aperçut, et il sentit dès ce moment qu'il n'était plus en état de se maintenir dans son poste. Sa fermeté n'en fut point abattue, et il se disposa à soutenir généreusement le sort qui l'attendait. Après avoir comblé de louanges ses alliés, et les avoir remerciés de la bravoure avec laquelle ils l'avaient soutenu dans son entreprise, il les renvoya tous chacun dans leur pays. Il aurait aussi renvoyé, sous divers prétextes, une partie de ses Spartiates; mais ceux-ci, résolus de mourir avec leur roi plutôt que de retourner sans lui dans leur patrie, refusèrent de lui obéir. Lorsqu'il vit leur résolution, il consentit à les garder, et à les associer à sa destinée. Il resta tout le jour tranquille dans son camp, et exhortant ses soldats à prendre de la nourriture, en ajoutant qu'ils iraient souper tous ensemble chez Pluton. Le soir ils prirent leurs armes, et attendirent en silence le milieu de la nuit, temps que Léonidas jugeait le plus propre au dessein qu'il méditait. Lorsque le moment fut venu, le roi se mit à leur tête, et les conduisit vers le camp des Perses. Ils s'en ouvrirent bientôt l'entrée, et mirent en fuite les gardes avancés qui voulurent leur résister. Il serait difficile de vous peindre la confusion et la terreur qui se répandirent en un moment parmi tant de milliers d'hommes, réveillés au milieu de leur sommeil, et frappés de tous côtés par des cris d'épouvante et d'horreur. Les Grecs marchaient serrés les uns contre les autres, renversant tout à leur passage, et poussant devant eux cette vaste et puissante armée comme un troupeau effrayé. Ils étaient déjà parvenus à la tente de Xerxès; et, s'il ne l'eût abandonnée précipitamment à la première alarme, ils auraient mis fin d'un seul coup à sa vie et à son expédition. Ils arrachèrent le pavillon royal, le déchirèrent avec indignation, et foulèrent sous leurs pieds les ornemens précieux et les vases d'or qui servaient au luxe des rois de Perse. Mais, lorsque le jour commença à paraître, les Perses, revenus de leur première terreur, en considérant le petit nombre de leurs ennemis, les environnèrent de toutes parts; et, sans oser encore les attaquer de près, ils firent pleuvoir sur eux une grêle de flèches et de javelots. Les Grecs étaient épuisés de fatigue, et avaient déjà perdu une grande partie de leurs compagnons; cependant Léonidas, incapable de céder, s'élançait avec eux contre les Perses, et faisait encore plier leurs bataillons. Enfin, accablés sous le nombre, ils furent tous massacrés, à l'exception d'un seul, qui trouva le moyen d'échapper au carnage, et de retourner dans sa patrie; mais il y fut reçu comme un traître, et personne ne voulut avoir de commerce avec lui, jusqu'à ce qu'il eût effacé sa honte en faisant des prodiges de valeur dans un combat.

L'histoire était à peine achevée, que Tommy s'écria avec enthousiasme : Oh! monsieur, quel brave homme c'était que ce Léonidas! Dites-moi, je vous prie, que firent les Perses après la mort de ces vaillans Spartiates? Xerxès vint-il à bout de soumettre les Grecs, ou en fut-il repoussé? Tenez, lui répondit M. Barlow, vous savez lire à présent, voici le livre qui contient la suite de cette histoire. Vous pourrez vous en instruire vous-même lorsque vous le désirerez. Tommy prit le livre avec joie, et passa fort agréablement une partie de la journée à suivre le récit de tous les événemens de cette expédition mémorable.

L'hiver durait encore. Le vent du nord, balayant tous les nuages du ciel, y entretenait la plus pure sérénité. Tommy attendait chaque jour avec impatience le retour de la nuit pour étendre ses connaissances dans les cieux. Il avait déjà orné son globe des constellations les plus remarquables, telles que Persée, Andromède, Céphée, Cassiopée, les Pléiades, et Sirius, la plus brillante étoile de tout le ciel. Il avait observé que tous les astres s'avançaient chaque nuit, de l'orient à l'occident, et que, le lendemain au soir, à la même heure, il paraissaient à la même place que la veille. Il est bien singulier, dit-il à M. Barlow, que les étoiles tournent ainsi continuellement autour de la terre.

M. BARLOW.

Et comment savez-vous qu'elles tournent?

TOMMY.

Comment, monsieur, c'est que je les vois changer de place tous les soirs.

M. BARLOW.

Mais comment vous êtes-vous assuré que ce soient les étoiles qui changent de place, et que ce ne soit pas la terre elle-même?

Tommy réfléchit un moment, et répondit : Mais, monsieur, je verrais alors la terre se mouvoir tandis que les étoiles resteraient toujours au même endroit.

M. BARLOW.

Vous souvenez-vous de vous être jamais promené en carrosse?

TOMMY.

Oh! sûrement, monsieur. Maman m'y a mené fort souvent avec elle.

M. BARLOW.

Et vous aperceviez-vous que le carrosse marchât, lorsque vous étiez assis tranquillement et que le chemin était bien uni?

TOMMY.

Non, monsieur, je vous avoue qu'il me semblait alors que c'étaient les maisons, les arbres et toute la campagne, qui glissaient légèrement le long des portières de la voiture.

M. BARLOW.

Avez-vous aussi fait des promenades en bateau?

TOMMY.

Oui, monsieur.

M. BARLOW.

Et que vous semblait-il des objets qui vous environnaient?

TOMMY.

La même chose que lorsque j'étais en voiture. Au lieu de penser que le bateau s'éloignât du rivage, j'aurais parié la première fois que c'était le rivage qui s'éloignait du bateau.

M. BARLOW.

Puisque cela est ainsi, il serait donc possible que, quoique ce fût la terre qui marche et non les étoiles, il parût à vos yeux que ce sont les étoiles qui marchent, et non la terre.

TOMMY.

Mais, n'eût-il pas été plus raisonnable de faire marcher le soleil et les étoiles, qui sont si petits, que de faire marcher un corps aussi grand que la terre doit l'être?

M. BARLOW.

Et d'où savez-vous que le soleil et les étoiles sont aussi petits que vous le dites?

TOMMY.

C'est que je vois bien comme ils sont. Il y a de si petites étoiles, qu'il faut regarder long-temps pour les trouver. Et le soleil lui-même, qui est beaucoup plus grand; il ne l'est guère plus que ce guéridon.

Ici finit l'entretien de la soirée.

La journée étant fort belle le lendemain, M. Barlow se hâta de proposer à ses deux jeunes amis une partie de promenade. Comme Tommy s'était alors endurci à la fatigue, et qu'il était en état de soutenir la marche de plusieurs milles, ils continuèrent leur route jusque sur une montagne, d'où ils découvraient en pleine perspective une grande étendue de mer. Tandis qu'ils laissaient égarer leurs regards sur ce vaste horizon, M. Barlow découvrit dans le lointain un corps flottant qui paraissait si petit, que l'œil pouvait à peine le distinguer sur les flots. Il s'empressa de le faire voir à Tommy, qui fut long-temps à le trouver, et il lui demanda s'il savait ce que c'était.

Tommy répondit que c'était sans doute quelque chaloupe de pêcheur; mais qu'il n'osait cependant en répondre, à cause de la distance qui l'empêchait de la reconnnaître.

M. BARLOW.

Comment cet objet paraît-il donc à vos yeux?

TOMMY.

Comme un petit point obscur, qui semble s'agrandir.

M. BARLOW.

Et pourquoi semble-t-il ainsi s'agrandir?

TOMMY.

C'est qu'il s'avance de plus en plus vers nous.

BARLOW.

Quoi donc! est-ce que le même objet peut nous paraître tantôt grand et tantôt petit?

TOMMY.

Oui, monsieur. Il paraît petit lorsqu'il est à une grande distance. Tenez, voyez là-bas ce grand arbre sous lequel nous venons de passer, il ne paraît pas plus haut que mon pommier nain.

M. BARLOW.

Il est vrai.

TOMMY, *en se retournant vers la mer.*

Oh! monsieur, regardez donc, je vous prie; voici le bâtiment qui a fait bien du chemin. Je me rétracte, s'il vous plaît : ce n'est pas, comme je l'imaginais, une chaloupe de pêcheur. C'est un vaisseau avec un mât. Je commence à distinguer les voiles.

M. Barlow s'était éloigné un moment pour chercher quelques plantes dans le voisinage. Tommy courut bientôt le rappeler, et lui dit : Oh! monsieur, moi, qui vous disait tout à l'heure que c'était un vaisseau à un seul mât! je m'étais encore trompé. C'est bien un beau vaisseau à trois mâts, avec toutes ses voiles au vent. Je ne serais pas même surpris quand ce serait une grosse frégate. Et que dis-je encore? Je le vois maintenant, c'est un vaisseau de guerre.

M. BARLOW.

Voulez-vous bien vous rappeler tout ce que vous m'avez dit depuis un quart d'heure? Ce qui n'était d'abord qu'un petit point obscur est devenu une barque de pêcheur, puis un vaisseau à un mât, puis une frégate, puis enfin un vaisseau du premier rang, avec tous ses mâts et toutes ses voiles appareillées. Cependant toutes ces diverses apparences ne sont que le même objet à des distances inégales de votre œil.

TOMMY.

Oui, monsieur; tout cela est vrai en effet.

M. BARLOW.

Mais si ce vaisseau, qui est venu se mettre tout entier à notre vue, allait s'en retourner, et faisait voile loin de nous avec autant de vitesse qu'il vient de s'en approcher, qu'en arriverait-il alors?

TOMMY.

Nous le verrions diminuer de plus en plus à chaque minute, jusqu'à ce qu'il fût encore redevenu un petit point obscur.

M. BARLOW.

Vous disiez, je crois, hier au soir, que le soleil était un corps très-petit, et qu'il n'était même guère plus grand que votre guéridon.

TOMMY.

Oui, monsieur.

M. BARLOW.

Supposons qu'il s'éloignât encore de nous à une plus grande distance, paraîtrait-il toujours le même à vos yeux?

Tommy réfléchit un moment, et dit : Si le vaisseau, en s'éloignant, paraissait diminuer par degrés, jusqu'à ce qu'enfin il ne fût plus qu'un petit point obscur, je pense que le soleil devrait faire la même chose s'il s'éloignait de nous.

M. BARLOW.

Vous avez parfaitement raison. Ainsi, le soleil, en s'éloignant de plus en plus, ne paraîtrait pas enfin plus grand que l'une de ces étoiles étincelantes que vous voyez à une si grande distance au-dessus de votre tête.

TOMMY.

Oui, monsieur, je le sens à merveille.

M. BARLOW.

Mais si au contraire une de ces étoiles étincelantes s'approchait de plus en plus de vous, que pensez-vous qu'il en arrivât? Vous paraîtrait-elle toujours aussi petite?

TOMMY.

Non, sans doute, monsieur; le vaisseau nous a paru s'agrandir de plus en plus à mesure qu'il s'est approché de nous. Ainsi je pense que l'étoile n'aurait pas de raison pour se dispenser de paraître plus grande.

M. BARLOW.

Ne pourrait-elle pas alors vous sembler aussi grande que le soleil?

TOMMY.

Oui vraiment, monsieur, puisque le soleil nous paraîtrait aussi petit qu'une étoile s'il était aussi reculé de nos yeux.

M. BARLOW.

Mais si le soleil, au lieu de s'éloigner de nous, s'en approchait au contraire beaucoup plus près qu'il ne l'est maintenant, vous paraîtrait-il toujours de la même grandeur?

TOMMY.

Non, monsieur; je vois clairement qu'il devrait nous paraître plus grand à mesure qu'il approcherait.

M. BARLOW.

Puisque cela est ainsi, il n'est donc peut-être pas si certain que la terre que nous habitons soit plus grande que le soleil et les étoiles. Le soleil et les étoiles sont à une grande distance; et la terre, elle touche à nos yeux. Voyons : supposons, pour nous éclaircir, qu'un homme s'élève de la terre vers le soleil ; comment pensez-vous que la terre doive lui paraître pendant son trajet?

TOMMY.

Vraiment, monsieur, jusqu'à l'expérience, j'aurai de la peine à vous le dire.

M. BARLOW.

Pourquoi seriez-vous embarrassé? Qu'un objet s'éloigne de vous, ou que vous vous éloigniez de l'objet, n'est-ce pas la même chose! N'est-il pas égal, par exemple, que ce soit le vaisseau qui fasse voile loin de nous, ou que ce soit nous qui marchions loin du vaisseau?

TOMMY.

Oui, monsieur, je le conçois à présent. Cela revient au même.

M. BARLOW.

Bon. Revenons au soleil. Vous conveniez tout à l'heure que, s'il pouvait être encore plus reculé de nos yeux, il nous paraîtrait plus petit.

TOMMY.

Je ne m'en dédis pas.

M. BARLOW.

Eh bien donc, si la terre s'abaissait rapidement sous vos pieds, vous paraîtrait-elle toujours aussi grande?

TOMMY.

Non, monsieur, elle devrait me paraître plus petite à chaque minute; comme le vaisseau diminuerait sensiblement à mes yeux s'il faisait voile du rivage.

M. BARLOW.

C'est fort bien raisonner. Rappelez-vous maintenant la supposition que je vous faisais tout à l'heure. Si un homme pouvait s'élever de la terre, et monter toujours vers le soleil, qu'arriverait-il?

TOMMY.

La même chose que si la terre s'abaissait sous ses pieds : elle lui semblerait devenir à chaque instant plus petite.

M. BARLOW.

N'y aurait-il pas un point dans son vol où la terre ne lui paraîtrait pas plus grande que le soleil?

TOMMY.

J'ai peine à le concevoir. Cependant je sens bien que plus il s'élève, et plus la terre doit se rapetisser pour lui.

M. BARLOW.

Vous rappelez-vous ce qui vous arriva en quittant l'île de la Jamaïque?

TOMMY.

Oui, monsieur, je m'en souviens comme si cela ne faisait que de m'arriver. Un nègre me tenait dans ses bras sur le tillac du vaisseau, le visage tourné vers le port. Le vent nous était favorable, et nous allions très-vite. Je commençai bientôt à ne plus distinguer les arbres et les maisons qui bordent le rivage. Je ne voyais plus que les hautes montagnes qui s'élèvent dans l'île. Ces montagnes se confondirent bientôt à mes yeux, l'île entière ne paraissait que sous la forme d'un brouillard épais; enfin ce brouillard lui-même disparut. Je ne vis alors autour de moi qu'une vaste pleine d'eau, et le ciel sur ma tête.

M. BARLOW.

Et ne concevez-vous pas qu'il en devrait être exactement de même si vous vous éleviez de plus haut en plus haut dans les airs, et que vos yeux fussent tournés en bas vers la terre?

TOMMY.

Oui, monsieur. Tout devrait se passer pour moi de la même façon.

M. BARLOW.

Vous voilà donc maintenant en état de répondre à la question que je vous faisais il n'y a qu'un moment. Si un homme pouvait aller tout droit de la terre vers le soleil, comment lui paraîtraient-ils l'un et l'autre à mesure qu'il s'éleverait dans son vol?

TOMMY.

La terre lui paraîtrait plus petite à mesure qu'il s'en éloignerait, et le soleil plus grand à mesure qu'il s'en approcherait.

M. BARLOW.

Il arriverait donc à la fin que le soleil lui paraîtrait plus grand que la terre?

TOMMY.

Je ne vois pas que cela puisse arriver autrement.

M. BARLOW.

Ainsi, vous voyez que vous ne devez plus dire que la terre est grande, et que le soleil est petit, puisque leur différence ne provient que de ce que vous êtes tout près de l'une et très-éloigné de l'autre. Au moins devez-vous concevoir que le soleil et les étoiles sont des corps infiniment plus considérables que vous ne l'auriez imaginé au premier coup d'œil.

Comme ils s'en retournaient à la maison ils virent à l'entrée d'un petit village une foule de peuple assemblé devant une baraque de bois. Un homme était à la porte qui, d'une voix gracieuse, invitait les gens à entrer, et ne demandait que trois sous par personne pour leur montrer les choses les plus curieuses et les plus surprenantes. Tommy et son camarade parurent si sensibles à l'invitation distinguée qu'on leur fit en particulier, que M. Barlow voulut bien se rendre à leurs désirs; et, ayant glissé un schelling dans la main de l'orateur, il entra, suivi de ses deux amis, et alla s'asseoir au milieu de l'assemblée : on ne tarda guère à commencer la représentation. Je suis obligé de convenir que nos deux petits garçons, ainsi que les autres spectateurs, se récrièrent plusieurs fois d'étonnement et de plaisir. Après un nombre de tours de cartes et de goblets, tous plus curieux les uns que les autres, le maître bateleur les pria de tourner leurs regards vers un bassin plein d'eau, sur laquelle flottait un petit cygne artificiel. Messieurs et dames, dit-il, j'ai réservé ce tour pour le dernier, attendu qu'il est sans contredit infiniment au-dessus de tout ce que vous venez d'admirer, et que l'on n'a peut-être rien fait jusqu'à ce jour de plus étonnant sur la terre. Vous voyez ce cygne? Ce n'est qu'un morceau de cire emplumé, dépourvu de sentiment et de vie. Si vous avez quelque soupçon sur son compte, prenez-le dans vos mains pour l'examiner. Je vous prie seulement de le manier avec douceur, parce qu'il est d'une constitution fort délicate. Quelques-uns des spectateurs le prirent mollement entre leurs doigts; et, après l'avoir bien considéré, ils le remirent sur l'eau. Or donc, messieurs, reprit le bateleur, ce cygne, que vous venez de voir sans mouvement et sans vie, est doué cependant d'une intelligence si extraordinaire, qu'il me reconnaît pour son maître, et qu'il se tient déjà prêt à faire toutes les évolutions que je vais lui commander. En disant ces mots, il prit un morceau de pain; et, adressant un coup de sifflet à son oiseau, il lui ordonna de venir au bord du bassin chercher le morceau de pain qu'il lui présentait. Le cygne ne fut point indocile; et, au grand étonnement de tous les spectateurs, il se retourna aussitôt, et nagea vers le bord du bassin. Oh! monsieur le gourmand, s'écria son maître, vous n'avez pas encore assez gagné votre repas, il faut faire un peu plus d'exercice. A ces mots, il promena son pain autour du bassin, virant d'un côté, puis revirant de l'autre; et le cygne, sans se rebuter, le suivit constamment dans ses allées, dans ses venues, dans tous ses tours et retours. Les spectateurs pouvaient à peine en croire leurs yeux. Quelques-uns prirent le morceau de pain, et le présentèrent au cygne, imaginant bien qu'il en allait faire autant à leur considération; mais ce fut en vain qu'ils sifflèrent et qu'ils tournèrent leur pain de tous les côtés, le cygne restait immobile pour eux, et semblait ne vouloir céder qu'aux invitations de son maître. Lorsque cette expérience eut été réitérée plusieurs fois, à l'extrême satisfaction de toute le compagnie, le maître de la baraque congédia poliment ses visites, et M. Barlow reprit avec ses deux élèves le chemin de sa maison.

L'esprit de Tommy avait été si frappé de ce qu'il venait de voir, que pendant plusieurs jours il lui fut impossible d'en détacher son souvenir. Il aurait donné tout au monde pour savoir le secret de ce tour surprenant, et posséder un cygne aussi merveilleux. Un soir qu'il s'entretenait avec Henri, celui-ci lui dit avec un sourire, qu'il croyait avoir trouvé le moyen de faire un tour semblable, et qu'il serait peut-être en état le lendemain de lui montrer un cygne qui saurait manœuvrer tout aussi bien que celui du bateleur. En effet, le lendemain, après le déjeûner, il prit un morceau de cire blanche, qu'il pétrit entre ses doigts, sous la forme d'un oiseau, et le couvrit ensuite de quelques plumes tirées d'un oreiller. Cette figure était façonnée avec tant de délicatesse, qu'aux yeux des amateurs les moins difficiles sur la ressemblance, elle eût représenté un cygne aussi parfaitement que toute autre chose que vous pourriez imaginer. Il le mit aussitôt sur un bassin rempli d'eau, et lui présenta un morceau de pain. Quelle fut la surprise de Tommy en voyant le nouveau cygne faire tous ses tours aussi lestement que le premier, et son camarade commander d'un ton aussi imposant que l'homme de la baraque, et se faire obéir avec la même docilité! Après s'être amusé quelque temps de cette expérience, il pressa vivement son ami de lui en montrer le secret. Henri, qui ne savait point se prévaloir de ses connaissances, s'empressa de lui montrer, dans le corps de l'oiseau, une aiguille qui allait d'un bout à l'autre. Il lui fit voir aussi dans le pain qui avait servi à faire promener le cygne une petite barre de fer. Tommy, pour avoir les objets sous les yeux, ne s'en trouvait guère plus avancé dans l'intelligence du mystère. Alors M. Barlow, qui était présent, jetant quelques aiguilles sur la table, et leur présentant la barre de fer, on vit aussitôt les aiguilles s'agiter toutes à la fois à son approche, et s'élancer vers elle, comme si elles eussent été animées de sentiment et de vie. Elles s'y attachèrent si ferme que, malgré tous les mouvemens que M. Barlow lui donnait en la promenant dans l'air, elles y restaient suspendues, sans faire mine de lâcher prise. Toutes ces merveilles parurent si surprenantes à Tommy, qu'il supplia M. Barlow de vouloir bien lui en donner l'explication. M. Barlow lui dit qu'il y avait une pierre ferrugineuse, que l'on trouve dans les mines de fer, et que l'on appelle aimant. Cette pierre, ajouta-t-il, a reçu de la nature le pouvoir d'attirer le fer qui se trouve à sa portée; mais ce qui est pour le moins aussi extraordinaire, c'est que le fer, après avoir été frotté sur l'aimant, acquiert autant de vertu que l'aimant lui-même pour attirer d'autre fer à son tour. Pour cet effet, on prend de petites barres de fer aplaties, et on les frotte avec certaines précautions sur l'aimant; et, lorsqu'elles ont reçu les propriétés qu'il leur communique, on les appelle *aimans artificiels*. Henri, qui fut témoin l'autre jour avec nous des évolutions du cygne, après avoir roulé la chose dans son esprit, conçut hier lui-même l'idée que ce manège était opéré par la vertu de l'aimant, dont je l'avais entretenu. Il vint aussitôt me faire part de ses conjectures, et je le confirmai dans son opinion. Je lui donnai ce petit aimant artificiel pour le cacher dans le pain, et l'une de ces aiguilles pour la cacher d'un autre côté dans le corps de cet oiseau. L'aimant artificiel attirant le fer de l'aiguille, le cygne paraît aller chercher le pain. Voilà tout le mystère de ce fait naturel, qui a tant intrigué votre esprit depuis quelques jours.

Pendant ce discours de M. Barlow, Tommy, tout en lui prêtant une oreille attentive, remarquait une nouvelle singularité, qu'il n'avait pas observée auparavant. Le cygne avec lequel il jouait, lorsqu'il était un moment abandonné à lui-même, affectait constamment de prendre une direction particulière; et cette direction était toujours du nord au sud. Tommy en demanda la raison à M. Barlow, qui lui répondit : Ceux qui les premiers découvrirent la propriété naturelle que possède l'aimant d'attirer le fer, s'amusèrent, comme nous le faisons à présent, à attirer des aiguilles qu'ils faisaient flotter sur l'eau. Vous jugez bien qu'ils ne durent pas être long-temps à remarquer la nouvelle singularité que vous venez d'observer vous-même, c'est-à-dire qu'une aiguille, une fois touchée par l'aimant, lorsqu'elle n'est pas gênée dans sa direction, se tourne d'elle-même vers le nord; mais ce n'est que depuis un petit nombre de siècles qu'on a perfectionné cette découverte, et que l'on a imaginé de suspendre une aiguille sur un pivot, avec assez de liberté pour qu'elle puisse aisément tourner sur son centre dans toutes sortes de directions. On enferme cette aiguille et son pivot dans une boîte de cuivre, couverte d'un verre; et, par le secours de cet instrument, qu'on nomme *boussole*, on a un moyen assuré de reconnaître le nord et le sud, et par leur moyen, comme vous le savez, tous les autres points de l'horizon.

TOMMY.

Et cette découverte, ainsi perfectionnée, fut-elle d'une grande utilité?

M. BARLOW.

Vous allez en juger vous-même. Avant ce temps, on n'avait d'autre moyen, pour trouver son chemin sur la mer, que d'observer les étoiles. On savait, ainsi que vous commencez à l'apprendre, dans quelle partie du ciel certaines étoiles paraissaient à chaque saison de l'année. Il suffisait même de l'étoile polaire pour reconnaître l'est, l'ouest, le nord et le sud. Lorsque les navigateurs partaient d'un pays, ils savaient dans quelle direction se trouvait celui qu'ils allaient chercher. S'il était, par exemple, à l'est, ils n'avaient qu'à prendre soin de tenir la proue de leur vaisseau tournée en plein vers cette partie du ciel, et ils arrivaient à la côte où ils avaient dessein de se rendre. Les étoiles, tant qu'elles paraissaient, étaient pour eux des guides infaillibles. Mais, lorsqu'elles étaient cachées sous d'épais nuages, et que ce temps durait plusieurs jours, alors ils se voyaient réduits à laisser errer leur vaisseau à l'aventure, sans le moindre indice pour se diriger dans leur course, à peu près comme Henri lorsqu'il s'égara dans le grand marais.

TOMMY.

Les pauvres gens! qu'ils devaient être dans une terrible situation, en se voyant ainsi perdus, au milieu d'une nuit ténébreuse, sur une plaine aussi étendue que la mer, sans être seulement en état de savoir s'ils étaient emportés loin de l'endroit qu'ils voulaient atteindre!

M. BARLOW.

Vous concevez, d'après cette réflexion, qu'ils osaient rarement se hasarder à s'éloigner beaucoup du rivage, dans la crainte de perdre leur chemin. Aussi leurs moindres voyages étaient-ils pénibles et ennuyeux, par la nécessité où ils étaient de faire dix fois plus de chemin qu'ils n'en auraient fait en prenant la voie la plus droite; mais, aussitôt après la découverte de la boussole, ils sentirent que l'aiguille aimantée pouvait leur montrer les divers points du ciel, même dans la nuit la plus obscure. Dès lors, ils ne craignirent plus de s'aventurer sur l'immense Océan; ce qu'ils n'auraient peut-être jamais osé faire sans le secours de ce guide fidèle.

TOMMY.

Il est bien singulier qu'une petite pierre obscure, que personne ne s'aviserait de ramasser, ait ouvert aux hommes le chemin de la mer, et leur ait donné le pouvoir d'aller d'un bout du monde à l'autre, sans s'égarer un moment.

M. BARLOW.

Le diamant le plus précieux ne leur a sûrement jamais rendu un service aussi essentiel.

HENRI.

Pour moi, monsieur, ce qui m'étonne, c'est que les hommes prennent la peine de quitter leur douce patrie pour aller courir de tous côtés, comme ces misérables vagabonds que l'on chasse avec mépris de paroisse en paroisse.

M. BARLOW.

Vous en serez moins surpris, si vous considérez qu'il n'est point de contrée qui ne produise quelque chose dont on manque dans une autre. Ainsi leurs habitans, par un échange mutuel des productions de leur sol, peuvent se procurer mille douceurs dont ils étaient dépourvus auparavant.

HENRI.

Est-ce que chaque pays ne produit pas tout ce qui est nécessaire pour faire subsister ceux qui y habitent? Ainsi donc chacun, ce me semble, pourrait vivre chez soi, même quand il ne recevrait rien d'un pays étranger.

M. BARLOW.

Il est bien certain que votre père, par exemple, pourrait vivre uniquement des productions de sa ferme. Cependant, chaque année, il vend une partie de son bétail pour acheter des habits; il vend ensuite une partie de son grain pour acheter de nouveau bétail. Une autre fois, il donne à ses voisins d'une espèce de grains pour qu'ils lui en donnent d'une autre; et ils trouvent tous dans ces échanges un plus grand avantage que si chacun était rigoureusement obligé de s'en tenir aux fruits de ses propres champs. Il n'en est pas moins vrai, selon votre observation, qu'il n'est guère de pays habités par des hommes qui ne produisent tout ce qui est rigoureusement nécessaire pour leur subsistance; et il faut même ajouter que les productions que ceux-ci reçoivent des autres pays leur sont plus souvent nuisibles que salutaires.

HENRI.

Je vous ai souvent entendu dire, monsieur, que même dans le Groënland, le pays le plus froid et le plus affreux de l'univers, les hommes se procurent toutes les nécessités de la vie, et restent chez eux tranquilles et satisfaits.

TOMMY.

Comment! est-ce qu'il y a un pays dans le monde plus froid encore que la Laponie?

M. BARLOW.

Le Groënland est plus reculé vers le nord, et par conséquent encore plus triste et plus glacial. La terre y est couverte d'une neige épaisse, qui ne fond jamais tout entière, même pendant l'été. On n'y voit guère d'autres animaux que des ours, qui se nourrissent de poisson. Comme il ne croît point d'arbre propre à la construction dans tout le pays, les habitans n'ont, pour bâtir leurs maisons, que les planches et les arbres que la mer vient apporter sur leur rivage. Avec ces matériaux, ils élèvent de grandes cabanes, où plusieurs familles se réunissent. Les côtés de ces cabanes sont composés de pierres et de terre détrempée; le sommet est couvert de gazon. Au bout de quelques nuits, ce mélange est si bien cimenté par la gelée, qu'il est impénétrable au souffle des vents pendant tout l'hiver. Le long des côtés du bâtiment sont des loges séparées l'une de l'autre, dans chacune desquelles un Groënlandais vit avec sa famille. Chaque loge a une lampe qui brûle continuellement; elle sert au Groënlandais pour s'éclairer, pour faire cuire sa nourriture, et, ce qui est également nécessaire sous un climat si rigoureux, pour entretenir une douce température dans sa demeure étroite. Pendant la courte durée de l'été, on voit arriver quelques rennes dans le pays. Les habitans s'empressent d'aller à leur poursuite pour les tuer; mais leur principale espérance est du côté de la mer, qui leur fournit une nourriture plus abondante et plus sûre.

TOMMY.

Oh! monsieur, quelle triste vie on doit mener dans un pays si affreux! Je frémis seulement d'y songer.

M. BARLOW.

Et que diriez-vous donc à l'aspect de ces glaces énormes dont la mer est hérissée? On croirait voir flotter des montagnes. Les flots agités par les vents les poussent quelquefois l'une contre l'autre avec une si grande violence, qu'elles se brisent en mille éclats, avec un bruit plus terrible que celui d'un canon. On voit souvent sur le sommet de ces montagnes de glace des ours blancs d'une grosseur monstrueuse, qu'elles ont emportés avec elles en se détachant du rivage, et qui ajoutent à l'horreur de la scène par leurs effroyables mugissemens.

TOMMY.

Mais, monsieur, est-il possible que les habitans d'un pays si affreux puissent y trouver, comme vous le dites, toutes les nécessités de la vie ?

M. BARLOW.

Les nécessités absolues se bornent à peu de chose, et par conséquent on peut se les procurer dans les lieux même les plus sauvages, avec de la patience, du courage et de l'industrie. Dans une contrée fertile comme celle-ci, et sous les autres climats aussi tempérés, on peut voir des gens, fiers d'une richesse qu'ils tiennent du hasard, se persuader follement qu'ils sont nés pour vivre du travail des autres; mais, dans un pays tel qu'on nous peint le Groënland, où il faut se livrer à un exercice continuel pour se procurer les plus simples besoins de la vie, il ne peut y avoir de ces distinctions si favorables aux fainéans, et chacun est obligé de travailler avec autant d'activité que ses compatriotes, sous peine de mourir de faim.

TOMMY.

Mais, monsieur, si ces peuples n'ont pas de troupeaux, comment font-ils pour se procurer des habits ? Je ne crois pas que les poissons dont ils se nourrissent leur donnent de quoi se vêtir.

M. BARLOW.

Vous ne connaissez pas toutes les ressources que la nature tient en réserve pour ses enfans. Il y a dans les mers du Groënland une espèce particulière de poisson appelé *veau-marin*. Sa longueur est de neuf à dix pieds. Il a quatre pates à peu près comme celles des animaux terrestres; mais, par une singularité remarquable, celles de devant, armées de griffes, lui servent à marcher sur la terre, à gravir les glaces et les rochers; et celles de derrière, faites en pates d'oie, se déploient comme un éventail, et lui servent de nageoires. Il vient fréquemment à terre pour se jouer au soleil; et, lorsqu'il est poursuivi, il court des pieds de devant, et s'élance avec ceux de derrière. Quoique son allure soit gauche et cahotée, sa marche est si rapide, qu'un homme a de la peine à le suivre. Ce poisson, qui vit sur la terre et dans l'eau, est la véritable richesse des Groënlandais. Ils boivent son sang et se nourrissent de sa chair. Sa peau, ferme et velue, leur sert à se faire de bons habits, à tapisser leurs habitations, et à doubler leurs canots. Ses fibres leur valent mieux pour coudre que le fil ou la soie. L'enveloppe de ses intestins, lorsqu'elle est desséchée, tient lieu de vitres aux fenêtres, et laisse entrer la lumière sans donner passage au vent ni à la neige. Sa vessie est une excellente bouteille pour renfermer l'huile que l'on retire de son corps. Enfin, cette huile même est une des plus précieuses ressources pour les Groënlandais, puisqu'en la brûlant dans leurs lampes, elle sert à répandre dans leurs cabanes une douce chaleur, presque aussi nécessaire que la nourriture sous ces climats glacés.

TOMMY.

Oh! monsieur, vous venez de me rendre plus

tranquille sur le sort de ces pauvres gens. Grâce au ciel, les voilà fournis de provisions de toute espèce; et c'est à un seul animal qu'ils en sont redevables.

M. BARLOW.

Vous jugez, d'après cela, combien ils doivent être ardens à le poursuivre et à le prendre.

TOMMY.

Contez-nous un peu, je vous prie, de quelle manière ils lui donnent la chasse.

M. BARLOW.

La voici : Un homme se place au milieu d'un canot long et étroit, dont le dessus est couvert de peaux qui viennent se fermer par des cordons autour de sa ceinture ; en sorte que l'eau de la mer ne puisse pas pénétrer dans l'intérieur de la chaloupe. A ses côtés sont deux lances, l'une plus grande que l'autre. Devant lui est un faisceau de corde roulée en cercle. A l'un des bouts de cette corde est attaché un harpon dont les pointes sont aiguës et recourbées ; à l'autre bout est une grosse vessie pleine d'air. La rame du pêcheur est également plate et large aux deux extrémités. Il la prend des deux mains, et fend l'eau à droite et à gauche, avec un mouvement aussi régulier que s'il battait la mesure. On le voit ainsi courir d'une vitesse incroyable sur les vagues les plus agitées. Dès qu'il aperçoit un veau-marin, il s'en approche doucement en tournant autour de lui, et tâche de le surprendre à l'improviste, lorsque l'animal, allant contre le vent et le soleil, ne peut ni le voir ni l'entendre. Il a même l'adresse de s'avancer, caché derrière la plus grosse lame d'eau, jusqu'à ce qu'il se trouve à la juste portée de sa proie. Alors, tenant sa rame de la main gauche, il lui lance le harpon de la droite. L'animal, blessé, plonge aussitôt, emportant avec lui le harpon, la corde et la vessie. Mais il n'est pas long-temps sans être obligé de remonter sur la surface de l'eau, par le besoin de respirer. La vessie, qui remonte avant lui, indique au pêcheur l'endroit où il doit l'attendre. Il le voit à peine reparaître, qu'il le harcèle avec sa longue lance, et le force de replonger à plusieurs reprises, jusqu'à ce que ses forces soient épuisées. Il fond alors sur lui, sa petite lance à la main, et achève de le tuer. Puis il l'attache à son canot, et le traîne en triomphe jusqu'au rivage, où sa famille, qui l'attend pour recevoir sa proie, l'emporte avec des cris joyeux, et s'empresse d'aller préparer le festin. Quoique ces pauvres gens ne puissent se procurer leur nourriture qu'avec des travaux infinis et des périls affreux, ils sont si généreux et si hospitaliers, qu'ils ne rencontrent personne sans les inviter à venir prendre part à leur fête. Un Groënlandais se tiendrait déshonoré pour la vie si on le croyait capable de n'avoir travaillé que pour lui.

HENRI.

Il semble que ce soient les plus pauvres qui se piquent d'une plus grande générosité.

M. BARLOW.

Cela arrive en effet assez souvent; et ce devrait bien être une leçon pour les riches, qui croient n'avoir rien de mieux à faire de leur fortune que de la dépenser en vains objets de luxe, tandis qu'il y a tant de milliers d'honnêtes gens qui manquent des premières nécessités.

TOMMY.

Mais, monsieur, je vous prie, n'auriez-vous pas encore d'autres particularités à m'apprendre de ces Groënlandais? C'est le récit le plus curieux que j'aie entendu de ma vie.

M. BARLOW.

Il y a encore une autre chose très-importante à vous rapporter au sujet de ce pays. C'est dans les mers dont il est entouré que l'on trouve la créature la plus considérable de l'univers, un énorme poisson, qu'on appelle *la baleine.*

TOMMY.

Ah! monsieur, j'ai entendu parler confusément de cet animal extraordinaire. Je désirerais bien en savoir quelque chose de plus précis.

M. BARLOW.

La baleine est d'une grandeur si prodigieuse, qu'elle parvient à soixante-dix, quatre-vingts, et même quelquefois à plus de cent pieds de longueur, et à plus de vingt pieds de grosseur. Lorsqu'elle nage sur la surface des mers, on la prendrait plutôt pour un navire que pour un poisson. Elle a deux trous au-dessus de la tête, par lesquels elle lance de l'eau à une extrême hauteur. Ses nageoires sont immenses, et sa queue aurait assez de force pour renverser un navire. Quand elle s'agite et bondit sur les ondes, on dirait une tempête, dont le mouvement se fait sentir à près d'une lieue, et dont le bruit porte aussi loin qu'un coup de canon. D'après cette peinture, ne croiriez-vous pas que cet animal est pour l'homme l'être le plus redoutable de la nature?

TOMMY.

Oui sans doute, monsieur, puisqu'il n'a qu'un coup de queue à donner pour renverser un vaisseau, et dévorer à son aise tout l'équipage.

M. BARLOW.

Malgré sa force incroyable, la baleine est pour l'homme le monstre le moins dangereux que produise l'Océan. Elle ne cherche pas même à lui faire le moindre mal, parce qu'elle n'en a pas besoin. Sa principale nourriture est le menu poisson, et en particulier le hareng. Cette dernière espèce est produite dans une telle abondance parmi les glaces des climats septentrionaux, que la mer en est entièrement couverte pendant un certain temps de l'année dans l'espace de plusieurs milles. C'est alors que la baleine affamée les poursuit, et les engloutit par milliers dans ses vastes entrailles.

HENRI.

Quel nombre, en effet, de ces petits animaux il faut pour un seul repas d'un poisson si monstrueux?

M. BARLOW.

La baleine, à son tour, devient la proie de la cruelle avarice de l'homme. Les Groënlandais ont du moins une excuse suffisante pour la poursuivre, dans la disette où ils sont de végétaux, et de toutes les espèces de fruits que la terre produit libéralement sous des climats plus fortunés. Mais comment

justifier les Européens, qui, trop délicats et trop
dédaigneux pour manger la chair fastidieuse de ce
poisson, envoient chaque année un grand nombre
de vaisseaux lui porter la guerre, et la tuent sans
pitié, uniquement pour l'huile qu'ils retirent de son
corps, et pour ses barbes élastiques, connues sous
le nom de *baleines*, dont on fait les busc, et qui
servent à garnir les corsets des femmes? Lorsqu'un
vaisseau, destiné à cette malheureuse expédition,
aperçoit une baleine flottante, il envoie à sa rencontre une grande chaloupe, montée de six matelots, et suivie de plusieurs autres, qui portent des
cordes au besoin. Le pêcheur le plus hardi et le plus
vigoureux se tient debout sur le devant de la première chaloupe; et, quand la baleine se dresse un
peu pour respirer, il lui lance un grand harpon de
fer, en s'éloignant aussitôt, de peur que l'animal,
qui, après avoir été blessé, donne de furieux coups
de queue et de nageoires, ne renverse la chaloupe,
ou qu'elle ne l'engloutisse dans l'abîme qu'il ouvre
autour de lui. La baleine plonge avec une incroyable vitesse, et quelquefois pendant une heure, emportant jusqu'à deux mille brasses de corde, que
tous les bateaux s'empressent de lui lâcher à la suite
du harpon enfoncé dans son corps. On a grand soin
de veiller à ce qu'aucun obstacle n'empêche la corde
de filer librement; car telle est la force de la baleine,
qu'elle entraînerait la chaloupe avec elle au fond de
la mer. Pour prévenir cet accident, un homme se
tient debout, une hache à la main, prêt à couper
la corde au moindre embarras, tandis qu'un autre

est occupé, sans relâche, à jeter de l'eau sur la chaloupe où glisse la corde, de peur qu'elle ne vienne à s'enflammer par le frottement. Épuisée par ses efforts et par la perte de son sang, la baleine enfin se relâche de sa vitesse, et remonte sur la surface de l'eau pour respirer. C'est alors que les pêcheurs qui la suivent l'attaquent avec une nouvelle furie, et achèvent de lui donner la mort. Sa masse inanimée flotte au loin sur les ondes. Le vaisseau, qui s'est tenu constamment à la voile, s'approche en ce moment des chaloupes, qui attachent leur proie à ses côtés avec de grosses chaînes. Aussitôt les charpentiers y descendent avec des bottes armées de crampons de fer aux semelles, de peur de glisser. On commence par lui couper ses barbes, ses nageoires, et sa queue; on la dépouille ensuite de sa peau, qui est épaisse d'un doigt, et on enlève par morceaux sa graisse, qui a huit ou dix pouces d'épaisseur. C'est cette graisse qui, fondue dans une chaudière, donne l'huile de baleine, que l'on renferme dans des tonneaux pour la transporter ici, où elle est employée à un nombre infini d'usages. Les restes de ce vaste corps sont laissés en proie aux poissons, aux ours, et aux Groënlandais, qui les ramassent soigneusement pour s'en nourrir. Ils osent quelquefois eux-mêmes poursuivre la baleine; mais ils n'y vont qu'en grand nombre, et avec des bateaux plus grands que ceux dont nous avons parlé. Ils l'attaquent à peu près de la même manière que les Européens : seulement, comme ils ne sont pas si bien fournis de cordes, il se contentent d'attacher des peaux de vaux-marins, enflées d'air, à l'autre bout de la corde qui suit le harpon. Ce moyen leur sert également à fatiguer leur ennemi, qui éprouve de la résistance à entraîner avec lui ces peaux sous les ondes, et à le faire découvrir au moment où il remonte sur leur surface.

HENRI.

Je ne puis m'empêcher de plaindre le sort de cette pauvre baleine, que l'on va tourmenter si cruellement pour lui ravir ses tristes dépouilles. Pourquoi ne pas la laisser vivre, sans l'inquiéter, parmi les glaces affreuses où elle est née?

M. BARLOW.

Vous devriez connaître assez les hommes pour savoir qu'il n'est rien que la soif de l'or ne leur fasse entreprendre.

HENRI.

A la bonne heure, mais qu'ils n'entreprennent donc que des choses où ils n'aient pas besoin d'employer la cruauté. Qu'ils se bornent à déchirer le sein de la terre, personne ne s'en plaindra.

M. BARLOW.

Il serait bien à désirer que ce sentiment fût gravé dans tous les cœurs. Cependant il faut considérer que la baleine elle-même ne subsiste qu'en dévorant des milliers de poissons : en sorte que, si ceux-ci étaient susceptibles de reconnaissance, ils devraient bénir les Européens, comme des bienfaiteurs qui viennent les délivrer de leurs ennemis.

HENRI.

S'ils étaient capables des sentimens que vous leur

supposez, nous serions bien effrontés d'oser y prétendre, car ce n'est pas pour eux que nous faisons ces entreprises.

TOMMY.

Mais, monsieur, je vous prie, pour en revenir aux Groënlandais, quelle est l'éducation qu'on donne aux enfans de cette horrible contrée?

M. BARLOW.

Lorsque les hommes arrivent de la pêche, couverts tout à la fois de sueur et de glaçons, et qu'ils viennent s'asseoir tranquillement dans leurs cabanes pour se régaler de leur proie, la conversation ordinaire roule sur les dangers et les accidens qu'ils ont éprouvés dans leur expédition. Chacun raconte à sa famille comment il a bondi sur les vagues pour surprendre le veau-marin; comment il l'a percé de son harpon; comment il l'a ensuite attaqué la lance à la main; comment l'animal, furieux de ses blessures, s'est élancé sur lui pour le déchirer; comment enfin, par son courage et par son adresse, il a su triompher de son ennemi, et le conduire sur le rivage. Il raconte tous ces détails avec le sentiment et la chaleur dont on est pénétré en parlant d'une chose qui intéresse également son amour-propre et la curiosité de ceux qui vous écoutent. Les petits garçons, attroupés autour de leur père, s'animent au récit de ses exploits, et brûlent déjà de partager ses travaux et sa gloire. Aussitôt qu'un enfant peut faire usage de ses pieds et de ses mains, son père lui donne un arc et des flèches pour s'exercer à tirer juste au but. Il lui apprend à lancer des pierres contre un panier suspendu, où est renfermé son déjeûner, qu'il est obligé, par ce moyen, d'obtenir de sa propre adresse. A l'âge de dix ans, on le pourvoit d'un petit canot pour s'instruire à ramer et à lutter contre les vagues. On l'exerce à nager tantôt sur un côté, tantôt sur l'autre, avec une rame qui lui sert de balancier, à plonger la tête en bas, et à se relever du côté qu'on lui prescrit. Tantôt il passe sa rame entre ses bras et son dos, et l'agite si bien à droite et à gauche, qu'il descend sous les ondes ou remonte à sa volonté. Tantôt il jette sa rame; et, s'élançant hors du bateau pour la reprendre, il la saisit et l'entraîne avec tant d'adresse au fond de la mer, qu'en frappant perpendiculairement contre le roc ou le sable, elle rebondit et revient avec lui sur la surface des eaux. Toutes ces manœuvres sont absolument nécessaires pour savoir conduire un canot. Comme il suffit de la moindre chose pour le renverser, et qu'alors son conducteur, qui y est attaché, comme je vous l'ai dit, par le milieu du corps, ne peut s'en dégager, et tombe la tête en bas sous les vagues, il se noierait infailliblement, s'il ne s'était pas instruit à reprendre l'équilibre, par le secours de sa rame, et à se redresser sur son canot. C'est à l'âge de quinze ou seize ans, lorsqu'il est bien formé à tous ces exercices, qu'un jeune homme suit enfin son père à la pêche du veau-marin. Le premier qu'il vient à bout de prendre doit servir à régaler sa famille et ses amis. Pendant le festin, il raconte son expédition, et comment il s'est rendu maître de sa proie.

Il a la gloire d'entendre tout le monde applaudir à son adresse et à son courage. Mais s'il n'avait rien pris, ou s'il n'avait donné aucune preuve de talent, il serait méprisé des hommes, et réduit à subsister de la pêche propre aux femmes, c'est-à-dire de harengs, de moules, et de coquillages. Il y a des jeunes gens qui ne parviennent jamais au talent de la grande pêche ; et ceux-là sont obligés quelquefois de faire honteusement chez les autres l'office de servant. A vingt ans, un Groënlandais doit savoir faire son canot et son équipage, et voguer de ses propres rames. Il ne tarde pas alors à se marier ; mais il reste toujours avec ses parens, et sa mère retient le timon du ménage.

HENRI.

Dites-moi, je vous prie, monsieur, n'est-ce pas dans le Groënland que les hommes voyagent sur des traîneaux tirés par des chiens ?

TOMMY.

Des traîneaux tirés par des chiens ? Cela doit être plaisant. Je n'aurais jamais imaginé qu'on employât des chiens à traîner des voitures.

M. BARLOW.

Les Groënlandais en font bien aussi des attelages ; mais l'usage n'en est pas si commun que dans l'autre pays dont je vous ai parlé, et qui s'appelle le Kamtschatka. C'est un pays horrible, et couvert de glaces comme le Groënland, mais qui en est fort éloigné. Les habitans y élèvent de grands chiens, qu'ils attellent au nombre de quatre, six, huit ou dix, à un traîneau léger, pour courir dans la saison des neiges et des glaces. Aux approches de l'été, les Kamtschadales donnent la liberté à leurs chiens, qui sont accoutumés à pourvoir d'eux mêmes à leur subsistance, en courant le long des bords des rivières, où ils trouvent une quantité de débris de poissons que les pêcheurs y laissent exprès pour eux. Mais, dès le mois d'octobre, avertis par les premières rigueurs de l'hiver, ils se rendent d'eux-mêmes dans la demeure de leurs maîtres. Ils y arrivent gras et potelés; mais cet embonpoint ne dure guère. On commence par les attacher pour les faire maigrir, en diminuant, par degrés, leur nourriture; et l'on finit bientôt par ne leur donner à manger que la nuit, de peur qu'ils ne deviennent trop pesans à la course. Dès que la neige a couvert la terre, la saison de leur travail commence, et on les attelle aux traîneaux. Le conducteur, assis de côté, et les jambes pendantes, conduit ses coursiers avec un bâton de trois pieds, garni de grelots, qu'il secoue pour les animer. S'il en voit un se négliger dans sa marche, il lui jette son bâton, qu'il a l'adresse de ramasser en passant. Ce n'est point avec des rênes qu'il les gouverne. Il lui suffit de crier *onga*, s'il veut aller à droite; et *kna*, s'il veut aller à gauche. Pour retarder la course, il laisse traîner ses pieds sur la neige : pour s'arrêter, il y enfonce son bâton. Cette manière de voyager l'expose à de grands périls. Lorsqu'il traverse une forêt ou des endroits couverts de broussailles, il risque, à chaque instant, de se crever les yeux, ou de se rompre les bras et les jambes, parce que les chiens redoublent d'ardeur et de vitesse, à proportion des difficultés qu'ils ont à vaincre. Dans les descentes escarpées, il n'est pas possible de les arrêter. Malgré la précaution que l'on prend d'en dételer la moitié, et de retenir les autres de toute sa force, ils emportent le traîneau, et quelquefois renversent le conducteur. Alors celui-ci n'a d'autre ressource que de courir après ses chiens, qui vont d'autant plus vite, que le poids du traîneau est devenu plus léger. Quand le traîneau s'embarrasse un peu dans les broussailles, l'homme le rattrape; et, s'il n'a pas le temps d'y remonter, il s'y accroche d'une main, et se laisse emporter, rampant sur son ventre, jusqu'à ce que les chiens soient arrêtés ou par lassitude ou par quelque obstacle.

HENRI.

Oh! les pauvres malheureux!

M. BARLOW.

Ce n'est pas tout encore; il leur arrive quelquefois d'être surpris au milieu de leur course par des bourrasques affreuses de vent, et par un déluge de neige qui les enveloppe en tourbillon. Quel serait le désespoir d'un Européen en se voyant ainsi abandonné à la distance de vingt ou trente lieues de son habitation, et livré seul aux fureurs de la tempête, au milieu de ces plaines désertes! L'intrépide habitant de ces contrées, accoutumé, dès son enfance, à braver les rigueurs de la nature, et à se rendre, en quelque sorte, supérieur aux élémens, ne laisse point abattre son courage! Il court se réfugier dans les bois avec ses chiens et son traîneau, jusqu'à ce que l'ouragan ait perdu quelque chose de sa violence. Lorsqu'il dure plusieurs jours, comme cela arrive souvent, il est obligé de donner à manger à ses chiens les courroies et les cuirs de son traîneau; heureux de n'être pas réduit à leur disputer cette nourriture, s'il a conservé quelque reste de poisson sec qu'il a pris en partant pour son voyage ! plus heureux encore s'il n'est pas gelé par le souffle perçant du vent du nord ! Pour s'en garantir, il se met dans un creux qu'il garnit de branches; et là, s'asseyant les jambes croisées sous lui, et bien enveloppé dans ses fourrures, il se laisse ensevelir tout entier sous les flots de la neige, à l'exception d'une petite ouverture qu'il se ménage pour avoir la liberté de respirer. C'est dans cet état qu'il passe quelquefois des journées entières, environné de ses chiens, qui aident à le réchauffer, jusqu'à ce que la tempête soit passée, et que la neige, affermie par une forte gelée, lui donne la liberté de reprendre son voyage.

TOMMY.

Je n'aurais jamais imaginé que des hommes fussent en état de résister à tant de périls, de fatigues et de désagrémens. Mais les pauvres malheureux qui habitent ces déplorables contrées ne se font-ils pas une grande joie de les quitter, lorsqu'ils en trouvent l'occasion? Ils doivent, je crois, s'estimer bien heureux d'aller s'établir sous des climats plus favorables.

M. BARLOW.

Ils sont bien éloignés de ces sentimens; au contraire, lorsqu'on leur dit que dans les autres pays on ne prend pas de veaux-marins, ils répondent que ces pays doivent être bien misérables en comparaison de leur patrie. D'ailleurs ils ont en général un si profond mépris pour les étrangers, qu'ils ne se sentent pas la moindre inclination à visiter les pays que ceux-ci habitent.

HENRI.

Que me dites-vous, monsieur? Comment ces stupides et malheureux sauvages s'avisent-ils de mépriser des hommes qui leur sont si supérieurs?

M. BARLOW.

Ils ne sont pas si bien convaincus de cette supériorité que vous pourriez le croire. Les Groënlandais, par exemple, voient que les étrangers qui viennent chez eux ne les égalent pas dans l'art de manier un canot et de prendre des veaux-marins, les deux choses qu'ils ont le droit de regarder comme les plus utiles. C'est sur ce point de comparaison qu'ils nous jugent. Aussi nous considèrent-ils avec un grand dédain; et nous ne devons pas nous étonner de paraître à leurs yeux ce qu'ils paraissent aux nôtres, c'est-à-dire des peuples malheureux et barbares.

TOMMY.

Voyez l'impertinence. J'aimerais bien à leur faire sentir tout le ridicule de leur orgueil.

M. BARLOW.

Ce serait vous charger d'une entreprise assez difficile. Mais dites-moi, ne vous regardez-vous pas comme infiniment supérieur à ce que vous appelez les gens du peuple? et ne vous ai-je pas souvent entendu exprimer pour eux le plus grand mépris?

TOMMY.

Grâce à vous, monsieur, je ne les méprise pas autant que je le faisais auparavant. D'ailleurs, si je m'estime un peu plus, c'est que j'ai eu le bonheur d'être élevé en gentilhomme.

M. BARLOW.

Il est bien triste pour moi de n'avoir pu encore réussir à comprendre exactement ce que c'est qu'un gentilhomme.

TOMMY.

Mais, monsieur, c'est lorsqu'on n'est pas élevé à travailler comme des manœuvres, et que l'on a des gens à ses ordres pour se faire servir, ainsi que mon père et ma mère. Voilà comme on est gentilhomme.

M. BARLOW.

Et alors on a le droit de mépriser les autres?

TOMMY

Ce n'est pas ce que je veux dire. Vous conviendrez cependant qu'on a le droit de se mettre au-dessus d'eux?

M. BARLOW.

En quoi donc? Vous, par exemple, qui avez été élevé en gentilhomme, étiez-vous au-dessus du reste du monde lorsque vous êtes venu ici?

TOMMY.

Certainement, monsieur, je n'en savais pas alors autant que j'en sais aujourd'hui.

M. BARLOW.

Et que savez-vous encore ? N'entendez-vous pas tous les jours parler de mille choses que vous ignorez ?

TOMMY.

J'en conviens.

M. BARLOW.

Le plus petit paysan ne sait-il pas mieux que vous comment il faut travailler la terre pour en obtenir la première nourriture de l'homme ?

TOMMY.

Il est bien vrai.

M. BARLOW.

Le dernier apprenti maçon ne serait-il pas mieux instruit à bâtir une maison solide pour nous mettre à l'abri des injures de l'air ?

TOMMY.

Je l'avoue encore.

M. BARLOW.

Et croyez-vous qu'il y ait des connaissances plus importantes que celles de ces hommes utiles ?

TOMMY.

Non, sans doute, monsieur ; la première chose est de vivre, et la seconde est de dormir en sûreté.

M. BARLOW.

S'il fallait décider entre eux et vous sur les véritables services que la société demande, croyez-vous que la balance penchât en votre faveur ?

TOMMY.

Hélas ! non.

M. BARLOW.

Pourquoi donc vous étonneriez-vous que des hommes, tels que les Groënlandais, qui nous surpassent évidemment dans les arts, qui chez eux sont les plus utiles à la vie, aient une meilleure opinion de leur importance que de la nôtre? Si vous étiez porté, tel que vous êtes, au milieu de ce peuple, comment vous y prendriez-vous pour le faire revenir de sa prévention, que vous trouviez tout à l'heure si ridicule?

TOMMY.

Je leur dirais que j'ai reçu une meilleure éducation.

M. BARLOW.

Voilà ce qu'ils ne croiraient pas sur votre seule parole. Ils voudraient voir d'abord comment vous excellez à conduire une chaloupe, à plonger dans la mer, et à poursuivre le veau-marin et la baleine. Je pense que vous ne sortiriez pas de ces épreuves avec beaucoup de gloire; et vous seriez bientôt réduit à mourir de faim, s'ils ne vous offraient charitablement une partie de leur pêche. Quant à votre qualité de gentilhomme, ils ne s'arrêteraient guère à cette distinction; et jamais vous ne leur feriez comprendre qu'un homme, qui vaut naturellement son semblable, doive se soumettre à flatter l'orgueil insolent d'un autre, précisément parce qu'il est mille fois plus utile que lui.

TOMMY.

En effet, monsieur, je commence à croire que

je pourrais bien n'être pas d'une nature si supérieure que je l'imaginais.

M. BARLOW.

Plus vous en serez convaincu, et plus vous serez en état d'acquérir sur les autres la véritable supériorité, celle des talens et des lumières utiles. Il n'est que des esprits faibles et rétrécis qui puissent attacher la grandeur réelle à d'autres distinctions.

Tommy fut vivement frappé de ces réflexions judicieuses; mais ce qui l'occupa bientôt uniquement, ce fut la peinture qu'il se retraçait de la manière de vivre des Groënlandais, et surtout le parti qu'ils savaient tirer des chiens pour voyager sur la neige. Ces traîneaux et leurs attelages ne firent que rouler dans sa tête pendant la moitié de la journée. Hélas! le soir même, ils devaient produire un évènement bien fâcheux pour l'orgueil de notre jeune héros.

M. Barlow venait de recevoir de Terre-Neuve un beau chien, nommé César, également remarquable par la grandeur de sa taille, sa force, sa douceur, et son adresse à nager dans les eaux les plus profondes. Tommy n'avait guère tardé à former avec lui une étroite connaissance. Il en avait fait le compagnon de ses promenades et de ses plaisirs. Toutes les fois qu'ils passaient ensemble sur le bord d'un étang, Tommy s'amusait à y jeter, le plus loin qu'il lui était possible, un gros bâton; et César, sans délibérer, courait le chercher, en plongeant tête baissée, et le rapportait aussitôt dans sa gueule. Nous avons vu combien Tommy avait été frappé de la peinture des chiens du Kamtschatka, et de leur manière de tirer les traîneaux. La vigueur et l'agilité de César lui firent naître un jour la pensée d'en tirer le même parti. L'instant même où cette idée se présenta à son esprit fut choisi pour l'exécution. Il se pourvut aussitôt d'une bonne corde, et il alla prendre dans la cuisine la chaise la plus forte qu'il pût trouver, pour en faire un traîneau. Chargé de cet attirail, il se rendit sur une grande pièce de gazon, que les petits garçons prenaient pour le théâtre de leurs ébats. Tommy, ayant renversé sa chaise par terre, y attacha les deux bouts de la corde; et, avec le reste, il sut former adroitement un harnais fort propre, que César laissa mettre sans résistance sur son dos et autour de son poitrail. Déjà, un grand fouet à la main, Tommy venait de s'asseoir d'un air triomphant sur son char, lorsque les petits garçons, attirés par la curiosité de ce spectacle, accoururent tous autour de lui, et, par leur admiration, enflammèrent l'ardeur qu'il avait de se signaler. Il commença par employer les complimens ordinaires, qu'il avait souvent entendu les cochers adresser à leurs chevaux, et à faire claquer son fouet avec toute la fierté d'un vainqueur des jeux olympiques. Mais César, qui ne comprenait pas bien ce langage, en prit de l'humeur; et son impatience s'exprima par des écarts fougueux et par toutes les caracoles d'un coursier indompté. Tommy, de son côté, qui regardait son honneur comme essentiellement engagé à sortir avec succès de cette entreprise, ne fut pas arrêté par de pareilles boutades, et il déchargea un rude coup de fouet sur les flancs du rebelle César, qui partit aussitôt, emportant avec lui le char, le vainqueur et les acclamations de toute l'assemblée. Quel moment de triomphe pour le jeune Merton ! Il promenait autour de lui ses regards superbes, et se tenait sur son siége avec une fermeté inébranlable. Par malheur, il y avait au bout de cette place un abreuvoir où l'on menait boire les chevaux du village, et dont le fond descendait par une pente douce jusqu'à la profondeur de trois ou quatre pieds. César, qui avait fait plus d'une fois ses exercices dans cette pièce d'eau, y courut, par un instinct naturel, pour se débarrasser d'un train qui l'importunait. Ce fut alors que Tommy commença à prendre des inquiétudes sur sa gloire. Il voulut apaiser son coursier et tâcher de le retenir, pour avoir le temps de s'élancer de son char. Tous ses efforts furent inutiles. César avait déjà les pates dans l'eau ; et un instant après il se trouva au milieu de ce petit océan, nageant de toute sa force, et toujours suivi de son conducteur, dont la tête paraissait à peine sur la surface. Que ne puis-je vous cacher l'embarras où notre héros infortuné se trouvait sur les suites périlleuses de son aventure ! Hélas ! il n'en attendit pas long-temps la catastrophe. César, d'un vigoureux coup de collier, ayant brusquement renversé le char, Tommy fut enseveli sous les ondes jusque par-dessus les oreilles. Pour comble d'infortune, l'abreuvoir n'avait pas été nettoyé depuis quelques années ; et Tommy, lorsqu'il fut remonté sur ses pieds, parut, non dans l'éclat d'un jeune Triton qui folâtre sur les ondes, mais comme un monstre amphibie qui traîne pesamment sa masse limoneuse vers le rivage. Je vous laisse à penser quels sentimens fit naître une si étrange apparition dans l'âme des spectateurs. Tout leur respect pour un petit gentilhomme ne put les empêcher de se livrer à des éclats de rire bruyans, qui remplirent au loin la plaine. Tant que Tommy fut occupé de se relever de ses plongeons et de ses glissades, à se débattre contre les eaux, et à secouer sa chevelure humide, il ne parut guère offensé de ces insolentes risées. Mais, lorsqu'enfin parvenu sur le bord, il put se pénétrer tout entier de la honte de sa disgrâce, une rage soudaine s'empara de ses esprits; et, se précipitant au milieu des railleurs, il leur distribua à droite et à gauche des coups de poing avec tant de furie, qu'il se vit bientôt dans la situation d'un vainqueur qui poursuit une armée en déroute. Malheur à ceux qui se trouvaient devant ses pas ! L'âge ni le sexe n'étaient distingués. Les faibles et les petits étaient également ses victimes : dans le ressentiment dont il était transporté, avait-il le temps de consulter la clémence? Tandis qu'il vengeait ainsi ses affronts, et qu'il chassait les vaincus devant lui, M. Barlow parut tout-à-coup, attiré sur le champ de bataille par le tumulte et les cris plaintifs qui se faisaient entendre de toutes parts. Il resta quelques momens indécis sur le parti qu'il avait à prendre. Si le honteux égarement de Tommy excitait son indignation, sa figure piteuse, le désordre de ses habits, l'eau qui dégouttait encore de tous ses membres, étaient bien propres à le tenir suspendu entre le rire et la pitié. Tommy, à son tour, ne se trouvait guère moins embarrassé à l'aspect imprévu de son maître. Ne soyez donc pas surpris de ce que je ne peux vous rendre avec plus de netteté une scène compliquée de tant de sentimens divers. Tout ce que je puis vous dire de plus précis, c'est que l'arrivée de M. Barlow fit cesser le désordre général. Il conduisit Tommy dans sa chambre, le fit déshabiller et mettre au lit, et prit toutes les précautions que lui suggéra la prudence pour empêcher que la disgrâce de son élève n'eût des suites funestes pour sa santé.

Bientôt arriva le temps où M. Merton, sollicité par les vives instances de sa femme, avait permis que Tommy vînt passer quelques jours au château. M. Barlow fut extrêmement affligé de cette visite, persuadé, comme il l'était, que son élève allait se trouver au milieu d'une société où il recevrait des impressions bien différentes de celles qu'il avait travaillé avec tant de soin à faire naître dans son esprit. Henri reçut en même temps de M. Merton une invitation très-pressante pour accompagner son ami, avec la permission de son père, qu'on avait obtenue. Quoique la première expérience qu'il avait faite de la vie du grand monde ne lui eût pas inspiré une inclination bien décidée pour cette expédition, il était d'un caractère trop obligeant pour se prévaloir de sa répugnance. D'ailleurs, l'attachement sincère qu'il avait pris pour Tommy lui faisait craindre de le quitter, bien qu'il eût aussi du chagrin de quitter son cher maître. Pour M. Barlow, il ne vit partir les deux enfans qu'avec un extrême regret, et en faisant au moins des vœux pour les voir revenir dans les mêmes sentimens qu'il avait su leur inspirer.

A leur arrivée au château, nos deux amis furent introduits dans un riche salon, où l'on avait rassemblé la plus brillante compagnie de toute la contrée. Il y avait aussi une foule de jeunes gens et de jeunes demoiselles, que l'on avait invités pour tout le temps des vacances de Tommy. Aussitôt qu'il se présenta, on n'entendit qu'un concert universel de louanges en son honneur. Comme il était grandi! comme il s'était formé, le charmant petit garçon! on ne pouvait rien voir de si gentil! Ses yeux, ses dents, ses cheveux, excitaient l'admiration des femmes. Trois fois il fit le tour du salon, pour recevoir les complimens de la compagnie, et pour être présenté aux jeunes demoiselles. Et le pauvre Henri? Hélas! il ne fut remarqué de personne, excepté de M. Merton, qui le reçut dans ses bras avec une tendre cordialité. Quelques instans après, une dame qui était assise auprès de madame Merton lui demanda d'un air mystérieux à l'oreille, mais assez haut pour être entendu de toute l'assemblée, si c'était là ce petit garçon de charrue que M. Barlow prétendait élever en gentilhomme? Oui, c'est lui-même, répondit madame Merton. Je l'aurais deviné, reprit la dame, à son air gauche et à sa physionomie commune. Mais comment pouvez-vous souffrir que votre fils, qui, sans flatterie, est un des enfans les plus accomplis que j'ai vus, soit le compagnon de ce petit rustre ? Ne craignez-vous pas qu'il ne contracte insensiblement dans sa société de mauvaises habitudes, qu'il ne prenne de lui des sentimens bas et rampans ? Pour moi, qui tiens qu'une bonne éducation est la chose la plus importante de la vie, je n'ai rien épargné pour donner à ma chère Mathilde toutes les perfections qui peuvent la faire paraître avec avantage dans le monde. Je me flatte qu'on peut déjà reconnaître, à son instruction, les soins de ma tendresse. Elle danse à ravir, se présente avec grâce, et personne ne se coiffe et ne se pare avec plus de goût.

Pendant le cours de cet entretien, dont le pauvre Henri avait fourni l'occasion et le sujet, une jeune demoiselle, observant que personne ne daignait avoir pitié de son embarras, s'avança vers lui d'un air gracieux; et, l'ayant pris par la main, elle le fit asseoir à son côté. Cette aimable personne, d'un caractère plein de douceur et de bienveillance, s'appelait *miss Simmons*. Henri, grâces à l'affabilité de ses manières, se trouva tout de suite à son aise avec elle, comme s'il l'eût connue depuis long-temps. S'il était dépourvu des grâces artificielles que donne l'usage du monde, il possédait cette politesse naturelle que le monde ne peut donner. M. Barlow, en tâchant de préserver son cœur des mauvaises impressions, ne s'était pas moins attaché à entretenir la justesse de ses idées, et à nourrir la force de sa raison. Henri, à la vérité, ne disait aucun de ces mots brillans qui rendent un petit garçon le favori des dames. Il n'avait pas cette vivacité, ou plutôt cette impertinence, qui passe pour de l'esprit devant les gens superficiels; mais il savait écouter ce qu'on lui disait, et répondre avec intelligence aux questions qui étaient à sa portée. Miss Simmons, quoique plus âgée et plus instruite que lui, fut enchantée de sa conversation, et le trouva infiniment plus aimable et plus sensé que tous ces petits gentilshommes qui bourdonnaient autour d'elle, et dont le babil importun ne faisait que l'étourdir.

En ce moment on vint appeler la compagnie pour vaquer à la grande affaire du dîner. Henri ne put s'empêcher de frémir à ce mot, lorsqu'il se souvint de tous les embarras que lui avait causés son premier repas au château. Cependant il prit la résolution de faire bonne contenance, par considération pour son ami. En voyant tant de beaux messieurs et de belles dames pressés les uns contre les autres, tant de domestiques bien frisés debout derrière leurs chaises pour les servir; un si grand étalage de sauces et de ragoûts, dont il n'avait jamais goûté, et dont il ne savait pas même le nom; tant de pompe et de difficulté pour ce qui devrait être la chose du monde la plus simple et la plus aisée, il enviait le sort des gens de la campagne, qui vont s'asseoir à leur aise sous l'ombrage, et savent faire un joyeux dîner sans tout cet appareil d'argenterie et de porcelaines, et surtout sans de vains complimens et d'éternelles cérémonies. Pendant qu'il se livrait à ses réflexions, Tommy, placé entre les deux femmes les plus distinguées, ne pouvait suffire à répondre à leurs agaceries. Tout ce qu'il disait au hasard était relevé comme un trait étincelant d'esprit. Henri avait peine à revenir de sa surprise. Son affection pour Tommy était pure et sincère; loin que le moindre sentiment de jalousie fût jamais entré dans son cœur, il s'était réjoui de tous les progrès qu'il avait vu faire à son camarade, encore plus que des siens. Cependant il n'avait jamais découvert en lui aucune trace de ce mérite supérieur dont on lui faisait compliment. Lorsqu'il pouvait attrapper à la volée quelqu'un de ces traits qui faisaient tant de fortune, il les trouvait au-dessous de sa conversation ordinaire. Cependant, comme il voyait tant de grandes dames en penser différemment, il aimait mieux condamner sa pénétration, et croire qu'il se trompait, quoiqu'il n'eût pas un sentiment bien vif de cette erreur; mais, si l'opinion de Henri sur les talens de son camarade ne trouvait guère à s'exalter dans cette représentation, il n'en était pas ainsi de Tommy. Les assurances qui lui venaient de tous côtés, qu'il était un petit prodige, ne tardèrent pas à lui persuader qu'il était un prodige en effet. En considérant quelles étaient les personnes qui lui rendaient ce témoignage, il trouvait qu'on avait fait jusqu'à présent une grande injustice à son mérite. Il se voyait souvent contredire chez M. Barlow, et il était obligé de donner des raisons pour ce qu'il avançait. Mais ici, pour exciter l'admiration, il lui suffisait d'ouvrir la bouche; et ses auditeurs trouvaient ses moindres paroles pleines de sens et d'esprit. Madame Merton elle-même n'était pas la dernière à lui prodiguer ses suffrages. Les progrès qu'elle

Henri, avec un sang-froid et une intrépidité au-dessus de son âge, saisit une fourche qu'un des fuyards avait laissé tombé.

avait vu faire à son intelligence par les soins de M. Barlow, et les nobles sentimens qu'il lui avait inspirés, avaient bien flatté sa tendresse; mais le voir briller avec cet éclat extraordinaire devant des juges si délicats, et dans une compagnie de si bon ton, c'était pour son cœur une source de transports les plus vifs qu'elle eût jamais éprouvés. Ce succès général anima tellement la langue effrénée du jeune gentilhomme, qu'on l'aurait vu s'emparer de toute la conversation avant la fin du dîner, si M. Merton, qui ne goûtait pas les saillies de son fils, à beaucoup près, autant que sa mère, ne l'eût arrêté dans sa carrière brillante.

Pendant que son camarade occupait ainsi la scène, Henri gardait modestement le silence, livré tout entier à ses observations. M. Merton et miss Simmons étaient presque les seuls qui eussent pris une bonne idée de sa retenue. Les autres ne voyaient en lui qu'un petit paysan sauvage. Les jeunes gentilshommes, qui avaient conçu pour lui le mépris le plus profond, ne se portaient qu'avec peine à lui montrer les égards les plus communs de la civilité. Les instigateurs de cette indigne conduite étaient M. Compton et M. Mash. M. Compton se regardait comme un jeune homme accompli, quoique tout son mérite consistât, aux yeux des autres, dans une figure pâle et décharnée, un maintien effronté, et une paire de boucles si grandes, qu'elles auraient pu servir à figurer sur les harnois des chevaux d'un ambassadeur. Il était sur le point d'achever son éducation à une école publique, où il avait pris tous les vices que l'on y contracte sans avoir rien ajouté, aux lumières de son étroite intelligence. M. Mash était fils d'un gentilhomme voisin, à qui sa passion extraordinaire pour les chevaux et la fureur de s'intéresser dans les courses avaient coûté une grande partie de sa fortune. Son fils, qui, dès la plus tendre enfance, n'avait entendu parler dans la maison paternelle que de courses et de paris, s'était mis dans l'esprit que toutes les sciences humaines roulaient sur ces deux points. Élevé, pour ainsi dire, dans l'écurie de son père, il s'était surtout occupé de la connaissance du cheval, non par une affection réelle pour cette noble créature, mais parce qu'il la regardait comme un instrument utile pour opérer sur la bourse de quelques jeunes lords, à leur première campagne dans les plaines de Newmarket. Il soupirait avec impatience après le moment où son âge lui permettrait de tirer parti de ses profondes études, et d'aller déployer sur ce théâtre la supériorité de son génie. Ces deux jeunes gentilshommes ne perdaient aucune occasion de jouer de mauvais tours à Henri, et de tenir sur son compte tous les propos qu'ils croyaient capables de le mortifier. Ils étaient au contraire fort empressés de se rendre agréables aux yeux de Tommy, et de frapper son imagination en faveur de leurs talens. Ils ne lui parlaient que de chiens, de chevaux, de danses, de parties de plaisir et d'entreprises violentes contre les fermiers. Tommy sentit bientôt naître en son esprit de nouvelles idées : il vit une carrière de grandes aventures s'ouvrir à ses regards. En apprenant que les petits garçons qui n'étaient pas plus hauts que lui-même s'étaient souvent réunis dans le glorieux projet de se révolter contre leurs maîtres, et de troubler toute une assemblée dans une salle de spectacle, il aspirait à l'honneur de partager la renommée de ces brillans exploits. Il ne tarda guère à perdre insensiblement tout sentiment de respect pour M. Barlow, et d'affection pour Henri. Les premiers jours, à la vérité, il fut choqué d'entendre parler de son maître avec irrévérence; mais, devenu sourd par degrés à la voix qui s'élevait dans son cœur, il en vint bientôt à prendre plaisir à voir M. Mash tourner en ridicule cet homme respectable, et employer le peu d'esprit et d'imagination qu'il avait à parodier ses touchantes instructions. Ce fut en vain que Henri, déplorant l'ingratitude de son camarade, se hasarda à lui faire quelques remontrances à ce sujet. On ne lui répondit que par un regard fier et dédaigneux; et M. Mash se permit les plus basses injures pour lui imposer silence.

On venait d'apprendre au château qu'une troupe ambulante de comédiens de campagne passait dans la ville voisine, et se disposait à y donner un certain nombre de représentations. Pour jeter quelque diversion dans les amusemens de la jeune société, M. Merton imagina de lui donner le plaisir de ce spectacle. Elle s'y rendit en effet dès le premier jour, et Henri se trouva de la partie. Tommy, qui ne s'abaissait plus maintenant à lui montrer la moindre attention, alla s'asseoir entre ses deux nouveaux camarades, dont il ne pouvait plus se séparer. Les jeunes gentilshommes, pour montrer à Tommy comment ils savaient mettre en action leurs principes, commencèrent par jeter des noix et des pelures d'oranges sur le théâtre; et Tommy, qui ne voulait pas se montrer indigne de ses modèles, les imita avec une extrême satisfaction. Lorsqu'on leva la toile, et que les acteurs s'avancèrent sur la scène, tout le reste de l'assemblée s'imposa décemment un profond silence. Mais Mash et Compton, pour faire éclater leur supériorité, se mirent à parler si haut, et à pousser de si grands éclats de rire, qu'il fut impossible à tous les autres d'entendre un mot de la pièce. Ces prouesses paraissaient merveilleuses à Tommy, qui aurait cru se dégrader en faisant moins de bruit que ses compagnons. Les acteurs et les spectateurs étaient tour-à-tour l'objet de leurs ricanemens. La plus grande partie de l'assemblée était composée d'honnêtes habitans de la ville et de bons fermiers de la campagne voisine. Ce fut dans l'esprit de nos orgueilleux étourdis une raison suffisante pour les regarder avec le plus fier dédain. Leur manière de se coiffer et toutes les parties de leur habillement furent soumises à une critique si minutieuse, que Henri, qui était assis derrière eux, et qui ne pouvait s'empêcher d'entendre leurs discours, imagina qu'au lieu d'avoir reçu leur éducation dans quelque université, ils avaient passé leur jeunesse en apprentissage chez des perruquiers et des tailleurs, tant ils déployaient d'érudition sur les boutons, les gilets et les coiffures Quant aux pauvres acteurs, ils en furent traités avec encore moins de pitié. Ils leur paraissaient si gauches, si mal habillés, et, en un mot, si détestables, qu'il était impossible à des gens de goût de les supporter un moment. M. Mash, qui se piquait d'être né pour les grandes entreprises, décida qu'il fallait faire cabale contre eux, et jeter la salle à bas plutôt que de les laisser continuer. Tommy avait une si haute idée du génie de ses compagnons, qu'il fut forcé de convenir que c'était la chose du monde la plus raisonnable. En conséquence, la proposition fut présentée au suffrage des autres gentilshommes de la société. Mais Henri, qui, jusqu'à ce moment, avait gardé le silence, se leva à la fin du premier acte, et eut le courage de leur représenter combien l'action qu'ils méditaient lui paraissait injuste et cruelle. Ces pauvres gens, leur dit-il, font tout ce qu'ils peuvent pour nous amuser; n'est-il pas affreux de vouloir les traiter avec ignominie? S'ils étaient en état de jouer aussi bien que les acteurs de Londres, dont vous parlez tant, ils ne manqueraient sûrement pas de le faire. Pourquoi donc exiger d'eux ce que la nature ne leur a pas donné, et vouloir les punir comme s'ils étaient coupables? Quel droit avez-vous de mettre en pièces leurs décorations, d'endommager leur salle? Que diriez-vous s'ils en allaient faire autant dans vos maisons? Si leur manière de jouer ne nous plaît pas, ne troublons pas du moins le plaisir de ceux qui s'en contentent. Croyez-moi, restons tranquilles, puisque nous sommes entrés. Demain nous serons libres de n'y pas revenir. Cette manière de raisonner ne fut pas goûtée de ceux à qui elle s'adressait; et je ne sais jusqu'où les choses en seraient allées, si un homme grave et décemment vêtu, qui avait long-temps supporté le bruit qui se faisait autour de lui, n'eût pris enfin le parti de s'en plaindre. Cette liberté, que M. Mash traita d'impertinence, fut relevée par lui avec tant de grossièreté, que l'homme, qui était un gros fermier du voisinage, crut devoir lui répliquer du ton le plus imposant. La querelle devint alors plus vive; et M. Mash, qui regardait comme un affront impardonnable qu'un homme si fort au-dessous de lui s'avisât d'avoir une opinion différente de la sienne, s'emporta jusqu'à l'injurier et le frapper au visage. Il allait encore redoubler; mais le fermier, qui avait autant de force que de résolution, saisit d'une main robuste le petit insolent qui venait de lui faire cet outrage; et, sans le moindre effort, l'ayant étendu de toute sa longueur sous les bancs, il lui mit un pied sur l'estomac, et lui dit que, puisqu'il ne savait pas rester tranquillement assis au spectacle, il fallait apprendre à s'y tenir couché, et que, s'il s'avisait de faire la moindre résistance, il allait être écrasé comme un ver; ce que M. Mash sentit bien qu'il ne serait pas difficile au fermier d'exécuter. Cet incident imprévu répandit un abattement mortel sur toute la gentilhommerie, qui ne se ressouvint plus de son courage. M. Mash lui-même oublia sa dignité au point d'implorer sa grâce de l'air le plus humble et le plus soumis. Cette supplication fut soutenue par les prières de tous ses camarades, et en particulier de Henri. Oui-dà, dit le fermier, je n'aurais jamais pensé qu'une bande de petits gentilshommes, ainsi que vous vous en donnez le nom, ne se présentât en public que pour se comporter avec autant de grossièreté. Je suis sûr qu'il n'y a pas dans ma ferme un seul valet de charrue qui n'eût montré plus de décence et plus de respect pour l'assemblée. Cependant, puisque vous semblez vous repentir de vos indignes manières, je veux bien aussi les oublier. Mais rendez-en grâce à ce petit garçon que voici. C'est à sa considération que je vous pardonne, puisqu'il a la bonté de s'intéresser en votre faveur. Il vient de se conduire avec tant de raison, que je le tiens meilleur gentilhomme qu'aucun de vous, quoiqu'il n'ait pas vos habits de petits-maîtres et de baladins. Après ce discours il retira son pied de dessus l'estomac de M. Mash, qui se releva sa bruit, et quitta son humble posture avec un maintien qui exprimait beaucoup plus de modération qu'il n'en avait en la prenant. Cette leçon utile ne fut pas perdue pour ses amis; car il ne sortit plus un seul mot de leur bouche pendant tout le cours de la représentation. Quoi qu'il en soit, le courage de M. Mash commença par degrés à se relever, dès qu'il fut sorti de la salle, et qu'il eut perdu de vue le redoutable fermier. Il assura même très-positivement ses camarades que, s'il n'avait pas eu affaire à un homme si fort au-dessous de lui, et qu'il regardait comme sans conséquence, il l'aurait appelé sur-le-champ pour faire le coup de pistolet.

L'évènement qui venait de se passer au spectacle

n'avait pas eu des suites assez favorables à l'orgueil
de nos jeunes étourdis, pour qu'ils fussent bien empressés d'en faire le récit à leur retour au château.
Henri, de son côté, était trop discret pour en trahir le mystère. Mais le lendemain, à dîner, les
dames, qui avaient dédaigné d'aller voir un spectacle de petite ville, voulurent savoir ce que les
jeunes gentilshommes en pensaient. Ils s'écrièrent
tous d'une voix que les acteurs leur avaient paru
détestables, mais que la pièce était pleine de traits
d'esprit et de sentiment, et que c'était une bonne
école pour les jeunes gens qui entraient dans le
monde. M. Compton ajouta qu'elle venait d'obtenir
à Londres le suffrage de tous les gens de goût; en
quoi il fut appuyé par les témoignages de toute la
compagnie. M. Merton, observant que Henri seul
gardait le silence, désira connaître son sentiment
particulier. Henri s'en défendit long-temps avec
modestie; mais, voyant qu'il ne pouvait plus résister : Monsieur, dit-il, je suis un fort mauvais
juge sur ces matières. C'est la première fois que
j'ai vu jouer une comédie : ainsi je ne puis vous
dire si elle a été bien ou mal représentée. Mais,
quant à la pièce en elle-même, j'aurais tort de vous
cacher qu'elle ne m'a paru pleine que de dissimulation et de méchanceté. Tous les personnages ne
viennent que pour dire des mensonges et se tromper lâchement les uns les autres. Si vous, monsieur,
vous aviez à votre service des gens aussi corrompus,
vous n'auriez sûrement pas de repos que vous ne
vous en fussiez débarrassé. Aussi je vous avoue

qué, pendant tout le cours de la pièce, je ne pouvais m'empêcher d'être surpris qu'on vint perdre son temps à voir des choses qui ne peuvent produire aucun bien. Ce qui m'indignait surtout, c'est qu'on y envoyât des enfans; comme si on voulait leur faire apprendre la fourberie et la trahison. M. Merton applaudit par un sourire à cette honnête indignation de Sandford; mais la plupart des dames, qui venaient d'exprimer une admiration extravagante pour la même pièce, furent choquées d'une si vive censure. Cependant, comme elles jugèrent qu'il serait difficile de répondre aux justes reproches de Henri, elles prirent le parti de sourire comme M. Merton, quoique ce fût par un sentiment bien opposé, et de garder le silence, jusqu'à ce que la conversation se fût tournée insensiblement sur d'autres matières.

Le soir, l'un des jeunes gens proposa de faire tous ensemble une partie, et l'on s'assit autour d'une grande table pour jouer un jeu de société, qu'on appelle le jeu du commerce. Henri, qui n'avait pas été élevé d'une manière assez distinguée pour être bien familier avec les cartes, s'excusa sur son ignorance. Son amie, miss Simmons, offrit de lui apprendre le jeu, qui était si aisé, lui dit-elle, qu'en trois minutes il serait en état de s'en tirer aussi bien que le reste de la compagnie. Malgré des offres aussi obligeantes, Henri persista dans son refus; et, comme il n'en était que plus pressé, il avoua ingénument à miss Simmons qu'il avait dépensé la veille une partie de l'argent qui lui restait, et qu'il n'en avait pas assez pour fournir sa mise. Si ce n'est que cela, lui répondit miss Simmons, ne vous en mettez pas en peine, je mettrai au jeu pour vous avec grand plaisir. Oh! non, mademoiselle, je vous prie, repartit Henri. Je vous rends bien des grâces de votre bonté; mais M. Barlow m'a défendu de recevoir de l'argent, ou d'en emprunter même de qui que ce soit au monde, de peur d'être exposé à devenir mercenaire ou malhonnête. Ainsi donc, quoiqu'il n'y ait personne que j'estime plus que vous, je suis obligé de refuser vos offres polies. A la bonne heure, répliqua miss Simmons, je ne veux point faire violence à vos principes; mais rien ne vous empêche de jouer pour mon compte. Allons, asseyez-vous. De cette manière, Henri fut contraint, malgré de petites répugnances, de se mettre de la partie. Il ne trouva pas une grande difficulté à apprendre le jeu; mais il ne put s'empêcher de remarquer avec étonnement l'extrême agitation qui régnait sur la physionomie de tous les joueurs à chaque révolution de fortune. Les jeunes demoiselles elles-mêmes, à la réserve de miss Simmons, semblaient toutes aussi dévorées de la fureur du gain que les hommes; et quelques-unes laissèrent éclater des mouvemens de dépit et d'aigreur, qui dérangèrent toutes ses idées sur la modestie convenable à leur sexe. Après la retraite successive de tous les joueurs, il se trouva que miss Simmons et Henri étaient les seuls qui eussent conservé de leurs jetons, en sorte que la poule ne regardait qu'eux seuls; et il ne fallait plus qu'un ou deux coups pour décider à qui des deux elle devait appartenir. Henri se leva poliment, et dit à miss Simmons que, n'ayant pas joué pour son propre compte, mais pour le sien, la partie était achevée, et que la poule était à elle. Miss Simmons refusa de la prendre; et, lorsqu'elle vit que Henri ne voulait pas la lui disputer, elle lui proposa de la partager ensemble. Henri tint ferme à son tour dans son refus, alléguant qu'il n'avait aucun droit à prétendre au moindre partage. Enfin miss Simmons, qui commençait à être embarrassée de l'attention qu'un débat aussi extraordinaire attirait sur elle, fit entendre à Henri qu'il l'obligerait beaucoup de prendre la moitié du profit, et d'en faire pour elle tel usage qu'il jugerait à propos. Alors Henri, qui, par une pénétration naturelle, comprit à merveille ses intentions, ne résista pas davantage. Eh bien! dit-il, je prendrai, puisque vous le voulez, la moitié de cet argent; et je crois savoir une manière de l'employer que sûrement vous ne condamnerez pas.

Le lendemain, le déjeûner était à peine fini, que Henri disparut. Il n'était pas encore de retour lorsque la compagnie se rassembla pour le dîner. On le vit enfin arriver le visage couvert de cette rougeur dont l'exercice et la santé colorent le teint de l'enfance. Son habillement était dans le désordre que produit une longue expédition. Les jeunes demoiselles le regardèrent avec un air de mépris qui parut altérer un peu sa contenance; mais, M. Merton lui ayant adressé la parole du ton de l'amitié, et lui ayant même ménagé une petite place auprès de lui, Henri se remit bientôt de son trouble ; et, son appétit, aiguisé par la fatigue, l'occupa très-utilement pendant le repas.

Le soir, après une longue conversation des jeunes gens sur les spectacles de Londres, on vint à parler d'un chanteur célèbre, dont la voix, disait-on, faisait tourner la tête à toute la ville. M. Compton, après avoir discouru sur ses talens avec les plus vifs transports d'enthousiasme, ajouta qu'il était du bon ton d'offrir quelques présens à ce virtuose, pour faire preuve de magnificence et de goût. Puisque le hasard, dit-il, rassemble ici toute la fleur des jeunes gentilshommes et des jeunes demoiselles de la province, nous pourrions donner les premiers un exemple qui nous ferait infiniment d'honneur, et qui serait bientôt suivi par tout le royaume. Il ne faut que nous cotiser ensemble pour acheter une boîte d'or, ou quelque autre bijou précieux, dont nous ferons présent au nom de l'assemblée au *signor* Frescatelli. Quoique ma bourse ait reçu une rude atteinte par le besoin où je me suis vu d'acheter mes boucles six guinées pour me mettre à la mode, je contribuerai volontiers d'une guinée pour un dessein si généreux. Cette proposition fut généralement applaudie de l'assemblée ; et tous, excepté Henri, s'offrirent à faire des fonds à proportion de leurs finances. M. Mash, ayant observé que Henri ne disait mot, se tourna brusquement vers lui, et lui dit : Et toi, petit fermier, pour combien veux-tu souscrire ? Pour rien, répondit Henri sans s'étonner. Voilà un garçon bien généreux, reprit Mash.

Hier au soir nous l'avons vu empocher treize schellings qu'il nous a escroqués au commerce, et maintenant le petit vilain ne veut pas contribuer d'une demi-couronne, lorsque nous donnons des guinées. Laissez-le faire, ajouta miss Mathilde d'un air plein de malice; Henri a toujours d'excellentes raisons à donner de sa conduite, et je ne doute pas qu'il ne soit en état de prouver, à la satisfaction de toute l'assemblée, qu'il est beaucoup plus noble de garder son argent dans sa bourse que de le dépenser. Henri se sentit vivement piqué de cette ironie; mais il se contenta de répondre que, quoiqu'il ne se crût pas obligé de rendre compte de ses sentimens à personne, il voulait bien prendre la peine de les défendre. Ma première raison, dit-il avec fermeté, c'est que je ne vois point de générosité à faire une folie. D'après votre calcul, ajouta-t-il, cet homme dont vous parlez, gagne en six mois à Londres, plus que cinquante pauvres familles n'en ont ici pour se soutenir pendant tout le cours de l'année. C'est pourquoi, si j'avais de l'argent à donner, je le donnerais de préférence à ceux qui en ont le plus de besoin, et qui le méritent le mieux. A ces mots il sortit de la chambre; et les petits gentilhommes, après s'être égayés à l'envi sur une manière de penser si commune, s'assirent pour jouer. Mais miss Simmons, soupçonnant qu'il y avait dans la conduite de Henri quelque autre motif qu'il n'avait pas voulu faire connaître à tout le monde, s'excusa de la partie pour aller s'en instruire avec lui. Après l'avoir abordé avec beaucoup de douceur, elle lui demanda s'il n'aurait pas été plus à propos de contribuer de quelque bagatelle, comme les autres, même quand il n'eût pas entièrement approuvé leur projet, que de les offenser par un aveu si libre de ses sentimens. En vérité, mademoiselle, lui répondit ingénument Henri, ce que vous dites, je l'aurais fait avec joie, mais cela n'était plus en mon pouvoir.

MISS SIMMONS.

Comment cela peut-il être, mon ami? n'avez-vous pas gagné hier au soir près de treize schellings?

HENRI.

Il est bien vrai, mademoiselle; mais cet argent ne m'appartenait pas, et j'en ai déjà disposé en votre nom d'une manière que vous ne condamnerez pas, j'ose l'espérer.

MISS SIMMONS, *avec surprise.*

Et comment l'avez-vous employé, mon petit ami?

HENRI.

Je vous l'aurais déjà dit, mademoiselle, si j'avais eu un moment pour vous entretenir sans vous déranger. Daignez m'écouter, s'il vous plaît. Il y a ici une pauvre fille, qui a servi long-temps chez mon père, et qui s'est toujours conduite avec honneur. Son père et sa mère, malgré leur grand âge, avaient été jusqu'alors en état de se soutenir par leur industrie. Mais enfin le pauvre vieillard devint trop faible pour un travail journalier, et sa femme eut une attaque de paralysie. Aussitôt que la jeune fille vit que ses parens étaient tombés dans une si grande détresse, elle quitta sa place, et alla vivre auprès d'eux pour en prendre soin. Elle travaille avec beaucoup d'ardeur lorsqu'elle peut trouver de l'ouvrage, afin de pouvoir soutenir ses parens. Mais l'ouvrage ne va pas toujours, et quoique nous leur fassions autant de bien qu'il nous est possible, je sais qu'ils sont quelquefois embarrassés pour avoir du pain et des habits. Ainsi donc, mademoiselle, comme vous aviez eu la bonté de me dire que je pouvais disposer de cet argent pour vous comme je le voudrais, j'ai couru ce matin chez ces pauvres malheureux, et je leur ai donné les treize schellings en votre nom. J'ose croire que vous n'êtes pas fâchée de l'usage que j'en ai fait.

MISS SIMMONS.

Non, sans doute, mon cher Henri; et je vous suis de plus fort obligée de la bonne opinion que vous avez de moi. Je suis seulement fâchée que vous n'ayez pas donné cet argent comme de vous-même.

HENRI.

Je l'aurais bien fait, s'il m'eût appartenu; mais, puisqu'il était à vous, je n'y avais aucun droit; et le donner en mon nom, c'était blesser la vérité. Oh! non, mademoiselle.

C'était en de pareils entretiens avec miss Simmons, que Henri passait la plus agréable partie de son temps pendant le séjour qu'il fit au château; la douceur et la raison de cette jeune demoiselle avaient entièrement gagné son amitié. Il la voyait toujours simple, affable et modeste, tandis que les autres n'étaient occupées qu'à faire parade de leurs talens, et à se rengorger de leur importance. Mais ce qui lui inspirait encore plus de dégoût, c'était le sot orgueil des jeunes compagnons de Tommy, qui semblaient se regarder, eux et ceux de leur société, comme les seuls personnages de quelque conséquence dans le monde. Il n'avait pas conçu moins de mépris pour leur mollesse et leur égoïsme. Un degré de chaleur de plus ou de moins dans la température de l'air, un retard de quelques minutes dans leurs repas ou leurs plaisirs, le moindre rhume, la plus légère douleur, étaient des infortunes qu'ils déploraient d'une manière si lamentable, que Henri les aurait pris pour les créatures les plus tendres et les plus compatissantes de l'espèce humaine, s'il n'avait observé en même temps qu'ils voyaient avec une indifférence profonde les plus vives souffrances de ceux qu'ils regardaient comme au-dessous d'eux. Il ne les entendait parler que de la bassesse et de l'ingratitude des gens du peuple, pour s'en faire un prétexte de leur refuser tout sentiment de commisération et d'humanité. Cette injustice révoltait son cœur. Sûrement, se disait-il à lui-même, il ne peut y avoir tant de différence entre une classe d'hommes et une autre, pour autoriser ces insolens mépris; ou, certes, s'il y avait un choix à faire, je penserais que les hommes les plus estimables sont ceux qui cultivent la terre et qui savent pourvoir aux premiers besoins de tous les autres, et non ceux qui n'entendent rien qu'à s'habiller à la mode, à marcher sur la pointe du pied, et à lâcher à tort et à travers des impertinences qu'ils veulent faire prendre pour de l'esprit.

La plus jeune partie de la société du château était alors occupée tout entière des préparatifs d'un bal que madame Merton avait cru devoir donner pour célébrer le retour de son cher fils. On ne voyait sur l'escalier et dans les appartemens que des marchandes de modes, des couturières, des coiffeuses et des maîtres à danser. Les jeunes demoiselles trouvaient les journées trop courtes à méditer des agrémens extraordinaires pour leur parure, à faire friser leurs cheveux, et à figurer des pas de danse nouveaux. Miss Simmons était la seule qui parût considérer avec froideur les approches de la fête. Henri n'avait pas entendu sortir un mot de sa bouche qui exprimât la moindre impatience pour voir arriver ce grand jour. Au lieu des soins empressés que les autres se donnaient pour y figurer avec éclat, il avait observé qu'elle profitait de la dissipation de ses compagnes pour rester seule dans sa chambre, où elle se renfermait plus long-temps qu'à l'ordinaire. Il n'avait pas osé lui demander quel était le sujet de cette retraite; il en fut bientôt éclairci. Le matin même du jour où le bal devait se donner, miss Simmons vint à lui d'un air de bienveillance, et lui dit : J'ai été si satisfaite l'autre jour du compte que vous m'avez rendu des soins affectueux de la jeune fille pour ses parens, que je me suis occupée à lui préparer en secret un petit cadeau, que je vous serais obligée de vouloir bien lui porter. Je n'ai jamais été élevée à broder ou à peindre des fleurs artificielles pour me parer : ma mère m'a seulement appris que l'occupation la plus douce était d'assister ceux qui ne sont pas en état de s'assister eux-mêmes. En disant ces mots, elle mit entre les mains de Henri un petit paquet qui contenait du linge et des habits pour la jeune fille et les vieillards. Tenez, ajouta-t-elle, je sais que vous aurez du plaisir à vous charger de mon message. Allez trouver ces braves gens. Voici mon adresse. Dites-leur de ne pas oublier de venir s'adresser directement à moi, lorsque je serai retournée à la maison. Je me ferai un devoir de les soulager dans leurs peines autant que je le pourrai. Henri reçut le paquet en le regardant avec des larmes de joie; puis, relevant les yeux vers miss Simmons, il crut voir sur son visage tous les traits d'une beauté céleste; tant le sentiment de la bienveillance peut donner d'expression à la physionomie!

Pendant que Henri s'éloigne à grands pas du château pour remplir sa douce commission, nous avons le temps de revenir à son ancien camarade. Hélas! cependant, que je crains de le présenter maintenant à vos regards, et comment pourrez-vous le reconnaître? Tommy avait déjà repris son caractère naturel, et contracté le goût le plus vif pour les scènes de dissipation que ses nouveaux amis lui présentaient sans cesse. Toutes les distinctions fondées sur les lumières et la vertu, que M. Barlow avait eu tant de peine à graver dans son esprit, semblaient en être entièrement effacées. Il ne voyait personne prendre la peine d'examiner les principes qui devaient régler ses sentimens et sa conduite, tandis qu'on donnait continuellement l'attention la plus minutieuse à ce qui regardait uniquement l'extérieur. Il voyait que la négligence des premiers devoirs envers ses semblables trouvait non-seulement une excuse, mais recevait même un certain degré d'approbation, pourvu qu'elle fût réunie à des dehors brillans, tandis que la plus parfaite probité, l'intégrité la plus pure, étaient regardées avec froideur, et quelquefois même avec dérision, lorsqu'elles étaient dépourvues de ces frivoles avantages. Quant aux vertus les plus nécessaires dans l'usage de la vie, telles que l'industrie, l'activité, l'économie, l'amour de ses devoirs et la fidélité à ses engagemens, c'étaient des qualités tristes et communes, qui n'étaient bonnes, tout au plus, que pour le vulgaire. M. Barlow, à son avis, s'était mépris évidemment sur tous les principes qu'il avait prétendu lui faire adopter. Les hommes, disait-il, ne pouvaient trouver à satisfaire leurs besoins que dans une assiduité constante à cultiver la terre et à remplir d'autres professions utiles. C'est le travail qui les nourrit et leur procure les douceurs de la vie. Sans le travail, ces champs fertiles, parés maintenant de tout le luxe de l'abondance, ne seraient que des bruyères désertes ou des forêts impénétrables. Ces prairies, qui nourrissent un million de troupeaux, seraient couvertes d'eaux stagnantes, qui non-seulement les rendraient stériles, mais corrompraient l'air par des vapeurs pestilentielles. Les hommes même et les animaux disparaîtraient bientôt avec cette culture, qui seule peut entretenir leur existence. C'est par cette raison, continuait M. Barlow, que le travail est, pour toute l'espèce humaine, le premier et le plus indispensable de tous les devoirs ; et personne ne peut s'en exempter, sans se rendre coupable envers les autres.. Mais, quelque vrais que ces principes fussent dans un sens général, Tommy les trouvait si incompatibles avec la conduite et les opinions de ses nouveaux amis, qu'il ne lui était pas possible de s'en faire l'application à lui-même. Il y avait près d'un mois qu'il se trouvait au milieu d'une foule de jeunes gentilshommes et de jeunes demoiselles de son rang et de son âge ; et, loin qu'ils eussent été élevés à produire quelque chose, il voyait au contraire que le grand objet de leur éducation était de leur persuader qu'ils n'étaient au monde que pour dévorer et détruire ce que les autres avaient produit. Il voyait même que cette incapacité d'être utile, soit aux autres, soit à eux-mêmes, semblaient être un mérite sur lequel chacun cherchait à se faire valoir ; en sorte que celui qui ne pouvait exister sans avoir deux domestiques pour exécuter ses mouvemens était supérieur à celui qui n'en avait qu'un seul, mais le cédait, en revanche, à celui qui en employait quatre à cet usage. Ce nouveau système lui paraissait beaucoup plus commode que le premier : car, au lieu de se donner la moindre peine pour étendre ses connaissances et ennoblir ses sentimens, il pouvait avec sécurité satisfaire sa paresse, donner l'essor à ses passions, être fantasque, hautain, personnel, ingrat envers ses amis, indocile envers ses parens; et tout cela sans encourir le moindre reproche, pourvu que sa chevelure fût bien poudrée, ses boucles d'une extrême grandeur, et sa politesse bien fade et bien servile auprès des femmes. Un jour, il est vrai, Henri l'avait jeté dans quelque embarras, en lui demandant avec naïveté quelle espèce de figure il pensait que ses nouveaux amis auraient pu faire dans l'armée de Léonidas, et quelles ressources auraient trouvées ces jeunes demoiselles dans une île déserte, où elles auraient été obligées de pourvoir elles-mêmes à leur subsistance : mais Tommy avait eu occasion d'apprendre que rien n'attriste plus la physionomie qu'une réflexion sensée ; et, comme il ne pouvait autrement répondre à la question, il prit sagement le parti de la mépriser.

Cette importante soirée, si long-temps attendue, était enfin arrivée. On avait superbement illuminé la plus grande salle du château; et toute la compagnie s'y rendit en foule pour recevoir Tommy, qui venait de passer deux heures entières entre les mains d'un coiffeur. Il était habillé ce jour-là avec une élégance extraordinaire. Mais ce qui lui donnait le plus d'orgueil dans toute sa parure, c'était une immense paire de boucles du dernier goût, que madame Merton avait envoyé exprès acheter à Londres, pour décorer le pied mignon de son fils. Il ouvrit le bal par un menuet qu'il eut l'honneur de danser avec miss Mathilde. Quoiqu'il se fût exercé constamment depuis plusieurs jours, il commença ses premiers pas avec une certaine défiance. Mais il reprit bientôt son assurance naturelle au bruit des applaudissemens qu'il entendait retentir de toutes parts. Quelle charmante petite créature, disait une femme! quelle taille et quelle souplesse, disait une autre! que madame Merton est heureuse, s'écriait une troisième, de posséder un tel fils! il n'a besoin que de se produire un peu dans le monde pour devenir le gentilhomme le plus accompli de toute l'Angleterre. A la fin du menuet, Tommy reconduisit sa danseuse avec une grâce qui fit extasier de nouveau toute la compagnie. Puis avec la plus grande complaisance, il se laissa passer de main en main dans tout le cercle des dames, pour recevoir leurs embrassemens et leurs éloges, comme si c'était l'action la plus glorieuse que de croiser une jambe derrière l'autre, de plier en mesure sur ses jarrets, et de se soutenir sur la pointe du pied.

Pendant le triomphe de son ancien camarade, Henri s'était tapi dans le coin le plus obscur du salon, d'où il observait en silence tout ce qui se passait devant ses yeux. Il imaginait sans peine que ses modestes habits n'étaient guère propres à figurer parmi les brillantes parures étalées sur les siéges de devant; et il ne sentait pas la moindre inclination à se faire remarquer en aucune manière de l'assemblée. Il fût pourtant découvert dans sa retraite par M. Compton, qui, dans le même instant, forma le double projet de mortifier miss Simmons, qu'il n'aimait pas, et de livrer Henri à la risée générale. Il courut aussitôt communiquer son projet à M. Mash, qu'on avait choisi pour l'office de maître des cérémonies, et qui lui promit de le seconder de tout le pouvoir de son officieuse malice. M. Mash, en conséquence, alla vers miss Simmons; et, avec toute la gravité d'un compliment respectueux, il l'invita à quitter sa place pour danser. Malgré son indifférence pour ce genre de plaisir, miss Simmons accepta sans se faire presser long-temps. Dans cet intervalle, M. Compton allait chercher Henri avec la même hypocrisie de politesse; et, au nom de miss Simmons il l'engageait à danser un menuet. Ce fut en vain que Henri l'assura qu'il n'entendait rien à cette danse; son perfide harangueur lui répondit que c'était pour lui un devoir indispensable de se rendre aux ordres de miss Simmons, et qu'elle ne lui pardonnerait jamais de la refuser; que d'ailleurs il suffirait de marquer tant bien que mal la figure, sans s'inquiéter nullement de former des pas. En même temps il lui montra miss Simmons qui s'avançait de l'autre bout de la salle, et, sans lui permettre de revenir de son embarras, il le prit par la main, et le conduisit auprès de la jeune demoiselle. Henri n'était pas formé dans la science sublime d'imposer à la crédule simplicité. Il ne doutait pas que l'invitation ne lui vînt de son amie; et, comme rien n'était plus opposé à son caractère que de manquer de complaisance, il crut qu'il était nécessaire de l'aller trouver pour s'expliquer avec elle. Mais ses persécuteurs ne lui en donnèrent pas le temps. A peine l'eurent-ils placé à côté de la jeune miss, qu'ils ordonnèrent aux violons de commencer. Miss Simmons était un peu surprise du choix du danseur dont on venait de la pourvoir. Elle n'avait jamais imaginé que la danse du menuet fût un des talens de Henri. Elle comprit aussitôt que c'était un plan concerté pour lui faire de la peine. Mais, comme son cœur était étranger à tout sentiment d'orgueil, et qu'elle était pénétrée d'estime et d'amitié pour Henri, elle fit semblant de ne pas s'apercevoir du tour qu'on prétendait lui jouer : et, aux premiers sons du violon, elle commença sa révérence. Henri, de son côté, se trouvant pris, et voyant qu'il ne fallait plus songer à l'explication qu'il avait désirée, chercha du moins à se tirer d'affaire le mieux qu'il lui fut possible, mais non sans exciter un chuchottement général dans toute l'assemblée. Ce n'est pas qu'il ne jouât son rôle aussi bien qu'on pouvait l'attendre d'un enfant qui n'avait pas même su, jusqu'à ce jour, ce que c'était qu'un menuet. Soutenu par sa fermeté naturelle et par sa présence d'esprit, les yeux sans cesse attachés sur sa danseuse, il tâchait d'imiter ses mouvemens, de suivre la cadence, et de conserver tout ce qu'il pouvait de la figure, quoiqu'il fît des fautes assez graves contre la justesse et la régularité des pas. Enfin miss Simmons, qui n'était guère moins embarrassée que lui-même, et qui souhaitait abréger le spectacle qu'elle donnait, après avoir croisé une seule fois, lui présenta la main. Henri, par malheur, n'avait pas étudié cette manœuvre avec assez d'exactitude ; c'est pourquoi, imaginant qu'une main était tout aussi bonne que l'autre avec ses amis, il tendit à la jeune miss la main gauche au lieu de la droite. A cet incident, un éclat de rire universel, qu'on ne se donnait plus la peine de retenir, partit de tous les côtés de la salle, jusqu'à ce que miss Simmons, désirant terminer la scène à quelque prix que ce fût, se hâta de présenter les deux mains à son danseur, et finit ainsi brusquement le menuet. Alors le couple infortuné n'eut rien de plus pressé que de traverser à grands pas le salon, à travers les ris et les brocards de l'assemblée, et surtout de M. Compton et de M. Mash, qui semblaient tirer une importance extraordinaire du succès de leur mauvais complot.

Lorsque miss Simmons fut un peu revenue de son trouble, elle ne put s'empêcher de demander, avec quelque mécontentement, à Henri, pourquoi il l'avait compromise, et comment il avait pu entreprendre une chose qu'il ignorait absolument? Elle ajouta que, quoiqu'il n'y eût pas de mal à ne pas savoir danser un menuet, c'était une extrême folie de l'essayer devant une si grande assemblée, sans avoir appris un seul pas. En vérité, mademoiselle, lui répondit Henri, je vous proteste que je n'aurais jamais eu la pensée de m'y exposer; mais M. Compton est venu me dire que vous désiriez vivement de me voir danser avec vous, et il m'a conduit à l'autre bout de la chambre. J'y allais pour vous parler, de peur de vous paraître impoli; et, lorsque j'ouvrais la bouche pour vous dire que je n'entendais rien au menuet, la musique s'est mise à jouer, et vous avez commencé à vous mettre en danse. Alors j'ai pensé qu'il valait mieux vous suivre, aussi bien que je pourrais, que de rester là planté sur mes pieds comme un badaud, ou de vous laisser aller toute seule. Satisfaite de cette explication ingénue, miss Simmons recouvra aussitôt sa bonne humeur, et lui dit : Eh bien! mon cher Henri, nous ne sommes pas les premiers, et nous ne serons pas les derniers, sans doute, qui aurons fait une plaisante figure dans un salon de danse; et je souhaite que les autres aient d'aussi bonnes excuses à donner : mais je vous avoue que je suis fâchée de voir des inclinations si méchantes à ces jeunes gentilshommes; et je suis surprise que l'habitude de fréquenter la bonne compagnie ne leur ait pas fait prendre de meilleures manières. Oh! mademoiselle, répondit Henri, puisque vous avez la bonté de vous ouvrir à moi sur ce sujet, je vous avouerai aussi que j'ai été bien choqué de plusieurs choses que j'ai observées depuis que je suis ici. Tous ces jeunes messieurs et ces jeunes demoiselles ne font que m'étourdir la tête de leur bon ton et de leurs gens comme il faut; cependant je leur vois faire du matin au soir mille vilenies, qui me font rougir pour leur front. M. Barlow m'a toujours dit que la politesse consiste en une disposition naturelle à obliger nos semblables, et à ne rien dire ou ne rien faire qui puisse les fâcher. Eh bien! c'est tout le contraire avec eux. Il semble que rien ne peut leur faire plaisir, à moins que cela ne cause de la peine aux autres. Sans aller plus loin que ce qui vient de nous arriver tout à l'heure, quel autre motif peuvent avoir eu M. Mash et M. Compton, en vous donnant un danseur tel que moi, si ce n'est de vous mortifier. Et c'est à vous, mademoiselle, qu'ils ont voulu donner du chagrin, vous qui êtes si douce et si bonne pour tout le monde, que je croyais impossible de ne pas vous aimer.

Miss Simmons allait lui répondre, lorsqu'elle vit les danseurs se réunir par couples pour une danse particulière du pays. Comme elle l'aimait beaucoup, elle demanda à Henri s'il saurait s'en tirer un peu mieux que du menuet. Henri répondit qu'il lui était arrivé plusieurs fois de la danser dans son village, et qu'il croyait se souvenir assez bien des pas et de la figure, pour que rien ne pût l'embarrasser. J'en suis charmée, dit miss Simmons; et, pour montrer à ces messieurs combien je méprise leur malice, je veux que vous soyez encore mon danseur. Elle le prit aussitôt par la main, et ils allèrent se placer tout à la queue de la bande, suivant les lois de la danse, qui assignent cette place à ceux qui se présentent les derniers. Les violons, ayant reçu l'ordre, se mirent à jouer, et furent accompagnés d'un flageolet. La petite troupe, animée par ces sons vifs et joyeux, se trémoussait à ravir. L'exercice répandit bientôt les couleurs de la santé sur les visages les plus pâles et les plus languissans. Henri, doué d'une souplesse extrême, et surtout excité par le désir de faire honneur à miss Simmons, commençait à gagner les suffrages de ceux-mêmes qui venaient de le honnir. Déjà, par la révolution de la danse, ceux qui s'étaient d'abord trouvés les premiers étaient descendus au dernier rang, où, suivant les lois ordinaires, ils devaient attendre patiemment que miss Simmons et Henri, qui se trouvaient alors à la tête, eussent achevé de mener la bande à leur tour; mais à peine étaient-ils en possession de cet honneur, qu'en tournant la tête derrière eux, ils virent que tous leurs compagnons venaient de les abandonner en haussant les épaules, comme s'ils eussent rougi de figurer sous leur conduite. Henri, se voyant seul avec sa danseuse, la reconduisit à sa place, pénétré de la plus vive indignation. Miss Simmons lui dit avec un sourire qu'elle n'en était pas étonnée; que ce n'était qu'une suite de leur première malice. Elle ajouta qu'elle avait souvent été témoin de ces mauvais procédés dans les bals de campagne, où toute la noblesse d'un comté se trouve quelquefois rassemblée. C'est par là surtout, lui dit-elle, que les importans, qui se croient si supérieurs aux autres, prétendent donner une idée de leur dignité. Ce n'est pas à moi, répondit Henri, qu'ils en feraient prendre de cette manière. Je vous avoue que je ne vois dans ces grandeurs-là qu'une fort basse petitesse. J'ai bien peur, répliqua miss Simmons, que votre observation ne soit juste, et que ceux qui veulent tout envahir pour eux-mêmes, sans daigner considérer leurs semblables, ne soient les plus méprisables des hommes par leurs petites prétentions, comme ils en sont les plus insociables par leur sot orgueil.

Lorsqu'on eut encore dansé une demi-douzaine de contre-danses, le bal fut suspendu pour faire place aux rafraîchissemens. Le goûter fut servi avec tout le faste que madame Merton savait imaginer dans les occasions d'éclat. Tommy et les autres jeunes gens se distinguaient à l'envi par leurs soins auprès des dames. Ils s'empressaient de prévenir leurs moin-

dres désirs; mais aucun d'eux ne jugea qu'il valût
la peine de s'embarrasser de miss Simmons. Henri,
voyant cet oubli grossier, courut vers la table; ayant
mis proprement sur une assiette des gâteaux et un
verre de limonade, il revint les présenter à son amie,
avec moins de grâces peut-être que n'auraient fait
les jeunes gentilshommes, mais sûrement avec un
désir plus sincère d'obliger. Comme il se penchait
pour offrir l'assiette à miss Simmons, qui était assise, le hasard voulut que M. Mash vînt à passer par
malheur de ce côté. Enorgueilli du succès qu'avait
obtenu tout à l'heure sa malice, imagina d'en faire
une seconde, plus brutale encore que la première.
Au moment où miss Simmons allait prendre l'assiette, Mash, feignant de trébucher, donna une secousse si brusque au pauvre Henri, qu'il fit tomber
une partie de la limonade sur le sein de la jeune demoiselle. Elle rougit vivement de cet affront; mais
elle eut assez d'empire sur elle-même pour retenir
ses plaintes. Henri ne fut pas si modéré. Il saisit le
verre, qui restait encore à moitié plein, et le déchargea sur la face de l'agresseur. Les passions de
M. Mash étaient d'une extrême violence. Outré d'une
si vive riposte, quoiqu'il sentît bien qu'il l'avait méritée, il fit voler son verre à la tête de Henri. Heureusement il ne fit que l'atteindre obliquement à la
joue. La blessure fut cependant assez considérable,
et le pauvre garçon se vit aussitôt couvert de son
sang. Cette vue, au lieu de l'étonner, ne fit que l'animer davantage; en sorte qu'oubliant le lieu où il
était, et la compagnie qui s'assemblait autour de

lui, il s'élança sur M. Mash avec la fureur d'une juste vengeance, et lui livra un rude combat, qui mit toute la salle en rumeur. M. Merton accourut au bruit, et eut beaucoup de peine à séparer les deux champions. Il s'informa du sujet de la querelle, que M. Mash voulait à toute force expliquer comme un accident. Mais Henri soutint avec tant de vigueur que c'était un dessein prémédité, et ses raisons furent si bien appuyées par le témoignage de miss Simmons, que M. Mash se vit enfin obligé d'en convenir. Il s'excusa de la meilleure manière dont il put s'aviser, en disant qu'il n'avait voulu faire qu'une espièglerie à Henri, et que, si elle avait eu des suites si fâcheuses pour miss Simmons, c'était absolument contre sa pensée. M. Merton sentit bien que cet aveu ne dévoilait qu'une partie de la vérité ; mais, dans la crainte d'envenimer les affaires, il borna ses soins à pacifier les combattans ; et, ayant fait appeler son valet de chambre, il lui ordonna de prodiguer toute espèce de secours à Henri, de bander sa blessure, et de laver le sang dont il était couvert de la tête aux pieds.

Pendant tout le combat, madame Merton était restée assise à l'autre bout de la salle, occupée à faire avec son fils les honneurs du goûter. Quelques-unes des dames, que la curiosité avait engagées à s'aller informer de la querelle, vinrent lui rapporter qu'elle venait d'un verre de limonade que Henri avait eu l'insolence de jeter au visage de M. Mash : ce qui fournit à madame Compton un vaste sujet pour s'emporter en belles invectives contre Henri, et lui reprocher sa naissance, son éducation et ses manières. Elle n'avait jamais pu, dit-elle, concevoir rien que de fâcheux de ce petit rustre, et ses pressentimens venaient d'être malheureusement justifiés. Que pouvoit-on se promettre d'un enfant de la lie du peuple, nourri au sein de la crapule? C'était bien la peine de le recevoir dans le château d'un gentilhomme, pour qu'il y vînt insulter aux enfans des amis de la maison, comme s'il était dans un de ces cabarets où il avait coutume d'aller avec son père! Tandis qu'elle se livrait à cette éloquente déclamation, M. Merton arriva fort à propos pour donner un détail plus impartial de l'affaire. Son récit justifia pleinement Henri de tout soupçon de blâme, et il ajouta qu'il eût été impossible au philosophe, même le plus rassis, de ressentir moins vivement une insulte si peu méritée. Cette apologie produisit un effet merveilleux pour la gloire de Henri. Quoique miss Simmons ne fût pas en grande faveur auprès de ses compagnes, cependant le courage et la galanterie que Sandford avait déployés pour sa défense commencèrent à faire impression sur tous les esprits. Une jeune demoiselle observa que, s'il était mis avec plus d'élégance, il serait certainement un fort joli garçon; une autre s'applaudit d'avoir toujours pensé qu'il avait des sentimens au-dessus de son état; et une troisième trouva bien admirable que, n'ayant jamais reçu de leçons de danse, il eût une démarche si dégagée et un maintien si assuré.

Le calme s'étant ainsi rétabli dans le château, on crut devoir terminer la soirée par divers petits jeux.

Mais Henri, qui avait achevé de perdre le peu de goût qui lui restait pour la bonne compagnie, saisit la première occasion qui se présenta de s'esquiver en silence. Il alla se mettre au lit, où il ne tarda guère à oublier, dans un doux sommeil, et ses ressentimens et sa blessure.

La petite société, fatiguée des plaisirs de la veille, se leva le lendemain un peu plus tard qu'à l'ordinaire; et, comme quelques-uns de ceux qui avaient été retenus à coucher par M. Merton ne devaient s'en retourner chez eux qu'après le dîner, on fit la partie d'aller se promener dans les champs. Henri s'aperçut bientôt, aux froideurs de Tommy, que M. Mash l'avait prévenu contre lui par ses mensonges; mais, soutenu par le sentiment de son innocence, et plein de cette noble fierté dont l'amitié s'arme à regret lorsqu'elle se trouve injustement offensée, il dédaigna de donner une explication de sa conduite, puisque son ami ne semblait pas s'y intéresser assez vivement pour le demander.

A peine se furent-ils un peu avancés dans la campagne, qu'ils aperçurent dans l'éloignement une foule nombreuse de peuple qui marchait à grands pas. L'un d'eux, ayant été expédié pour aller s'informer de la cause de cet attroupement, revint leur dire que c'était un combat de taureau qu'on était sur le point de donner. Aussitôt un vif désir d'assister à ce spectacle s'empara de tous les jeunes gens. Ils furent cependant arrêtés par une petite réflexion. C'était que leurs parens, et madame Merton en particulier, leur avaient fait promettre qu'ils éviteraient soigneusement de s'exposer au moindre péril. Mais cette objection fut bientôt levée par M. Billy Lyddal, qui fit observer qu'il n'y avait pas le moindre péril à être spectateur du combat, attendu que le taureau, étant fortement lié par les cornes, ne pouvait leur faire aucun mal. D'ailleurs, ajouta-t-il avec un sourire, comment saura-t-on que nous nous sommes procuré ce plaisir? J'espère que nous ne serons pas assez dupes pour nous accuser nous-mêmes; et je ne vois pas ici d'espion qui puisse aller faire des rapports sur le compte de ses amis. C'est bien dit; allons. Tel fut le cri de toute la troupe, excepté de Henri, qui, dans cette occasion, observa un profond silence. Henri ne dit rien, reprit M. Lyddal; sûrement il ne voudra pas nous trahir. Je ne trahis personne, répondit Henri; mais, si l'on me demande où nous sommes allés, comment pourrai-je m'empêcher de le dire? Quoi donc! répliqua Lyddal, ne pouvez-vous pas dire que nous sommes allés nous promener sur la commune, ou le long du grand chemin, sans ajouter rien de plus? Non, dit Henri, ce ne serait pas dire la vérité. D'ailleurs, le combat du taureau est un plaisir cruel et dangereux. Ces deux raisons sont assez bonnes pour vous détourner de l'aller voir, surtout M. Tommy, que madame sa mère aime si tendrement. Cette réponse ne fut pas reçue avec une vive approbation par ceux à qui elle était adressée. Voilà un plaisant docteur, dit l'un d'eux, de se donner de ces airs avec nous, et de se croire plus sage que tous les autres! Comment! s'écria

M. Compton, ce petit fermier ose croire qu'il peut gouverner des enfans de gentilshommes, parce que M. Merton a la patience de le souffrir auprès de lui! Si j'étais à la place de Tommy, ajouta un troisième, j'aurais bien vite renvoyé cet impertinent dans sa ferme. M. Mash, qui était le plus grand et le plus vigoureux de la troupe, alla droit à Henri, et, lui faisant une moue effroyable, il lui dit : Ainsi donc, la reconnaissance que vous marquez à Tommy pour toutes les bontés dont il vous honore, c'est d'être un espion et un rapporteur? Qu'avez-vous à dire à cela, petit mendiant? Henri, qui, depuis long-temps, avait aperçu et déploré en secret l'indifférence de Tommy à son égard, fut moins piqué de recevoir ces outrages, que de voir son ancien camarade non-seulement garder le silence, mais encore témoigner du plaisir à l'entendre insulter. Sa constance n'en fut pourtant pas ébranlée; et, dès que le tumulte de toutes ces clameurs injurieuses lui permit de parler, il répondit froidement qu'il n'était pas plus un espion et un rapporteur que les autres; et, pour ce qui était du titre de mendiant qu'on lui donnait, que, Dieu merci, il avait encore moins besoin d'eux pour vivre qu'ils n'auraient besoin de lui. D'ailleurs, ajouta-t-il, si par malheur j'étais réduit à cette extrémité, je saurais mieux connaître mes gens que de m'adresser à aucun de vous; je n'en excepte personne.

Cette vigoureuse apostrophe, et les réflexions qu'elle fit naître, produisirent un tel effet sur le caractère irascible de Tommy, qu'oubliant à la fois et les anciennes obligations qu'il avait à son premier camarade, et l'amitié qui les avait unis si étroitement, il l'entreprit d'un air furieux; et, lui présentant le poing levé sur la tête, il lui demanda s'il avait eu l'audace de l'insulter.

HENRI.

Qui, moi, Tommy? Me préserve le ciel d'en avoir jamais la pensée! c'est vous plutôt qui m'insultez, en laissant faire vos amis.

TOMMY.

Comment donc! êtes-vous une personne d'une si grande conséquence, que l'on ne puisse vous parler?

Courage, Tommy! s'écria toute la compagnie; tu n'as qu'à le gourmer comme il faut pour son impudence.

TOMMY.

Voilà un gentilhomme bien respectable, en vérité.

HENRI.

Si je ne le suis pas, j'ai cru que vous l'étiez, vous, jusqu'à ce moment.

TOMMY.

Comment, petit drôle! tu oses dire que je ne suis pas gentilhomme? Tiens, voilà pour ton effronterie.

A ces mots, il frappa rudement Henri, à poing fermé, sur le visage.

La contenance du pauvre Sandford ne fut pas à l'épreuve de ce traitement. Il détourna la tête en s'écriant d'une voix étouffé : Ah! Tommy, Tommy! je n'aurais jamais cru que vous pussiez me traiter d'une manière si indigne; et, couvrant son visage de ses deux mains, il laissa échapper un torrent de larmes.

Une sensibilité si touchante, au lieu d'attendrir ses persécuteurs, ne fit que leur donner une mauvaise idée de son courage. Ils s'assemblèrent de plus près autour de lui, en l'accablant de nouvelles injures. Lâche! poltron! criaient-ils tout d'une voix à ses oreilles. Quelques-uns même, plus emportés que les autres, le saisirent aux cheveux, et lui soulevèrent la tête, pour qu'il montrât, disaient-ils, sa lamentable figure. Mais Henri, qui commençait à retenir de sa douleur, essuya ses larmes du revers de la main; et, se débattant avec force, il se dégagea, d'un seul coup, de tous ceux qui le tenaient, en leur demandant d'une voix ferme et d'une contenance aguerrie ce qu'ils avaient à démêler avec lui. Cette question était prête à rester sans réponse, lorsque M. Mash, qui avait encore sur le cœur le verre de limonade dont son visage avait été régalé la veille, s'avança brusquement; et, mesurant Henri d'un coup d'œil dédaigneux, il lui dit : C'est la manière dont on doit traiter de petits gueux comme toi. Si tu n'en as pas assez pour te satisfaire, je suis prêt à solder tes comptes. Pour ce qui est de vos injures, répondit Henri, je ne crois pas qu'il vaille la peine de s'en fâcher; mais, quoique j'aie souffert que M. Tommy me frappât, il n'en est pas un seul autre dans la compagnie de qui je voulusse le supporter. Que quelqu'un s'en avise, il saura bientôt si je suis un poltron. Mash ne répondit à ce défi que par un coup sur la figure de Sandford, auquel celui-ci riposta par une gourmade qui faillit renverser son adversaire, malgré la supériorité de sa force et de sa taille. M. Mash comptait si peu sur cette vigoureuse défense, qu'elle aurait peut-être refroidi son courage, sans la honte de paraître céder à celui qu'il venait de traiter avec tant de mépris. C'est pourquoi, recueillant toute sa résolution, il s'élança, et le frappa avec tant de force, que du premier coup il le fit tomber à terre. Heureusement il n'y avait eu que le corps de Henri terrassé, son courage était resté debout; et M. Mash en reçut la preuve par une attaque plus vive que la première, au moment où il se croyait sûr de la victoire. Tous les jeunes spectateurs, qui avaient pris la patience de Sandford pour de la poltronnerie, conçurent alors la plus haute idée de sa valeur, et se pressèrent en silence autour des deux athlètes. Le combat devint plus vif et plus terrible. M. Mash trouvait de grandes ressources dans la hauteur de sa taille, et surtout dans une longue habitude de longues querelles, qui avait rempli sa vie. Ses coups étaient portés avec autant de force que d'habileté; et chacun d'eux paraissait devoir suffire pour accabler un ennemi qui lui était si inférieur par sa petitesse et son inexpérience. Mais Henri avait un corps endurci à la fatigue et à la douleur. Ses membres étaient plus souples et plus nerveux, et son courage semblait tenir de la froide intrépidité d'un vétéran, que rien ne peut abattre ni troubler. Trois fois il avait été renversé par la masse des forces de son antagoniste, et trois fois il s'était relevé plus fort de sa chute. Tout couvert qu'ils était de boue et de sang, et respirant à peine, il était loin de se croire ou de paraître vaincu. Déjà la durée du combat et la violence des efforts de M. Mash avaient engourdi sa vigueur. Furieux et déconcerté de la résistance opiniâtre qu'on lui opposait, il commença bientôt à perdre la tête et à frapper à l'aventure. Son haleine devint embarrassée, ses muscles s'amollirent, et ses genoux tremblans soutenaient à peine le poids de son corps. Enfin, dans un transport mêlé de honte et de rage, il se jeta sur Henri, comme pour l'accabler par un dernier effort. Henri battit prudemment en retraite, et se contenta de parer les coups qui lui étaient portés, jusqu'à ce que, voyant son adversaire épuisé de fatigue, il l'assaillit à son tour avec une impétuosité nouvelle, et, par un coup heureux, l'étendit sur le champ de bataille, et sans qu'il eût le courage de se relever.

Mille acclamations involontaires de triomphe partirent alors de toute l'assemblée; tant une action de force et de courage a de pouvoir sur l'esprit des hommes! Ces mêmes personnes, qui venaient d'accabler Henri de discours outrageans, s'empressaient maintenant de le féliciter sur sa victoire. Henri ne les entendait point; il n'était sensible qu'à la honte que devait sentir son adversaire. Voyant qu'il n'était pas capable de se mouvoir, il lui tendit généreusement la main pour l'aider à se relever, en lui disant qu'il était au désespoir des suites de cette aventure; mais M. Mash, oppressé tout à la fois par la douleur de sa chute et par la honte de sa défaite, ne lui répondit que par un farouche silence.

L'attention de la jeune troupe fut en ce moment détournée par un spectacle nouveau. Un taureau d'une grandeur majestueuse s'avançait à travers la plaine, la tête parée de rubans de différentes couleurs. Le superbe animal se laissait conduire, comme une victime docile, vers le théâtre qu'il devait rougir de son sang. A peine y fut-il arrivé, qu'on l'attacha par une longue corde à un gros anneau de fer assez profondément scellé dans la pierre pour le retenir au milieu de ses plus violentes secousses. Une foule innombrable d'hommes, de femmes et d'enfans environnaient la place, attendant avec une avide impatience le spectacle cruel qu'on préparait à leurs regards. Merton et ses amis ne purent résister à la curiosité qui les entraînait. Les tendres conseils de leurs parens, leurs propres devoirs et leurs promesses, tout au même instant fut effacé de leur mémoire; et, sans consulter d'autres lois que leurs désirs, ils se mêlèrent à la foule qui les environnait.

Henri, quoique avec répugnance, les suivit de loin. Ni la douleur de ses meurtrissures, ni les mauvais traitemens qu'il avait reçus de Merton, ne purent lui faire oublier son ami, ni le rendre indifférent à sa sûreté. Il connaissait trop bien les dangers qui suivent souvent ces jeux barbares, pour perdre de vue celui qu'il avait toujours dans son cœur. Déjà la scène était prête à s'ouvrir. Le noble animal s'était laissé attacher sans résistance. Quoiqu'il sentît en lui-même une force presque indomptable, il semblait dédaigner de s'en servir ; et il regardait la foule nombreuse de ses ennemis avec une douceur qui aurait dû désarmer leur froide barbarie. Au même instant on lâcha dans l'arène un dogue de la plus haute taille et du courage le plus féroce, qui, au premier aspect du taureau, poussa des cris horribles, et courut vers lui, animé de toute la rage d'une haine invétérée. Le taureau le laissa approcher avec la froideur d'un courage tranquille ; mais, au moment où il le vit s'élancer pour le saisir, il s'avança lui-même ; et, baissant sa tête jusqu'à terre, il enleva son ennemi de l'une de ses cornes, et le jeta à trente pas de distance, au milieu de la foule des spectateurs, qui le reçurent les uns sur le dos, les autres sur la tête, au risque d'être écrasés par sa chute. Le même sort fut éprouvé par un second chien et par un troisième, qui furent lâchés successivement. L'un fut tué sur la place ; et l'autre, qui s'était cassé le jarret, se retira en boitant et en poussant des cris affreux. Pendant ces attaques, le taureau se conduisait avec le calme intrépide d'un guerrier expérimenté. Sans violence et sans passion, il attendait l'assaut de ses ennemis, et il les punissait rudement de leur audace.

Tandis que ces événemens cruels se passaient, à la barbare satisfaction, non-seulement de la populace grossière, mais encore des jeunes gentilshommes de la société de Tommy, un nègre, à demi nu, vint humblement implorer leur charité. Il avait servi, leur dit-il, sur un vaisseau de guerre anglais; il leur montra même les cicatrices de quelques blessures qu'il avait reçues en divers combats. Mais, à présent que la guerre était finie, on venait de le renvoyer; et, sans amis, sans secours, dépourvu de toute industrie, il avait peine à trouver du pain pour soutenir sa misérable existance, et des habits pour se défendre de la rigueur du froid. La plupart des jeunes gentilshommes, qui, par une mauvaise éducation, n'avaient jamais été accoutumés à réfléchir sur les peines des malheureux, au lieu de se montrer sensibles à la misère de ce pauvre homme, eurent la bassese de faire entre eux des plaisanteries sur sa couleur noirâtre et sur son accent étranger. Tommy fut le seul qui parut attendri. Malgré le triste changement qui s'était fait dans son caractère depuis qu'il s'était éloigné de M. Barlow, son cœur avait toujours conservé sa générosité naturelle. Il mit aussitôt la main dans sa poche, mais par malheur il n'y trouva rien dont il pût disposer. Le goût des folles dépenses, qu'il avait pris dans sa nouvelle société, lui avait fait épuiser en vaines dissipations tout le fonds de ses finances, et il se vit hors d'état de soulager la détresse qui avait ému son cœur. Ainsi repoussé de toutes parts, sans secours, soit par la dureté, soit par l'impuissance, le malheureux nègre tourna ses pas vers l'endroit où Henri se trouvait seul à l'écart; et, tenant tristement à la main les restes déchirés de son chapeau, il sollicita sa compassion, sur laquelle il ne comptait guère, après les refus qu'il venait d'éprouver. Henri n'avait que douze sous. C'était toute sa richesse; mais il les prit sans balancer, et les glissant dans la main du pauvre mendiant : Tenez, mon ami, lui dit-il, voilà tout ce qui me reste. Si j'en avais encore, ce serait à vous, je vous assure. Il n'eut pas le temps d'en dire davantage; car au même instant il fut interrompu par les aboiemens bruyans de trois dogues qu'on venait de lâcher, et qui, s'étant jetés à la fois sur le taureau, le firent entrer en fureur par leurs attaques réunies. Le courage froid et tranquille qu'il avait montré jusqu'alors se tourna en rage et en désespoir. Il poussait des rugissemens horribles, la flamme semblait sortir de ses yeux, sa bouche et ses naseaux étaient couverts de sang et de fumée. Il courait çà et là de toute la longeur de sa corde, poursuivi par les chiens, qui le harcelaient sans cesse, en hurlant et en déchirant ses membres de leurs morsures. Enfin, après avoir foulé sous ses pieds un de ses ennemis, éventré le second de sa corne, et mis le troisième hors de combat, il donna une secousse si terrible au lien qui le retenait, qu'il se rompit, et lui laissa la liberté d'échapper à travers la multitude effrayée. Il serait impossible de vous peindre la surprise et la consternation dont tous les spectateurs furent frappés en ce moment. les cris d'horreur et d'effroi succédèrent à leurs acclamations joyeuses. A peine eurent-ils la force de hâter leurs pas tremblans. Cependant le taureau furieux parcourait la plaine, renversant les uns, écrasant les autres, et, vengeant ainsi sur ses persécuteurs toute les injures qu'ils avait reçues de leur cruauté; sa fougue égarée l'emporta bientôt du côté où se trouvaient Merton et ses amis. Tous ces braves héros, qui, peu de minutes auparavant, avaient tant méprisé la prudence de Sandford, auraient alors donné l'empire du monde pour être en sûreté dans la maison de leurs parens. Ils s'enfuyaient à perte d'haleine. Mais comment se dérober à la vitesse supérieure de leur ennemi? Dans cette fatale conjecture, Henri ne perdit rien de sa présence d'esprit. Sans pousser de vaines clameurs, ni chercher un secours inutile dans la fuite, il attendit de pied ferme le terrible animal, qui venait droit à lui; mais, au moment où celui-ci était près de l'atteindre, il sauta lestement de côté, et le taureau passa sans s'embarrasser de son escapade. Tommy ne fut pas si heureux. Il se trouvait le dernier des fuyards; et, pour comble de disgrâce, soit par l'effet de sa frayeur, soit par l'inégalité du terrain, le pied lui glissa dans la juste direction du chemin que le taureau venait d'enfiler. Tous ceux qui furent témoins de sa chute, sans oser le secourir, jugèrent sa mort inévitable; et il en était encore plus persuadé que les autres, lorsque Henri, avec un sang-froid et une intrépidité au-dessus de son âge, saisit une fourche qu'un des fuyards avait laissé tomber; et, au moment où le taureau s'arrêtait pour éventrer sa victime, il courut à lui, et le blessa dans le flanc. L'animal furieux se retourna soudain; et il est probable que, malgré son courage, Sandford eût payé de sa vie le secours qu'il venait d'apporter à son ami, si un secours imprévu ne lui fût arrivé à lui-même. C'était le nègre reconnaissant qui volait à son aide avec la rapidité de l'éclair. Il assaillit le taureau du bâton noueux qu'il tenait à la main, et le força de tourner sa rage contre un nouvel objet. Accoutumé dans son pays à combattre des animaux plus terribles, il n'eut pas de peine à se défendre de sa furie. Mais, non content de lui avoir échappé, il tourna lestement autour de lui; et, le saisissant par la queue, il fit pleuvoir sur son dos une grêle de coups. En vain l'animal furieux redoubla ses beuglemens effroyables, et reprit l'emportement de sa course; le nègre, sans lâcher prise, se laissa traîner sur la plaine, continuant toujours ses vigoureuses décharges, jusqu'à ce que son ennemi eût enfin succombé de lassitude et d'épuisement. Encouragés par ce succès, quelques-uns des paysans les plus hardis vinrent se joindre au vainqueur; et, accablant d'une réunion de forces aussi supérieures leur ennemi, ils lui passèrent une corde autour de la tête, et l'attachèrent fortement à un arbre. Dans le même temps il arriva du château deux ou trois domestiques, que madame Merton avait envoyés sur les pas de son fils. Ils trouvèrent leur jeune maître sans blessure, mais à demi mort de saisissement et de frayeur. Pour Henri, lorsqu'il vit son ami en sûreté dans les bras de ses gens, il invita le nègre à le suivre; et, au lieu de retourner chez M. Merton, il prit le chemin qui conduisait à la ferme de son père.

FIN.

www.ingramcontent.com/pod-product-compliance
Lightning Source LLC
Chambersburg PA
CBHW050429170426
43201CB00008B/604